Implantación de los Elementos de la Red Local

Implantación de los Elementos de la Red Local

Francisco José Molina Robles

STARBOOK

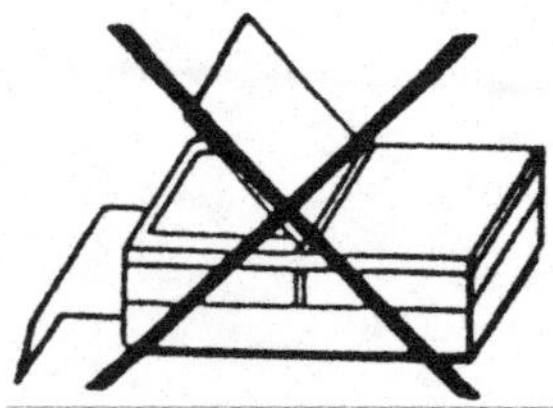

Editado por:

StarBook Editorial, S. A.
Calle Jarama, 3A, Polígono Industrial Igarsa
28860 PARACUELLOS DE JARAMA, Madrid
Teléfono: 91 658 16 98
Fax: 91 658 16 98
Correo electrónico: starbook@starbook.es
Internet: www.starbook.es
ISBN: 978-84-15457-15-2
Depósito Legal: M-8781-2012
Maquetación: Gustavo San Román Borrueco
Diseño Portada: Antonio García Tomé
Impresión: Closas-Orcoyen, S. L.
Impreso en España en marzo de 2012

Si todavía nos preguntamos si existe vida inteligente en otros planetas es porque no entendemos lo grande que es el Universo.

A Inés y Mª Isabel.

ÍNDICE

INTRODUCCIÓN

El desarrollo de la Informática ha estado muy ligado en estos últimos años a la expansión de las redes de comunicaciones. Un ordenador aislado tiene una gran capacidad de cálculo, pero sus posibilidades se van a ver muy mermadas si no dispone de una conexión para el intercambio de información con otros equipos.

Las redes locales son infraestructuras informáticas que facilitan el trabajo de los usuarios en las empresas, sobre todo cuando éste se desempeña en entornos donde es muy importante el intercambio de información entre personas, grupos o departamentos. Para que una red local de estas características funcione en las mejores condiciones, es imprescindible disponer del equipamiento necesario, que fundamentalmente está formado por cableado, equipos electrónicos y programas. Además, también es necesario realizar una serie de tareas de instalación, configuración y mantenimiento de esos equipos y programas. Este libro está dedicado fundamentalmente a explicar los equipos necesarios y las operaciones de instalación y configuración que hay que llevar a cabo. También explica las técnicas utilizadas para detectar y resolver problemas de funcionamiento.

El capítulo 1 de este libro está dedicado a introducir el concepto de red local, sus características más importantes y los estándares más utilizados. El capítulo 2 describe los elementos que forman parte de una red local, tanto el cableado como los equipos electrónicos. El capítulo 3 explica con más detalle el funcionamiento de los programas encargados de controlar las comunicaciones. En el capítulo 4 se explican los procedimientos a seguir para configurar los programas de comunicación que se utilizan en las redes locales. En el capítulo 5 se describen los procedimientos utilizados para la verificación y prueba de los elementos que forman parte de la red local. Por su parte, en el capítulo 6 se enumeran los tipos de incidencias que se pueden producir durante el funcionamiento de una red local. En el capítulo 7 se explican las herramientas de diagnóstico y los procesos de gestión de incidencias. A continuación, en el capítulo 8 se explican los procedimientos y las herramientas empleadas en la comprobación del cableado. Finalmente, en el capítulo 9 se explican las técnicas empleadas para detectar y diagnosticar incidencias relacionadas con el funcionamiento de los protocolos de alto nivel.

Capítulo

1

ARQUITECTURA DE REDES DE ÁREA LOCAL

Desde el punto de vista de la Informática, una red de comunicación es un sistema que permite la comunicación entre los ordenadores que se encuentran conectados a ella. La red está formada por los siguientes elementos: los terminales (ordenadores), el medio de transmisión, los elementos de interconexión, los adaptadores de comunicación y los protocolos que funcionan en ellos.

Una red de comunicación ofrece una serie de **servicios**, es decir, pone a disposición de los usuarios un conjunto de funciones que pueden utilizar. Así mismo, esos servicios se basan en una serie de **protocolos**, que son las normas que se deben seguir para que las comunicaciones se realicen correctamente.

Todas las redes de comunicación se clasifican atendiendo al territorio que abarcan: redes locales (limitadas a uno o varios edificios), redes de área metropolitana (limitadas a una ciudad) y redes de área extensa (que abarcan territorios extensos como estados, continentes o incluso todo el planeta).

En este capítulo se explican los conceptos fundamentales sobre redes locales, además de las características más importantes que las definen, que son: la topología, el control de acceso al medio y los protocolos de comunicaciones.

1.1 CLASIFICACIÓN DE LAS REDES EN FUNCIÓN DEL TERRITORIO QUE ABARCAN

La localización geográfica de la red es un factor a tener en cuenta a la hora de diseñarla y montarla. No es lo mismo montar una red para un aula de informática que interconectar las oficinas de dos sucursales que la misma empresa tiene instaladas en diferentes países. Sin embargo, esta clasificación muchas veces resulta confusa o arbitraria, ya que se basa en criterios vagamente definidos:

- **Subred o segmento de red**: un segmento de red está formado por un conjunto de estaciones que comparten el mismo medio de transmisión (normalmente están conectadas con el mismo cable). Gracias a esta característica, es posible reducir el coste de la instalación de la red. El segmento está limitado en espacio al departamento de una empresa, un aula de informática, etc. Se considera al segmento como la red de comunicación más pequeña y todas las redes de mayor tamaño están constituidas por la unión de varios segmentos de red.

- **Red de área local** (*Local Area Network* o **LAN**): una LAN es un término vago que se refiere a uno o varios segmentos de red conectados mediante dispositivos especiales. Normalmente se le da este calificativo a las redes cuya extensión no sobrepasa el mismo edificio donde está instalada (o la misma habitación).
- **Red de campus**: una red de campus se extiende entre varios edificios dentro de un mismo polígono industrial que se conectan generalmente a un tendido de cable principal. Normalmente, la empresa es propietaria del terreno por el que se extiende el cable y tiene libertad para poner cuantos cables sean necesarios sin tener que solicitar permisos especiales.
- **Red de área metropolitana** (*Metropolitan Area Network* o **MAN**): generalmente, una MAN está confinada dentro de una misma ciudad y se halla sujeta a regulaciones locales. Puede constar de varios recursos públicos o privados, como el sistema de telefonía local, sistemas de microondas locales o cables enterrados de fibra óptica. Una empresa local construye y mantiene la red, y la pone a disposición del público. Puede conectar sus redes a la MAN y utilizarla para transferir información entre redes de otras ubicaciones de la empresa dentro del área metropolitana.
- **Red de área extensa** (*Wide Area Network* o **WAN**) y **redes globales**: las WAN y redes globales abarcan varias ciudades, regiones o países. Los enlaces WAN son ofrecidos generalmente por empresas de telecomunicaciones públicas o privadas que utilizan enlaces de microondas, fibra óptica o vía satélite. Actualmente, el método empleado para conectar una WAN utiliza líneas telefónicas estándar o líneas telefónicas modificadas para ofrecer un servicio más rápido.

1.2 CARACTERÍSTICAS DE UNA RED LOCAL

Según la *Unión Internacional de Telecomunicaciones*, se define formalmente **telecomunicación** como toda transmisión, emisión o recepción de signos, señales, imágenes, sonidos o informaciones de cualquier tipo que se transmiten por hilos, medios ópticos, radioeléctricos u otros sistemas electromagnéticos.

Por su parte, una **red de transmisión de datos** es una estructura formada por determinados medios **físicos** (dispositivos reales) y **lógicos** (programas de transmisión y control) desarrollada para satisfacer las necesidades de comunicación de una determinada zona geográfica. Se trata, pues, de un soporte que permite la conexión de diversos equipos informáticos (o cualquier otro dispositivo electrónico) con el objetivo de suministrarles la posibilidad de que intercambien informaciones.

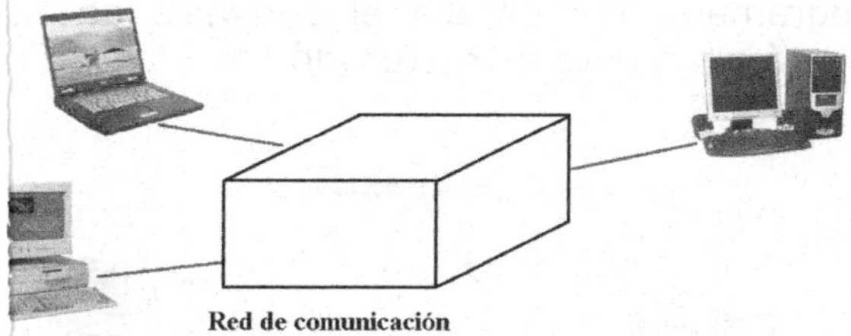

. Red de comunicación de datos. Diagrama simplificado

r el receptor es la suma de la señal enviada por el emisor más una se suma durante su circulación a través de la red. Por lo tanto, iismos de detección y corrección de errores. En la mayoría de los oducidos no pueden ser corregidos, pero sí la mayoría de ellos. El n cuenta el máximo aceptable por el usuario y el coste de la

local está formada por los siguientes elementos (véase la figura

on los equipos que se comunican, como ordenadores, teléfonos, minan la naturaleza de la información que va a tener que manejar s, etc.).

e red: se corresponde con el conjunto de elementos físicos que a comunicación entre el terminal emisor y el receptor. Estos

omunicación: es el medio por el que circula la información. te, suele tener la forma de un cable o el aire (en las nes inalámbricas).

de interconexión: son los encargados de interconectar todos los la red y también trabajan para seleccionar el mejor camino por rá la información (en caso de que exista más de un camino). En cales, los dispositivos que más comúnmente se utilizan para todos los equipos son los concentradores de cableado y los s (véase la figura 1.2).

- **Adaptadores de red**: son los encargados de convertir el formato de información de los terminales (normalmente en forma de señales eléctricas) en el formato utilizado por la red de comunicación (señales eléctricas, ondas de radio, etc.).

- **Programas de red**: son todos los programas que permiten controlar el funcionamiento de la red, para hacerla más fiable. Las primeras redes de ordenadores se diseñaron pensando en los dispositivos y dejando en un segundo plano los programas; hoy en día el *software* de redes es un elemento muy importante y está altamente estructurado.

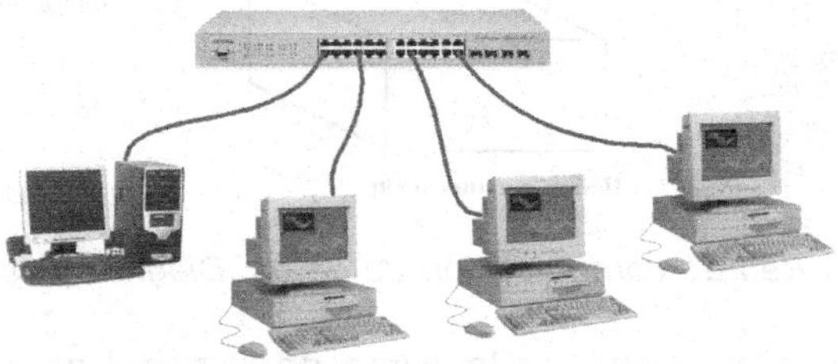

Figura 1.2. Ejemplo simplificado de conexión de equipos en redes locales. Aquí se utiliza un equipo especial que recibe todas las conexiones, denominado concentrador de cableado o conmutador (su aspecto externo es casi idéntico)

1.3 ARQUITECTURAS DE REDES DE ÁREA LOCAL

Como se explica en el apartado anterior, el *software* de red es el conjunto de programas encargado de gestionar la red, controlar su uso, realizar detección y corrección de errores, etc. Al igual que un sistema operativo realiza una gestión eficiente de los recursos de una máquina de cara a su utilización por los usuarios y las aplicaciones, el *software* de red realiza esta misma tarea de cara a los recursos físicos (*hardware*) de la red.

La **arquitectura de una red** viene definida por tres características fundamentales, que dependen de la tecnología que se utilice en su construcción:

- **Topología**: la topología de una red es la organización de su cableado, ya que define la configuración básica de la interconexión de estaciones y, en algunos casos, el camino de una transmisión de datos sobre el cable.

- **Método de acceso a la red**: todas las redes que poseen un medio compartido para transmitir la información necesitan ponerse de acuerdo a la hora de enviar información, ya que no pueden hacerlo a la vez. Si dos estaciones transmiten a la vez en la misma frecuencia, la señal recogida en los receptores será una mezcla de las dos. Para las redes que no posean un medio compartido, el método de acceso al cable es trivial y no es necesario llevar a cabo ningún control para transmitir.

- **Protocolos de comunicaciones**: son las reglas y procedimientos utilizados en una red para realizar la comunicación. Esas reglas tienen en cuenta el método utilizado para corregir errores, establecer una comunicación, etc.

Existen diferentes niveles de protocolos. Los **protocolos de alto nivel** definen cómo se comunican las aplicaciones (programas de ordenador) y los **protocolos de bajo nivel** definen cómo se transmiten las señales por el cable. Entre los protocolos de alto y bajo nivel, hay protocolos intermedios que realizan otras funciones, como establecer y mantener sesiones de comunicaciones y controlar las transmisiones para detectar errores. Observe que los protocolos de bajo nivel son específicos del tipo de cableado utilizado para la red.

1.3.1 Topologías básicas

La topología de una red es la forma en la que se interconectan los diferentes equipos entre sí. Según esta clasificación, podemos tener los siguientes tipos de redes:

- **Malla**: es una interconexión total de todos los nodos, con la ventaja de que, si una ruta falla, se puede seleccionar otra alternativa. Este tipo de red es más costoso, ya que hace falta más cable.

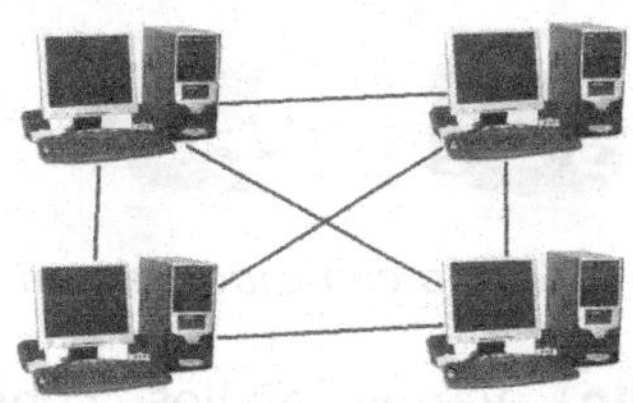

Figura 1.3. Red con topología en malla

- **Estrella**: los equipos se conectarán a un nodo central con funciones de distribución, conmutación y control. Si el nodo central falla, quedará inutilizada toda la red; si es un nodo de los extremos, sólo éste quedará aislado. Normalmente, el nodo central no funciona como estación, sino que más bien suele tratarse de dispositivos específicos.

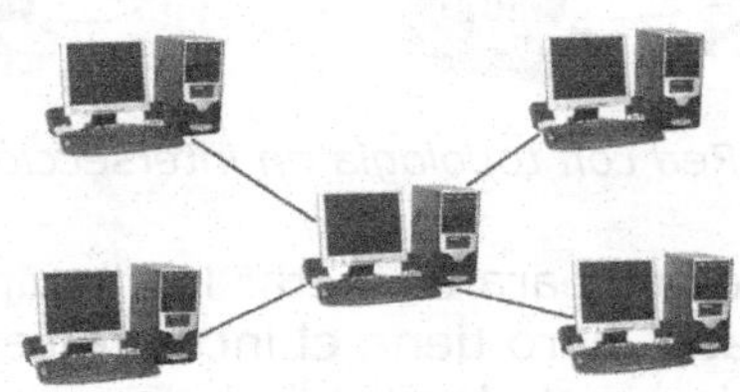

Figura 1.4. Red con topología en estrella

- **Árbol**: es una forma de conectar nodos como una estructura jerarquizada. Esta topología es la menos utilizada, y se prefiere la topología irregular, ya que el fallo de un nodo o un enlace deja a conjuntos de nodos incomunicados entre sí. Sin embargo, se utiliza ampliamente en redes de telefonía, donde los enlaces intermedios son centralitas locales y regionales.

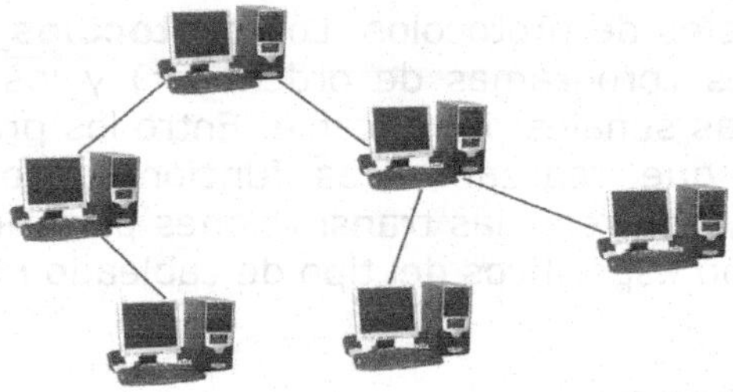

Figura 1.5. Red con topología en árbol

- **Anillo**: todos los nodos están conectados a una única vía con sus dos extremos unidos. Al igual que ocurre con la topología en *bus*, si falla algún enlace, la red deja de funcionar completamente.

Figura 1.6. Red con topología en anillo

- **Intersección de anillo**: varios anillos conectados por nodos comunes. El inconveniente de esta topología es que, si fallan los nodos comunes de los anillos, toda la red dejará de funcionar.

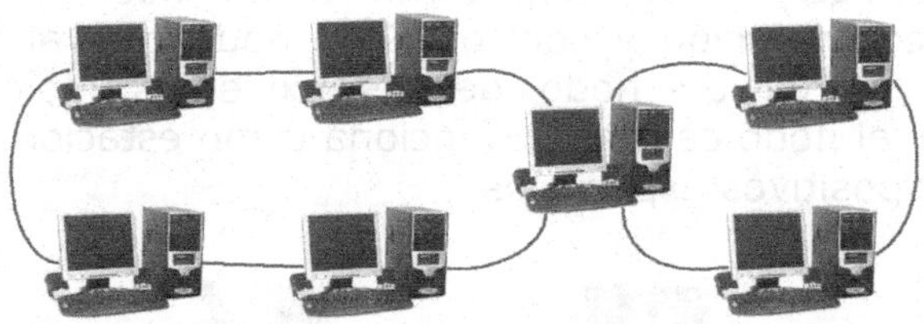

Figura 1.7. Red con topología en intersección de anillo

- **Bus**: utiliza un único cable para conectar los equipos. Esta configuración es la que requiere menos cableado, pero tiene el inconveniente de que, si falla algún enlace, todos los nodos quedan aislados (debido a que este cable se rompe y queda abierto).

Figura 1.8. Red con topología en bus

- **Irregular**: cada nodo debe estar conectado, como mínimo, por un enlace, pero no existen más restricciones. Esta topología es la más utilizada en redes que ocupan zonas geográficas amplias. Esta topología permite la búsqueda de rutas alternativas cuando falla alguno de los enlaces.

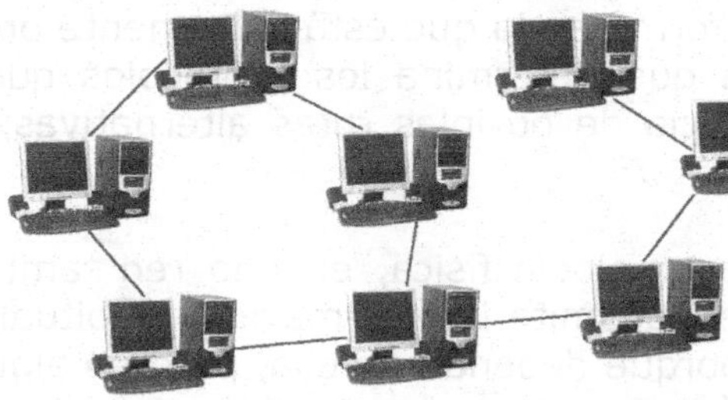

Figura 1.9. Red con topología irregular

La topología de una red de comunicación tiene que ver con la manera en la que están conectados los equipos, lo que también determina la forma en la que la información es enviada por ella. Por ejemplo, en una topología en bus o anillo, la información se envía a todos los equipos, mientras que en otras topologías la información se puede enviar solamente al destinatario, quizá atravesando equipos intermedios. En una topología en estrella, por ejemplo, el equipo que funciona en el centro de la estrella debe saber dónde están conectados el resto de ordenadores, porque debe decidir por dónde enviar la información para que llegue al destinatario correcto. Sin embargo, para simplificar los mecanismos de comunicación, ese equipo simplemente puede enviar los mensajes que le llegan a todos los equipos, por lo que la topología de la red sigue siendo en estrella, aunque el envío de los mensajes se realiza como si fuera un bus. En el capítulo 2 se explica cómo determinados tipos de dispositivos de interconexión de redes pueden hacer que la comunicación se realice de una forma distinta a como está definida la topología de la red.

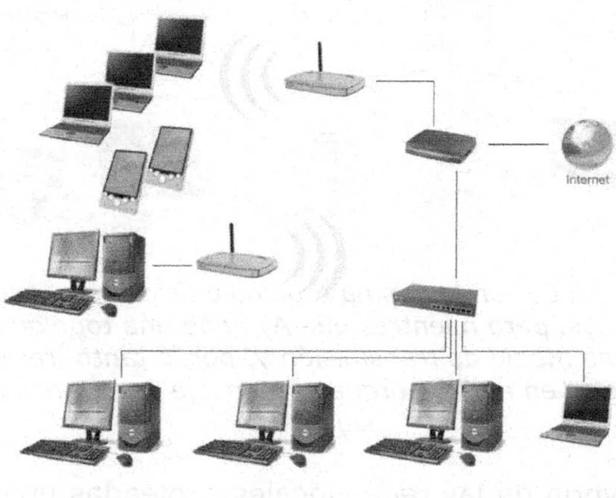

Figura 1.10. Ejemplo de topología de red real. Las redes reales pueden llegar a tener topologías bastante complejas ya que mezclan estructuras de diferentes tipos, añadiendo además la complejidad que suponen las redes inalámbricas que no usan cables

1.3.2 Topología física y lógica

Como se explica en el apartado 1.3.1, la topología de la red es la forma en la que se conectan los diferentes equipos que la componen. A esta topología también se le conoce como **topología física**, por que es la forma en la que está físicamente organizado el cableado de la red. Esta topología física es la que determina los protocolos que son necesarios para su correcto funcionamiento (existencia de posibles rutas alternativas, control de la congestión, etc.).

Como contrapartida a la topología física, en una red también existe una **topología lógica**, que determina cómo se transmite la información. Habitualmente, la topología lógica coincide con la topología física porque depende de ella, pero en algunos casos una red con un determinado tipo de topología física no tiene por qué tener el mismo tipo de topología lógica. Esto dependerá del comportamiento de los diferentes dispositivos de interconexión a la hora de transmitir la información desde el origen al destino.

Por ejemplo, una red con una topología física en bus como la de la figura 1.11 tendrá también una topología lógica en bus si la información se transmite también como un bus. Es decir, si un equipo envía un mensaje y éste es recibido por todos los equipos que están conectados a ella, entonces podemos afirmar que la topología lógica de esa red es en bus. Por el contrario, si la información que transmite un equipo es enviada al que tiene más cerca y éste, a su vez, la envía al siguiente y así sucesivamente hasta el destino, entonces debemos afirmar que la topología lógica de la red es en anillo, aunque los equipos estén conectados formando un bus.

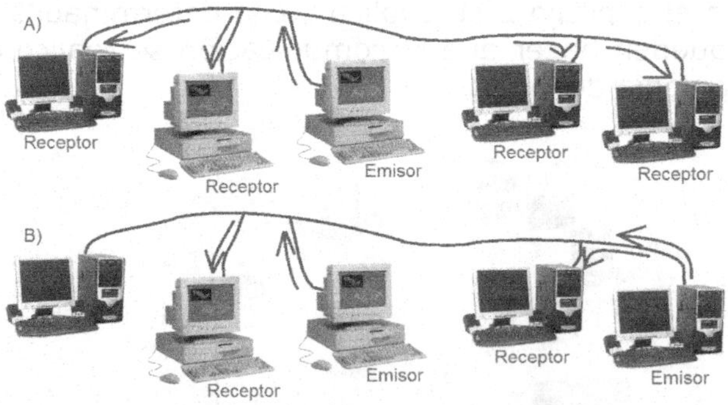

Figura 1.11. Ejemplos de dos redes con la misma topología física pero distinta topología lógica. Ambas tienen una topología física en bus, pero mientras que A) tiene una topología lógica en bus (porque todos los equipos comparten el mismo medio de transmisión y, por lo tanto, reciben los mismos mensajes), la red B) tiene una topología lógica en anillo, porque el mensaje que transmite un equipo lo envía sólo al siguiente

Actualmente, la mayoría de las redes locales cableadas utilizan una topología física en estrella (véase la figura 1.2). Esto significa que todos los equipos se conectan a otro equipo que hace las veces de centro de la estrella. Este equipo especial no suele ser un ordenador porque necesitaría disponer de muchas conexiones y necesitaría estar encendido todo el tiempo, lo que supone un coste muy elevado. En su lugar, se utilizan equipos especiales cuya única misión consiste en conectar todos los ordenadores y redirigir los mensajes desde el origen al destino, como si se tratase de una centralita telefónica en miniatura. Estos equipos habitualmente son concentradores de cableado o conmutadores y se explican con más detalle en el capítulo 2.

La forma en la que un concentrador de cableado o un conmutador distribuyen los mensajes a través de la red determina su topología lógica. Esta topología lógica puede ser (véase la figura 1.12):

- **En bus**: cuando el dispositivo recibe un mensaje, lo envía por todos los puertos que tiene menos por el que llegó.
- **En anillo**: cuando el dispositivo recibe un mensaje por un puerto, lo envía por el siguiente.
- **En estrella**: el dispositivo envía el mensaje solamente por el puerto donde se encuentra conectado el equipo destinatario.

Actualmente, las redes locales se montan utilizando conmutadores que tienen una topología lógica en estrella, ya que envían los mensajes solamente por los puertos donde están conectados los equipos destinatarios. Este funcionamiento es más eficiente, pero tiene el inconveniente de que los conmutadores tienen que saber en todo momento los equipos que están conectados en cada puerto. Actualmente, esto ya no es un problema gracias a la evolución de la tecnología, pero hasta no hace muchos años estos dispositivos eran demasiado caros y resultaba más rentable utilizar concentradores con topología lógica en bus o anillo.

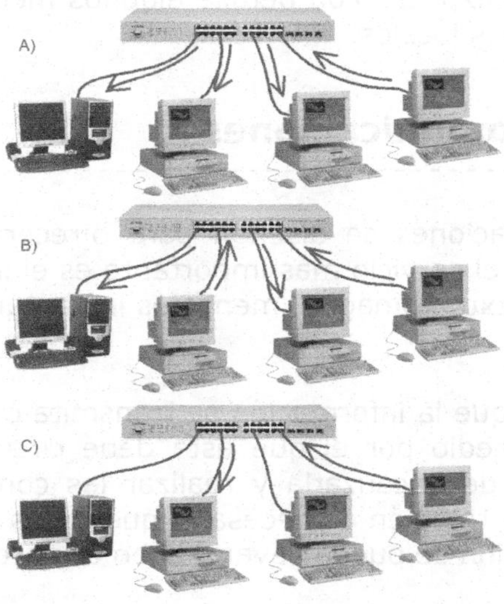

Figura 1.12. Ejemplos de redes con la misma topología física en estrella pero distinta topología lógica. En A) la topología lógica es un bus, mientras que en B) es un anillo y en C) es una estrella. Obsérvese que en los casos B) y C) las redes son más eficientes porque permiten varias comunicaciones simultáneas, ya que el medio no es compartido como en A)

1.3.3 Método de acceso al cable

En los apartados anteriores se ha puesto de manifiesto que muchas redes locales trabajan con un medio compartido, es decir, un único canal por el que circulan los mensajes de todos los equipos conectados. Estas redes tienen una topología lógica en bus, enviando los mensajes a todos los equipos o utilizan un medio de difusión como es el aire (en las redes locales inalámbricas). En este tipo de redes, al existir un único canal por el que se transmite la información y es enviada en una frecuencia determinada, no es posible o por lo menos deseable que dos equipos transmitan a la vez. Si esta situación se produce, la información que envían se mezcla e interfiere entre sí, con el resultado de que los mensajes son completamente ilegibles y deben ser reenviados de nuevo para que no se pierdan. Situaciones como ésta, conocida comúnmente como **colisión**, se produce en las comunicaciones inalámbricas que utilizan la misma frecuencia de transmisión, por ejemplo cuando se utilizan dispositivos *walkie-talkie*.

Por lo tanto, en las redes de difusión, debe existir algún mecanismo que controle el orden de transmisión de los interlocutores. Mediante este mecanismo de control, se pueden evitar o reducir en la medida de lo posible las situaciones de colisión. Una colisión no solamente hace que los mensajes se pierdan, sino que también puede reducir considerablemente la capacidad de transmisión de una red en la que los equipos tienen que reenviar de nuevo la información perdida.

Existen muchos métodos de control de acceso al medio que se utilizan en las redes locales actuales. Algunos de ellos evitan que se produzcan colisiones, mientras que otros no las evitan completamente pero consiguen que se puedan reducir drásticamente. En el apartado 3.4 del capítulo 3 se explican con detalle algunos mecanismos de control de acceso al medio muy utilizados en redes locales.

1.3.4 Protocolos de comunicaciones

Las redes de comunicaciones se diseñan para ofrecer una serie de servicios a los usuarios. En las redes locales, el servicio más importante es el intercambio de información, ya sea en forma de archivos de texto o imagen, mensajes instantáneos, correo electrónico, vídeo en tiempo real, etc.

En una red local, para que la información se transmita correctamente hasta el destino, es necesario que exista un medio por el que ésta debe circular, además de una serie de dispositivos que se encargan de encauzarla y realizar las conversiones o traducciones que sean necesarias. Sin embargo, también es necesario que todos los equipos sigan una serie de normas para que la comunicación se pueda llevar a cabo correctamente y con fluidez.

Estas normas, aunque al principio puedan parecer algo extrañas o con poco sentido, las seguimos todos en una conversación normal entre personas, aunque nuestra costumbre nos haga olvidarnos de ellas mientras hablamos. Algunos ejemplos de estas normas son:

- Utilizar el mismo idioma en la conversación, para que todos los interlocutores interpreten correctamente la información.
- Cuando una persona está hablando, es recomendable dejar que termine antes de que otra empiece a hablar.
- Para evitar que una persona acapare la conversación, es recomendable seguir un turno de palabra.
- Si no se ha entendido algo, los interlocutores pueden solicitar que se repita esa parte de la conversación.

A las normas que deben respetarse en una comunicación se les denomina **protocolos**. Un protocolo de una red local establece las normas que se deben seguir para que un determinado servicio relacionado con ella se realice correctamente y sin fallos. Las normas que determina el protocolo pueden ser muy variadas, como la velocidad de transmisión, el tipo de información a enviar, el formato de los mensajes, etc.

Por ejemplo, podemos hacer la analogía con el sistema telefónico para establecer una conversación entre dos abonados. Para que la comunicación se realice convenientemente, el protocolo determina que hay que seguir los siguientes pasos:

1. Descolgar el teléfono.
2. Comprobar si hay línea. Si no hay, colgar y volver al paso 1.
3. Marcar el número del otro usuario.
4. Esperar tono.
5. Si el tono es "comunicando", colgar y volver al paso 1.
6. Si da más de 6 tonos y no contesta, ir al paso 8.
7. Hablar cuando el otro usuario conteste.
8. Colgar.

Si no se siguen las reglas del protocolo estrictamente, la comunicación no se realizará en condiciones. Resulta absurdo que el usuario comience a hablar antes de tiempo porque la otra persona no oiría la conversación; así mismo, si cuelga de forma precipitada, también se perderá una parte de la conversación.

Este ejemplo de protocolo resulta a primera vista muy simple y todos nosotros estamos acostumbrados a seguirlo. En comunicaciones de datos, los protocolos empleados son más complejos porque deben ser capaces de corregir errores; en el caso de una comunicación normal, si el usuario no entiende, sólo tiene que decir: *¿Cómo dices?,* o,

¿puedes repetir? Sin embargo, para ambos casos, la idea de base es la misma. En muchas ocasiones no está clara la división entre protocolo y red, ya que existen redes de transmisión que utilizan sus propios protocolos.

Aunque a primera vista parezca que el diseño de un sistema de comunicación parece simple, cuando se aborda resulta mucho más complejo, ya que es necesario resolver una serie de problemas. Estos problemas se resuelven en el diseño de la arquitectura de la red a través de los protocolos, teniendo en cuenta la topología y el control de acceso al medio, que son los que determinarán las características de la red local. Algunos de los problemas más importantes a los que se enfrentan los diseñadores de redes locales son:

- **Encaminamiento**: cuando existen diferentes rutas posibles entre el origen y el destino (si la red tiene una topología de malla o irregular), se debe elegir una de ellas (normalmente, la más corta o la que tenga un tráfico menor). Sin embargo, en una red local que utiliza un medio compartido, esta cuestión es trivial, porque sólo existe un camino posible entre un origen y un destino cualesquiera.

- **Direccionamiento**: puesto que una red normalmente tiene muchos ordenadores conectados, algunos de los cuales tienen múltiples procesos (programas), se requiere un mecanismo para que un proceso en una máquina especifique con quién quiere comunicarse. Como consecuencia de tener varios destinos, se necesita alguna forma de direccionamiento que permita determinar un destino específico.

- **Acceso al medio**: en las redes donde existe un medio de comunicación de difusión (un único medio compartido, debe existir algún mecanismo que controle el orden de transmisión de los interlocutores. De no ser así, todas las transmisiones se interfieren y no es posible llevar a cabo una comunicación en óptimas condiciones.

- **Saturación del receptor**: esta cuestión suele plantearse en todos los niveles de la arquitectura y consiste en que un emisor rápido pueda saturar a un receptor lento. En determinadas condiciones, el proceso en el otro extremo necesita un tiempo para procesar la información que le llega. Si ese tiempo es demasiado grande en comparación con la velocidad con la que le llega la información, será posible que se pierdan datos. Una posible solución a este problema consiste en que el receptor envíe un mensaje al emisor indicándole que está listo para recibir más datos.

- **Mantenimiento del orden**: algunas redes de transmisión de datos desordenan los mensajes que envían, de forma que, si los mensajes se envían en una secuencia determinada, no se asegura que lleguen en esa misma secuencia. Para solucionar esto, el protocolo debe incorporar un mecanismo que le permita volver a ordenar los mensajes en el destino. Este mecanismo puede ser la numeración de los fragmentos, por ejemplo.

- **Control de errores**: todas las redes de comunicación de datos transmiten la información con una pequeña tasa de error, que en ningún caso es nula. Esto se debe a que los medios de transmisión son imperfectos. Tanto emisor como receptor deben ponerse de acuerdo a la hora de establecer qué mecanismos se van a utilizar para detectar y corregir errores, y si se va a notificar al emisor que los mensajes llegan correctamente.

- **Multiplexación**: en determinadas condiciones, la red puede tener tramos en los que existe un único medio de transmisión que, por cuestiones económicas, debe ser compartido por diferentes comunicaciones que no tienen relación entre sí. Así, el protocolo deberá asegurar que todas las comunicaciones que comparten el mismo medio no se interfieran entre sí.

Puesto que el diseño de un sistema de comunicación requiere de la resolución de muchos y complejos problemas, los protocolos de las redes locales se organizan en capas o niveles para reducir la complejidad de su diseño. Esta técnica se ha heredado de la metodología de programación consistente en dividir el problema en subproblemas más sencillos de tratar y en la programación modular ("Divide y vencerás"). Cada una de estas capas o subniveles (equivalente a un módulo) se construye sobre su predecesor (es decir, utiliza los servicios o funciones diseñados en él) y cada nivel es responsable de ofrecer servicios a niveles superiores.

Dentro de cada nivel de la arquitectura coexisten diferentes servicios. Así, los servicios de los niveles superiores pueden elegir cualquiera de los ofrecidos por las capas inferiores, dependiendo de la función que se quiera realizar. A la arquitectura por niveles también se le llama **jerarquía de protocolos**. Si los fabricantes quieren desarrollar productos compatibles, deberán ajustarse a los protocolos definidos para esa red. Por lo tanto, en una jerarquía de protocolos se siguen las siguientes reglas:

- Cada nivel dispone de un conjunto de servicios.
- Los servicios están definidos mediante protocolos estándares.
- Cada nivel se comunica solamente con el nivel inmediato superior y con el inmediato inferior.
- Cada uno de los niveles inferiores proporciona servicios a su nivel superior.

Cuando se comunican dos ordenadores que utilizan la misma arquitectura de red, los protocolos que se encuentran al mismo nivel de la jerarquía deben coordinar el proceso de comunicación. Por ejemplo, el nivel 2 de un equipo (transmitiendo, por ejemplo) coordina sus actividades con el nivel 2 del otro extremo (que se encargaría de recibir). Esto quiere decir que ambos deben ponerse de acuerdo y utilizar las mismas reglas de transmisión (es decir, el mismo protocolo).

En general, el nivel *n* de una máquina se comunica de forma indirecta con el nivel *n* homónimo de la otra máquina. Como se ha mencionado anteriormente, las reglas y convenciones usadas en esa comunicación se conocen como **protocolo de nivel *n***. A los elementos activos de cada capa se les llama **entidades** o **procesos** y son estos los que se comunican mediante el uso del protocolo. Al grupo formado por las entidades o procesos en máquinas diferentes que están al mismo nivel se le llama **entidades pares** o **procesos pares**.

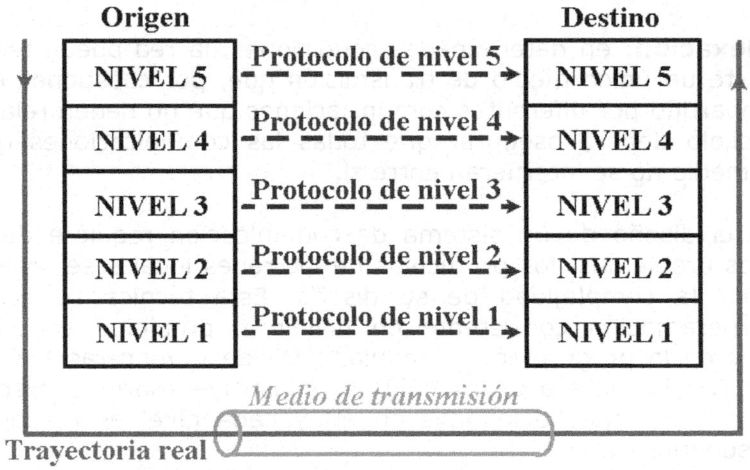

Figura 1.13. Diagrama simplificado de comunicación por niveles. Las líneas discontinuas representan la comunicación "virtual" entre los procesos pares, mientras que las líneas continuas indican la trayectoria real de la comunicación

El modelo de arquitectura por niveles necesita **información adicional** para que los procesos pares puedan comunicarse a un determinado nivel. Estos datos adicionales dependen del protocolo utilizado y sólo se conoce su verdadero significado a ese nivel; normalmente, los niveles inferiores los tratan como si fuera información propiamente dicha. A ese añadido se le llama generalmente **cabecera** o **información de control** y suele ir al principio y/o al final del mensaje.

1.3.5 Arquitecturas de redes de área local más usadas

En este apartado se explican algunas de las arquitecturas de redes locales que más se utilizan en la actualidad. Son muchas las arquitecturas de redes locales que se han utilizado a lo largo de la historia, pero solamente unas pocas se han convertido en normas reconocidas internacionalmente.

1.3.5.1 TCP/IP

TCP/IP se suele confundir muchas veces con un protocolo de comunicaciones concreto, cuando, en realidad, es una compleja arquitectura de red que incluye varios de ellos, apilados por capas. Es, sin lugar a dudas, la más utilizada del mundo, ya que es la base de comunicación de Internet y también se utiliza ampliamente en muchas redes locales donde existen equipos con sistemas operativos Unix y GNU/Linux (aunque debido a su gran utilización ha sido también implantado en otros sistemas como Microsoft Windows, como se explica en el apartado siguiente).

En el año 1973, el DoD (*Departamento de Defensa de Estados Unidos*) inició un programa de investigación para el desarrollo de tecnologías de comunicación de redes de transmisión de datos. El objetivo fundamental era desarrollar una red de comunicación que cumpliera las siguientes características:

- Que permita interconectar redes diferentes. Esto quiere decir que la red en general puede estar formada por tramos que usan tecnología de transmisión diferente.

- Que sea tolerante a fallos. El DoD deseaba una red que fuera capaz de soportar ataques terroristas o incluso alguna guerra nuclear sin perderse datos y manteniendo las comunicaciones establecidas.

- Que permita el uso de aplicaciones diferentes: transferencia de archivos, comunicación en tiempo real, etc.

Todos estos objetivos implicaron el diseño de una red con topología irregular donde la información se fragmentaba para seguir rutas diferentes hacia el destinatario. Si alguna de esas rutas fallaba repentinamente, la información podría seguir rutas alternativas. Así, surgieron dos redes distintas: una dedicada a la investigación, ARPANET, y otra de uso exclusivamente militar, MILNET.

El DoD permitió a varias universidades que colaboraran en el proyecto, y ARPANET se expandió gracias a la interconexión de esas universidades e instalaciones del Gobierno. Este modelo se nombró después como **arquitectura TCP/IP**, por las iniciales de sus dos protocolos más importantes. En 1980, TCP/IP se incluyó en Unix 4.2 de Berkeley y fue el protocolo militar estándar en 1983. En ese mismo año nació la red global Internet, que utiliza también esta arquitectura de comunicación. ARPANET dejó de funcionar en 1990.

Algunos de los motivos de la popularidad alcanzada por esta arquitectura son:

- Es independiente de los fabricantes y las marcas comerciales.

- Soporta múltiples tecnologías de redes.

- Es capaz de interconectar redes de diferentes tecnologías y fabricantes.

- Puede funcionar en equipos con cualquier sistema operativo instalado.

- Se ha convertido en estándar de comunicación en EEUU desde 1983.

La arquitectura de TCP/IP se construyó diseñando inicialmente los protocolos y después se creó la arquitectura completa. Por esta razón, a TCP/IP muchas veces se la califica como **pila de protocolos**.

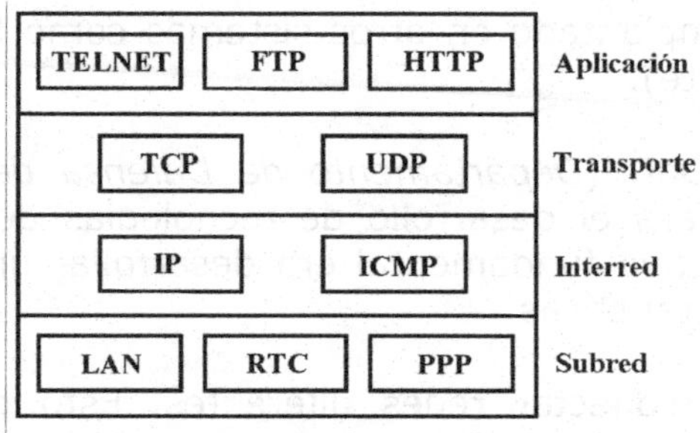

Figura 1.14. Protocolos de la arquitectura TCP/IP. Aquí aparecen algunos de los más importantes del modelo. Obsérvese que en el nivel de subred están definidos los protocolos de comunicación de algunas redes comerciales, como RTC (estándar de la red telefónica conmutada), el estándar de redes de área local IEEE 802 (se explica en el apartado 3.5 del capítulo 5), etc.

Obsérvese que TCP/IP tiene definidas cuatro capas y sus funciones son las siguientes:

- **Capa de subred**: el modelo no da mucha información de esta capa y solamente se especifica que debe existir algún protocolo que conecte la estación con la red. La razón fundamental es que, como TCP/IP se diseñó para su funcionamiento sobre redes diferentes, esta capa depende de la tecnología utilizada y no se especifica de antemano (véase el apartado 3.4 del capítulo 3).

- **Capa de interred**: esta capa es la más importante de la arquitectura y su misión consiste en permitir que las estaciones envíen información (**paquetes**) a la red y los hagan viajar de forma independiente hacia su destino. Durante ese viaje, los paquetes pueden atravesar redes diferentes y llegar desordenados. Esta capa no se responsabiliza de la tarea de ordenar de nuevo los mensajes en el destino. El protocolo más importante de esta capa se llama **IP** (*Internet Protocol* o *Protocolo de Interred*), aunque también existen otros protocolos.

- **Capa de transporte**: ésta cumple la función de establecer una conversación entre el origen y el destino, de igual forma que hace la capa de transporte en el modelo OSI. Puesto que las capas inferiores no se responsabilizan del control de errores ni de la ordenación de los mensajes, ésta debe realizar todo ese trabajo. Aquí también se han definido varios protocolos, entre los que destacan **TCP** (*Transmission Control Protocol* o Protocolo de Control de Transmisión), orientado a la conexión y fiable, y **UDP** (*User Datagram Protocol* o Protocolo de Datagrama de Usuario), no orientado a la conexión y no fiable.

- **Capa de aplicación**: esta capa contiene, al igual que la capa de aplicación de OSI, todos los protocolos de alto nivel que utilizan los programas para comunicarse. Aquí se encuentra el protocolo de terminal virtual (TELNET), el de transferencia de archivos (FTP), el protocolo HTTP que usan los navegadores para recuperar páginas en la *World Wide Web*, los protocolos de gestión del correo electrónico, etc.

1.3.5.2 RED MICROSOFT

La arquitectura de red patentada por Microsoft está diseñada con el objetivo de permitir la coexistencia e integración con otras arquitecturas de red como TCP/IP o Novell. Por esta razón, en el modelo de redes Microsoft se pueden añadir los distintos protocolos existentes para que realicen el transporte de la información. La figura 2.6 muestra el esquema simplificado del modelo de redes Microsoft.

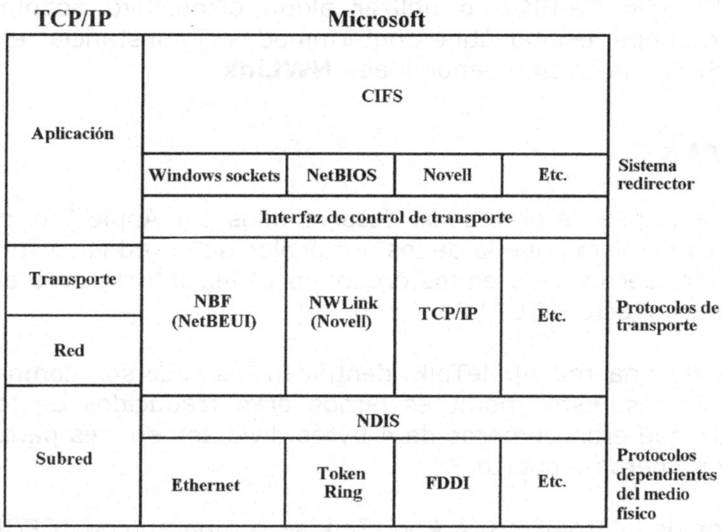

Figura 1.15. Modelo en capas de la red Microsoft. Aquí se puede observar cómo esta arquitectura ha ido incluyendo nuevos protocolos sobre el diseño original. También se puede observar la comparación con los niveles de la arquitectura TCP/IP

El protocolo **NetBIOS** (*Network Basic Input/Output System* o Sistema Básico de Entrada/Salida de Red) fue diseñado por IBM ante la falta de un estándar de alto nivel en redes de área local. Posteriormente ha sido adoptado en las redes Microsoft para el trabajo con estaciones Windows. Su identificación se hace a través de un **nombre de PC**, y el envío de la información de administración y recursos compartidos se realiza por difusión (es decir, los mensajes se envían a todos los equipos a la vez).

CIFS (*Common Internet File System* o Sistema de Archivos Común de Interred) es una variante del protocolo **SMB** (*Server Message Block* o *Bloque de Mensajes del Servidor*) diseñada por IBM. Se trata de protocolos de nivel de aplicación usados en redes Microsoft, que permiten convertir las peticiones del estilo "crear archivo", "copiar archivo", etc., en llamadas a servicios del protocolo NetBIOS.

El protocolo **NetBEUI** (*NetBIOS Extended User Interface*) es una extensión del protocolo NetBIOS que trabaja a nivel de red y nivel de transporte en estaciones de trabajo con sistema operativo Windows. Este protocolo es bastante sencillo y está optimizado para su funcionamiento en LAN, ya que no puede utilizarse para la comunicación con una red de área extensa.

El protocolo NetBIOS puede funcionar sobre NetBEUI, TCP/IP o SPX (en una red Novell), dependiendo de los que se encuentren instalados y de la configuración seleccionada por el usuario. Lo normal es que NetBIOS funcione sobre TCP/IP (a esta pila se le llama **NetBT**), ya que el protocolo NetBEUI ha dejado de utilizarse en las versiones más recientes de Windows. En caso de que la estación tenga acceso a Internet, será necesario usar forzosamente TCP/IP bajo NetBIOS o utilizar algún dispositivo adaptador de protocolos (**pasarela**). También puede resultar útil en determinadas circunstancias el funcionamiento de NetBIOS sobre IPX/SPX, mecanismo denominado **NWLink**.

1.3.5.3 APPLETALK

AppleTalk es una pila de protocolos desarrollados por Apple Inc. para la conexión de redes, cuya función es la misma que la de los protocolos de la red Microsoft. Esta arquitectura se diseñó en 1984 para ser incluida en los ordenadores Macintosh, pero actualmente está en desuso a favor de la arquitectura TCP/IP.

Los usuarios de una red AppleTalk identifican los recursos compartidos de la red a través de nombres largos. Estos nombres largos eran traducidos de forma automática a direcciones AppleTalk que eran números de 4 bytes divididos en tres partes: número de red, número de equipo y número de puerto.

Los protocolos de la arquitectura AppleTalk se comparan con TCP/IP en la figura 1.16. En sus inicios, AppleTalk funcionaba a través de comunicaciones por el puerto RS-422 disponible en todos los Macintosh (LocalTalk), aunque después se integraron los protocolos de la redes Ethernet (véase el apartado 1.4.2), lo que se conoció como EtherTalk.

TCP/IP	AppleTalk			
Aplicación	AFP		PAP	
	ZIP	ASP		ADSP
Transporte	Protocolo de Transacciones AppleTalk			
Red	Protocolo de Entrega de Datagramas			
Subred	LLAP	ELAP	TLAP	FDDI
	LocalTalk	Ethernet	Token Ring	FDDI

Figura 1.16. Comparación de la arquitectura AppleTalk con TCP/IP. Al igual que la arquitectura de red de Microsoft, AppleTalk también ha ido integrando con el tiempo nuevos protocolos para coexistir con las redes locales más utilizadas en el momento

1.4 NORMATIVA

Las primeras redes de ordenadores que se construyeron, tanto comerciales como militares, utilizaban sus propios protocolos. Existen compañías que utilizaban normas de comunicación diferentes para sus propios productos. Esta situación llevó a que las empresas mantuvieran redes de diferentes fabricantes. Cuando necesitaron comunicar esas redes, surgieron los problemas: los sistemas de transmisión no eran compatibles y, o bien había que deshacerse de todo lo instalado y montar redes nuevas, o bien había que desarrollar equipos adaptadores de redes, una alternativa de coste muy elevado.

A partir de entonces, se comprobó que era necesario definir un conjunto común de normas, que permitiera coordinar a todos los fabricantes. Estas normas posibilitan la comunicación entre diferentes equipos y permiten que estos tengan un menor coste y una mayor aceptación. Las normas se dividen en dos categorías:

- **Estándares *de facto***: viene de la palabra que en latín significa *de hecho* y a este grupo pertenecen los estándares que simplemente aparecieron y se impusieron en el mercado por su extensa utilización. El ordenador personal (PC) de IBM y sus sucesores son normas *de facto* porque la mayoría de los fabricantes copiaron los equipos de IBM con mucha exactitud. El sistema operativo UNIX también se ha convertido en un estándar al ser copiado por otros fabricantes: SCO, Minix, Linux, etc.

- **Estándares *de jure***: viene del latín que significa *por ley* y se trata de estándares formales y legales acordados por algún organismo de estandarización autorizado. Estos organismos son de dos tipos: los creados por tratados entre varios países y las organizaciones voluntarias.

1.4.1 Comités de estandarización

Existen varias organizaciones internacionales dedicadas a tareas de normalización y estandarización. Entre ellas, destacaremos:

- **ITU** (*Internacional Telecom Union* o Unión Internacional de Telecomunicaciones). Organización de las Naciones Unidas con sede en Ginebra y constituida por las autoridades de Correos, Telégrafos y Teléfonos (PTT) de los países miembros. Se encarga de realizar recomendaciones técnicas sobre teléfono, telégrafo e interfaces de comunicación de datos que, a menudo, se reconocen como estándares. Trabaja en colaboración con ISO, que en la actualidad es miembro del ITU. Tiene tres sectores principales: sector de radiocomunicaciones (ITU-R), sector de desarrollo (ITU-D) y sector de telecomunicaciones (ITU-T).

- **ISO** (*International Standards Organization* u Organización Internacional de Normalización). Organización de carácter voluntario que agrupa a 89 países. Sus miembros han desarrollado estándares para las naciones participantes. Uno de sus comités se ocupa de los sistemas de información, que ha desarrollado el modelo de referencia OSI y protocolos para varios niveles de ese modelo. ISO también ha desarrollado otros estándares en otros campos, como el ISO 216 (para medidas de papel, como A4), ISO 9000 (sistemas de gestión de calidad), ISO 3166 (códigos de países), etc.

- **ANSI** (*American National Standards Institute* o Instituto Americano de Normas Nacionales). Asociación con fines no lucrativos, formada por fabricantes, usuarios, compañías que ofrecen servicios públicos de comunicaciones y otras organizaciones interesadas en temas de comunicación. Es el representante estadounidense de ISO, que adopta con frecuencia los estándares ANSI como normas internacionales.

- **IEEE** (*Institute of Electrical and Electronics Engineers* o Instituto de Ingenieros Eléctricos y Electrónicos). Es la mayor organización internacional sin ánimo de lucro formada por profesionales de las nuevas tecnologías. Además de publicar revistas y preparar conferencias, esta organización se encarga de elaborar estándares en las áreas de ingeniería eléctrica y computación (como es el estándar IEEE 802 para redes de área local o el estándar POSIX para sistemas operativos).

- **IETF** (*Internet Engineering Task Force* o Grupo de Trabajo en Ingeniería de Internet). Es una organización creada en Estados Unidos en 1986 cuyo objetivo principal consiste en desarrollar los estándares que funcionan en Internet. Está formada por técnicos y especialistas que publican las recomendaciones de los protocolos de Internet, haciendo que los fabricantes tengan que adaptarse a ellas para evitar problemas de compatibilidad y funcionamiento entre sistemas. Los documentos que publica el IETF se denominan **RFC** (*Request For Comments* o *Petición de Comentarios*) y son la base para el desarrollo de todas las tecnologías que funcionan en Internet. Estos documentos, publicados desde 1969, llegan a ser más de 5000 en la actualidad. Ejemplos de estos documentos son el RFC 2616 (protocolo de transferencia de hipertexto o HTTP), RFC 959 (protocolo de transferencia de archivos o FTP) o RFC 2821 (protocolo simple de transferencia de correo o SMTP).

- **ISC** (*Internet Systems Consortium* o Consorcio de Sistemas de Internet). Es una organización sin ánimo de lucro fundada en 1994 que desarrolla y da soporte a determinados programas que funcionan en Internet. Entre estos programas se encuentran algunos tan importantes como BIND (traducción de direcciones de dominio en direcciones numéricas a través del protocolo DNS), DHCP (configuración automática), NTP (sincronización horaria), etc. Todo el software que se desarrolla por el ISC se distribuye bajo licencia ISC, una licencia parecida a la utilizada por el MIT para distribuir OpenBSD.

- **ICANN** (*Internet Corporation for Assigned Names and Numbers o* Corporación de Internet para la Asignación de Nombres y Números). Organización sin ánimo de lucro creada en 1998 para asumir las tareas de la anterior **IANA** (*Internet Assigned Numbers Authority* o *Agencia de Asignación de Números de Internet*). Su función principal consiste en mantener un registro central de números asociados con los protocolos de Internet, además de los nombres de dominios y direcciones.

- **W3C** (*World Wide Web Consortium* o Consorcio de la World Wide Web). Es un organismo que apareció en 1994 y que está presidido por Tim Berners-Lee. Su objetivo es producir estándares para todas las tecnologías que engloba la *World Wide Web* (WWW o *tela de araña mundial*). Actualmente, el W3C está integrado por más de 400 miembros y unos 60 investigadores, y dispone de oficinas regionales en multitud de países. El W3C publica una serie de documentos oficiales, denominados **Recomendaciones del Consorcio**, que contienen los nuevos estándares y son publicados y distribuidos de forma libre para que los fabricantes y desarrolladores se puedan adaptar a ellos. Algunas de las recomendaciones más importantes son HTML, CSS, DOM, XML, etc., que se utilizan para el diseño de páginas *web* y navegadores en Internet.

- **Open Group**. Tiene como objetivo ofrecer estándares abiertos y neutrales para la industria informática. Sus miembros incluyen empresas, organismos e instituciones gubernamentales, como HP, IBM, el Departamento de Defensa de Estados Unidos, etc. Uno de los estándares más conocidos es la **Single Unix Specification**, que certifica los productos de tipo Unix.

1.4.2 Estándares de redes de área local

Las redes de transmisión de datos ofrecen servicios muy variados a los usuarios. Esta variedad ha hecho que hasta la fecha existan diferentes tipos de redes funcionando a lo largo del planeta, cada una enfocada a ofrecer un conjunto de servicios especializado. Las redes locales no han sido una excepción y se han diseñado multitud de tecnologías para ofrecer determinados servicios con una determinada velocidad de transmisión. En este apartado veremos algunos de los estándares de redes de área local más utilizados en la actualidad.

1.4.2.1 ETHERNET

El primer estándar de **Ethernet** fue diseñado en 1976 por Xerox y, posteriormente, revisado en varias ocasiones para permitir velocidades de transmisión de 10, 100, 1.000 o hasta 10.000 Mbps. El estándar Ethernet ha sido adaptado para ser compatible con el estándar **IEEE 802.3**, que fue elaborado en 1990 por la organización IEEE (*Institute of Electrical and Electronics Engineers* o Instituto de Ingenieros Eléctricos y Electrónicos) para la comunicación en redes locales. Por esta razón, al estándar se le conoce comúnmente como Ethernet o IEEE 802.3.

Dentro de este estándar se han definido varios tipos de redes locales en lo que se refiere al tipo de cableado utilizado, velocidad de transmisión, formato de los bloques de información enviados, control de acceso al medio compartido, etc. Estos aspectos están definidos a nivel físico y a nivel de enlace, por lo que IEEE 802 sólo cubre los protocolos de estas dos capas. En el capítulo 3 se explica con detalle los protocolos definidos en Ethernet IEEE 802 y las tecnologías de transmisión que utiliza, por ser este estándar uno de los más utilizados en la actualidad en redes locales.

1.4.2.2 FDDI

La red **FDDI** (*Fiber Distributed Data Interface* o Interfaz de Datos Distribuido por Fibra) fue diseñada con el propósito de obtener una red de alta velocidad, alta capacidad y gran fiabilidad. Así, es capaz de transferir información entre 50 y 100 Mbps y permite la conexión de hasta 1.000 estaciones.

FDDI utiliza fibras multimodo para los enlaces, además de concentradores de cableado, lo que le confiere una topología física en estrella. La fiabilidad de la tecnología de fibra le da a esta red una tasa de fallos inferior a un dígito binario por cada 10.000 millones. Otra característica que hace a FDDI muy fiable es su topología lógica en forma de doble anillo, donde la información gira en direcciones opuestas. Si alguna de las estaciones falla o se rompe el cable en algún punto (rompiendo los dos anillos), será posible unirlos formando un solo anillo de doble longitud y la red continuará funcionando. Cada estación dispone de un mecanismo para unir los dos anillos o saltar esa estación si no funciona.

A los anillos de la red se les llama **anillo primario** y **anillo secundario**. También existen dos clases de estaciones: las de **clase A** (también llamadas **DAS**, *Dual Attach Station* o Estación de Doble Enlace), conectadas al anillo primario y al secundario, y las de **clase B** (**SAS**, *Single Attach Station* o Estación de Enlace Simple), solamente conectadas al anillo primario. Si se produce un fallo, serán las estaciones de clase A (DAS) las que reconfiguren el anillo, y alguna de las estaciones de clase B puede quedar aislada. Esta desventaja se compensa con el hecho de que las estaciones de clase B sólo tienen una conexión a la red y, por lo tanto, los costes se reducen. Será responsabilidad del administrador de la red establecer qué estaciones son más importantes y deben conectarse a los dos anillos.

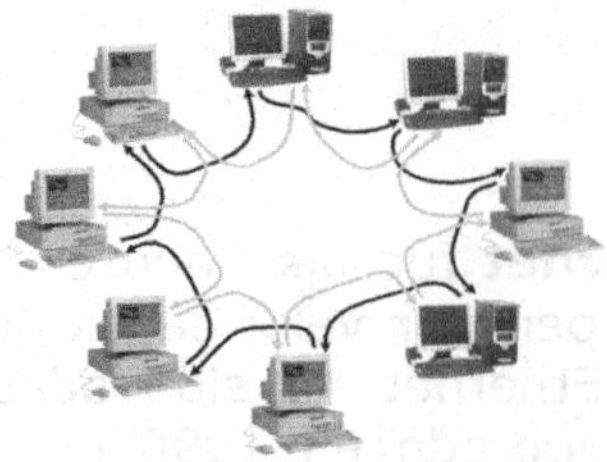

Figura 1.17. Topología lógica de la red FDDI. Está formada por dos anillos de fibra que transportan la información en direcciones opuestas. En este ejemplo, todas las estaciones tienen conexión con los dos anillos lógicos, aunque en realidad cada estación puede estar conectada solamente a un anillo

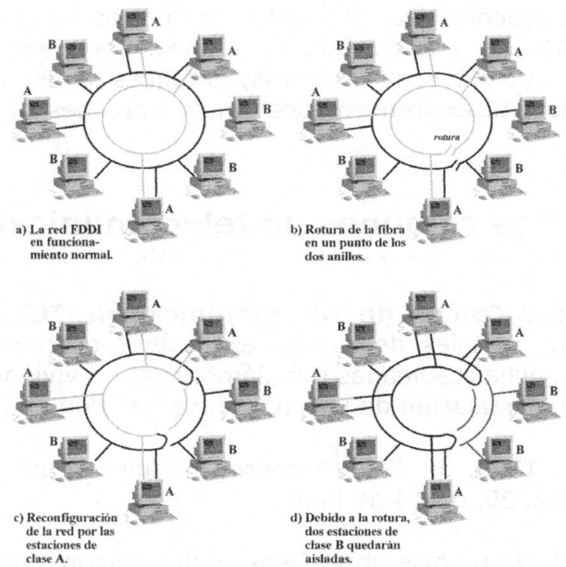

Figura 1.18. Fallo en FDDI. Cuando se rompe un enlace, las estaciones de clase A unen los dos anillos para formar uno solo. Esta reconfiguración puede hacer que una estación de clase B quede aislada de la red, normalmente las situadas entre dos estaciones de clase A

Existe un estándar prácticamente idéntico a FDDI llamado **CDDI** (*Copper Distributed Data Interface* o Interfaz de Datos Distribuido por Cobre) o **TPDDI** (*Twisted Pair Distributed Data Interface* o Interfaz de Datos Distribuido por Par Trenzado) que se diferencia del anterior en que utiliza cable de cobre en vez de fibra óptica, aunque la topología, configuración y formatos de bloques de información que transmite son iguales.

1.4.2.3 REDES INALÁMBRICAS

Las **redes locales inalámbricas** que siguen el estándar IEEE 802.11 transmiten datos a través de ondas electromagnéticas a una velocidad que depende de la versión utilizada (1,5 Mbps es la primera versión, de 5,5 a 11 Mbps en el estándar IEEE 802.11b o 54 Mbps en el estándar IEEE 802.11g). Algunos adaptadores que siguen el estándar IEEE 802.11b pueden llegar a transmitir hasta 100 Mbps. Puesto que la capacidad de transmisión de una red inalámbrica se ve directamente afectada por la potencia de la señal, ésta puede adaptar su velocidad de transmisión a la "cobertura" disponible, por lo que la velocidad de transmisión disponible en cada momento se puede reducir considerablemente con respecto a los valores ideales citados anteriormente.

Este tipo de redes se clasifica como LAN, ya que habitualmente se instala dentro del ámbito de un edificio. Su topología está distribuida en emisores y receptores de ondas de radio que están conectados entre sí y dispersados por toda la organización. De esta forma, cualquier equipo que disponga también de un emisor y receptor estará permanentemente conectado en cualquier lugar, sin necesidad de utilizar cables.

Las redes locales pueden utilizar diferentes protocolos de comunicación, dependiendo de las necesidades y de los equipos conectados a ellas. Por ejemplo, si la red local utiliza equipos con sistema operativo Microsoft Windows, entonces se usa la arquitectura de red de Microsoft para comunicarlos. Si existen equipos Linux, entonces utilizarán los protocolos de TCP/IP.

1.4.3 Infraestructuras comunes de telecomunicación

Una **Infraestructura Común de Telecomunicación** (**ICT**) es una instalación para captar, adaptar y distribuir señales de radio, televisión (por cable o satélite), teléfono y comunicaciones de banda ancha (cableadas o inalámbricas) en viviendas y locales. En España, el reglamento que regula la instalación de una ICT viene definido en la siguiente legislación:

Real Decreto Ley 1/1998, de 27 de febrero, modificado por la Ley 38/1999, de 5 de noviembre y por la Ley 10/2005, de 14 de junio.

- Ley 32/2003, de 3 de noviembre, General de Telecomunicaciones.
- Ley 8/1999 de 6 de abril, de Reforma de la LPH.
- Ley 38/1999, de 5 de noviembre, de Ordenación de la Edificación.
- Ley 10/2005, de 14 de junio, de Medidas Urgentes para el impulso de la TDT.
- R. D. 401/2003 de 4 de abril por el que se aprueba el Reglamento de ICT.
- Orden CTE/1296/2003 de 14 de mayo por el que se desarrolla el Reglamento regulador de infraestructuras comunes de telecomunicación.
- Para la correcta aplicación de esta legislación se debe acudir a los profesionales cualificados.
- Orden ITC/1077/2006, de 6 de abril.

Actualmente, cuando se realiza una construcción o rehabilitación integral de edificios, es obligatorio que estos cuenten con un proyecto de instalación de una ICT. Solamente las empresas autorizadas pueden realizar este tipo de instalaciones, en base al proyecto previamente definido. Una vez realizada la instalación, la empresa autorizada deberá certificarla mediante las pruebas correspondientes y expedir el documento acreditativo, denominado **Boletín de Instalación**.

La instalación de una ICT requiere de un mínimo de dos tomas por vivienda y servicio, de forma que se asegure la disponibilidad de líneas sin necesidad de modificar la instalación. Una instalación ICT incluye las canalizaciones y conductos por donde va el cableado, el propio cableado, las tomas de pared, los dispositivos de recepción y emisión de las señales y los dispositivos de interconexión y amplificación.

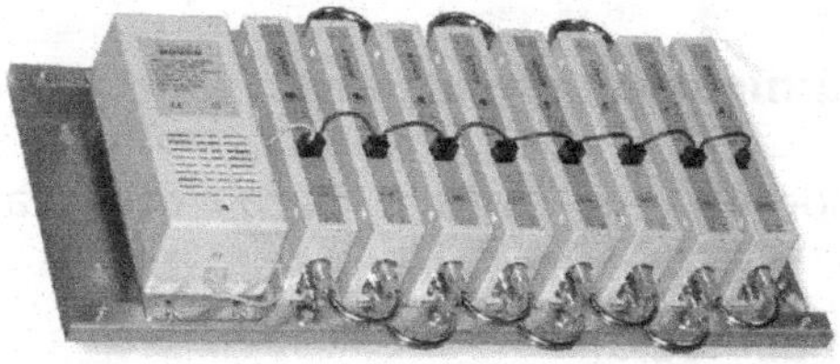

Figura 1.19. Amplificadores monocanal. Estos dispositivos se utilizan comúnmente en las instalaciones de televisión por cable o satélite de ICT en edificios residenciales

TEST DE CONOCIMIENTOS

1. Un elemento de interconexión de red sirve para:

a) Convertir el formato de los mensajes que van a ser transmitidos.

b) Conectar los ordenadores con la red.

c) Controlar el funcionamiento de la red.

d) Ninguna es cierta.

2. La topología física de una red es:

a) La forma en la que se conectan los equipos.

b) La forma en la que se transmite la información.

c) La forma en la que se comparte el medio.

d) La forma en la que se corrigen los errores de la comunicación.

3. La topología lógica de una red es:

a) La forma en la que se conectan los equipos.

b) La forma en la que se transmite la información.

c) La forma en la que se comparte el medio.

d) La forma en la que se detectan los errores de la comunicación.

4. Un protocolo de comunicación sirve para:

a) Establecer las normas a seguir para que la comunicación se realice correctamente.

b) Controlar el acceso al medio.

c) Controlar los errores.

d) Todas son ciertas.

5. La capa de transporte de TCP/IP se usa para:

a) Controlar los errores.

b) Controlar el acceso al medio.

c) Establecer la ruta hasta el destino.

d) Ninguna es cierta.

6. Un estándar de facto es aquel que:

a) Ha sido definido por una organización de estandarización.

b) Ha sido creado por un país.

c) No se usa en redes locales.

d) Ninguna es cierta.

7. El estándar Ethernet define:

a) Los protocolos en redes de área local.

b) El tipo de cable a utilizar.

c) El protocolo de control de acceso al medio.

d) Todas son ciertas.

8. El estándar IEEE 802.11 define:

a) Las redes locales inalámbricas.

b) Las redes locales de par trenzado.

c) Las redes locales FDDI de fibra óptica.

d) Las redes locales FDDI de cobre.

9. Una red FDDI tiene una topología física en:

a) Estrella.

b) Anillo.

c) Doble anillo.

d) Intersección de anillo.

10. Una infraestructura común de telecomunicación permite distribuir señales de:

a) Radio.

b) Televisión.

c) Comunicaciones de banda ancha.

d) Todas son ciertas.

Capítulo

2

ELEMENTOS DE UNA RED DE ÁREA LOCAL

Para que una red local sea capaz de intercambiar información, deben existir una serie de elementos que formen parte de ella. Cada uno de estos elementos tendrá una función determinada. En este capítulo se explica con detalle la tarea que realiza cada uno de estos elementos y las reglas de funcionamiento para que la comunicación en su conjunto sea posible.

En una red local, los elementos fundamentales son las estaciones de trabajo, desde donde los usuarios realizan sus tareas. Estas estaciones ofrecen una gran cantidad de servicios y recursos disponibles, que dependen de la naturaleza de la tarea que deben desempeñar. Algunos de estos recursos están alojados en el propio equipo. Otros, sin embargo, están ubicados en otros equipos (ya sean otras estaciones de trabajo o servidores), por lo que será necesario acceder a ellos a través de la red de comunicación.

2.1 CARACTERÍSTICAS Y FUNCIONES

Si deseamos permitir la comunicación entre varios ordenadores, necesitamos conectarlos a una red de transmisión de datos, como se muestra en la figura 1.1 del capítulo 1. Esta red está formada por:

- **Estaciones de trabajo y servidores**: son los equipos que se comunican, como ordenadores, teléfonos, etc. Estos determinan la naturaleza de la información a transmitir (voz, datos, etc.).

- **Sistemas operativos**: son los programas instalados en los equipos que permiten el uso eficiente de los recursos disponibles, además de su intercambio con otros.

- **Canal de comunicación**: es el medio por el que circula la información.

- **Adaptadores de red**: son los encargados de convertir el formato de información de los terminales (normalmente en forma de señales eléctricas) en el formato utilizado por la red de comunicación (señales eléctricas, ondas de radio, etc.).

- **Elementos de interconexión**: son los encargados de interconectar todos los terminales de la red y también trabajan para seleccionar el mejor camino por el que circulará la información (en caso de que exista más de un camino).

2.2 ESTACIONES DE TRABAJO

En una red local, las estaciones de trabajo son los equipos que los usuarios o los trabajadores de la empresa requieren para llevar a cabo su tarea habitual. Las estaciones de trabajo están constituidas por los elementos habituales (caja con los componentes de proceso, pantalla, teclado y ratón), además de un adaptador o tarjeta que permite la comunicación con la red (véase el apartado siguiente).

Para poder interactuar con los servicios ofrecidos por la red (intercambio de mensajes, archivos, impresoras, conexión a Internet, etc.), las estaciones de trabajo deberán disponer de un sistema operativo con soporte de red (véase el apartado 2.6) y las aplicaciones necesarias.

2.3 SERVIDORES

Como su propio nombre indica, los servidores que trabajan en un entorno de una red local, son equipos que proveen de una serie de funciones que requieren las estaciones de trabajo. Habitualmente, un servidor es un equipo que tiene una mayor capacidad de cálculo (un procesador más rápido con un mayor número de núcleos, una memoria principal de mayor capacidad, un disco duro más grande, etc.), ya que debe ser capaz de atender todas las peticiones que le llegan, muchas de ellas recibidas habitualmente en el mismo intervalo de tiempo. Además, estos servidores suelen funcionar durante la mayor parte del día e incluso es muy probable que no se apaguen nunca.

Un servidor lleva instalado, además del sistema operativo con soporte de red (véase el apartado 2.6), un conjunto de programas y aplicaciones que se encargan de facilitar los recursos disponibles al resto de estaciones de trabajo de la red. Los recursos que puede facilitar un servidor en una red local pueden ser:

- Archivos.
- Mensajes (entre usuarios, noticias, etc.).
- Dispositivos conectados (impresoras, etc.).
- Páginas de hipertexto (HTML).
- Bases de datos.

- Servicios de red (traducción de direcciones, configuración automática de los parámetros de la red, etc.).
- Acceso remoto.

Figura 2.1. Ejemplos de servidores. En grandes empresas y organizaciones, donde se mueven grandes cantidades de información, los servidores de red pueden ocupar salas enteras

Puesto que la función principal de un servidor consiste en atender las peticiones que le llegan a través de la red y desde las estaciones de trabajo, suelen ser los administradores los encargados de trabajar con ellos, bien directamente (a través de la pantalla, el teclado o el ratón que tenga conectados) o bien indirectamente desde cualquier estación de trabajo. Los servidores pueden tener la forma de un ordenador personal normal o también pueden ser grandes armarios ubicados en salas especiales o montados en *rack* en los armarios de comunicación de los edificios.

Para que los servidores puedan trabajar ininterrumpidamente y de forma segura, suelen disponer de unas condiciones espaciales en cuanto a temperatura de la sala donde se encuentran, refrigeración adecuada, equipos antiincendios, condiciones de bunquerización, etc. También suelen disponer de unos dispositivos auxiliares o redundantes, como dispositivos de alimentación ininterrumpida (SAI), duplicidad de fuentes de alimentación, utilización de varios discos duros (RAID), etc.

2.4 TARJETAS DE RED

La conexión de un ordenador a la red se debe realizar a través de unos dispositivos específicos llamados **adaptadores** que convierten la señal digital del ordenador en otra adecuada para ser transmitida por la red. Estos adaptadores se pueden conectar en los distintos **puertos** que disponen los equipos actualmente, que pueden ser el **puerto USB**, el **puerto Firewire** o las **ranuras de expansión** (PCI de 32 ó 64 bits, o ExpressCard para equipos portátiles).

Habitualmente, las redes locales se interconectan utilizando el adaptador de red, también conocido como **tarjeta de red** o **NIC** (*Network Interface Card* o Tarjeta de Interfaz de Red). Básicamente realiza la función de intermediario entre el ordenador y la red de comunicación. En ella se encuentran grabados los protocolos de comunicación de la red, en los niveles físico, enlace de datos y red. Por su parte, la comunicación con el ordenador se realiza normalmente a través de las ranuras de expansión que éste dispone (ya sea ISA, PCI o PCMCIA), aunque algunos equipos disponen de este adaptador integrado directamente en la placa base.

La tarjeta de red conectada al equipo ofrece por la cara que queda visible al exterior la conexión a la red (dependiendo del tipo de tarjeta, puede ser RJ-45, BNC, AUI, una antena, etc.), además de otros indicadores de estado. La figura 2.2 muestra todas las partes de una tarjeta de red cableada. Las partes más interesantes para los administradores de las redes son los puertos de comunicación (que se conectan con la red a través del cableado) y los indicadores luminosos de estado (que informan sobre el estado actual de las conexiones y la existencia de errores o desconexiones).

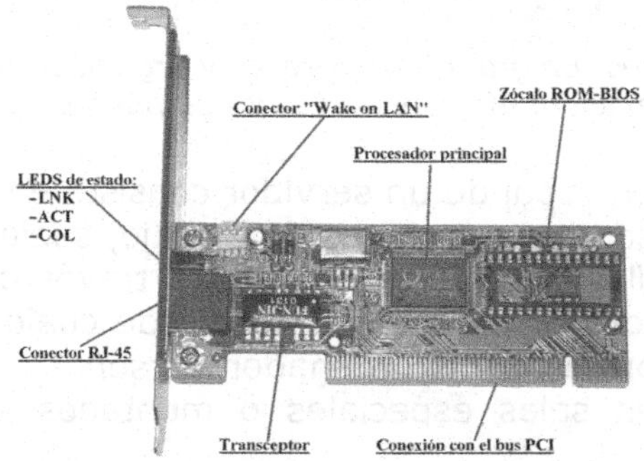

Figura 2.2. Elementos integrados en una tarjeta de red. La conexión con la red se realiza por la parte izquierda del conector RJ-45, que queda al descubierto una vez montada. Las tarjetas de red que utilizan los ordenadores portátiles son más pequeñas y utilizan el conector de expansión ExpressCard

Las tarjetas de red también se utilizan para la conexión con redes inalámbricas. Actualmente, los adaptadores de red inalámbricos más utilizados son de tipo WiFi o Bluetooth. En el primer caso, se pueden crear redes de pequeñas y medianas dimensiones, mientras que las redes Bluetooth están muy limitadas a distancias de apenas unas decenas de metros.

La figura 2.3 muestra un adaptador de red WiFi de tipo ExpressCard y USB. Estos adaptadores están diseñados para conectar con redes inalámbricas existentes o para permitir que los equipos donde se conectan gestionen sus propias redes de pequeño tamaño (Ad hoc). En una red Ad hoc, existe un equipo que gestiona todas las comunicaciones entre los equipos conectados a ellas y que funciona de forma parecida a un punto de acceso inalámbrico (véase el apartado 2.5.7).

Figura 2.3. Adaptador de red WiFi de tipo ExpressCard (izquierda) y USB (derecha). Este tipo de adaptadores está diseñado para equipos portátiles, por lo que algunos no suelen contar con una antena externa. Los que sí la llevan, permiten disponer de un radio de alcance mucho mayor

Los dispositivos de comunicación Bluetooth están diseñados para transmitir información de una forma muy limitada en radios de alcance de unos pocos metros. Su diseño está orientado a comunicar ordenadores con periféricos como teclados, ratones, impresoras, etc. Sin embargo, este mecanismo de comunicación inalámbrica también permite la creación de pequeñas redes de comunicaciones con un número reducido de equipos conectados (también conocidas como Bluetooth PAN, WPAN/Bluetooth o red de área personal inalámbrica, que sigue la norma IEEE 802.15).

2.5 EQUIPOS DE CONECTIVIDAD

En los apartados anteriores se explica que una red de comunicación está formada por varios componentes, entre los que destacan el cableado y los dispositivos de conmutación. Ahora es el momento de hablar de esos dispositivos de conmutación, cuya tarea fundamental consiste en conectar a todos los terminales, además de realizar la selección de los distintos caminos por donde debe circular la información.

Un cable de comunicación solamente tiene dos extremos, por lo que se puede utilizar para conectar solamente dos equipos. Para poder comunicar varios equipos entre sí se pueden utilizar varios de estos enlaces, lo que hará que existan varios equipos de la red con múltiples enlaces (dependiendo de la topología que se utilice). Sin embargo, las limitaciones principales de conectar directamente los equipos entre sí radican en que estos deben estar siempre funcionando para que los enlaces permanezcan operativos. Además, en caso de que existan errores en las líneas, el personal de mantenimiento o administración de la red deberá revisar todas las conexiones en todas las dependencias hasta dar con el problema.

2.5.1 Repetidores

Cuando las distancias entre estaciones son muy elevadas y los efectos de la atenuación resultan intolerables, es necesario utilizar dispositivos que restauren la señal a su estado original y permitan que el receptor la recoja en condiciones. Estos dispositivos son los **repetidores** y los **amplificadores**. Los repetidores se utilizan en transmisión digital, mientras que los amplificadores, en transmisión analógica. Tanto unos como otros están formados por una conexión de entrada que recibe la señal como una conexión por donde sale la señal reconstruida.

Los repetidores y amplificadores también están limitados en varios aspectos. En primer lugar, los tramos de cable que los separan tienen siempre una longitud máxima, ya que, si la señal les llega demasiado atenuada, no podrán reconstruirla correctamente. En segundo lugar, una señal no puede atravesar un número infinito de amplificadores, ya que se trata de dispositivos imperfectos que le dan a la señal pequeñas componentes de ruido. Estas componentes se multiplican conforme la señal los va atravesando, hasta que ésta se deforma completamente. Esta característica afecta en menor grado a las señales digitales y a los repetidores.

2.5.2 Concentradores (*Hubs*)

Una red local en bus utiliza solamente tarjetas de red en las estaciones y cableado coaxial para interconectarlas (además de los conectores). Sin embargo, este método complica el mantenimiento de la red, ya que, si falla algún enlace, toda la red deja de funcionar y el técnico deberá comprobar uno por uno todos los cables y todas las conexiones porque no se sabe de antemano cuál falló. Pisar un cable de red o tropezar con él puede poner "patas arriba" el departamento o la empresa entera.

Para impedir estos problemas, determinadas redes locales utilizan **concentradores de cableado**, también llamados **repetidores multipuerto** (porque también se encargan de amplificar la potencia de las señales transmitidas), para realizar las conexiones de las estaciones. En vez de distribuir las conexiones, el concentrador las centraliza en un único dispositivo, manteniendo indicadores luminosos de su estado e impidiendo que una de ellas pueda hacer fallar toda la red. A un técnico encargado de una red de 300 estaciones se le simplificará mucho su trabajo utilizando este tipo de dispositivos. Un inconveniente que plantea el uso de concentradores es que, si estos fallan, el funcionamiento de la red se verá comprometido.

Los concentradores de cableado tienen dos tipos de conexiones: para las estaciones y para unirse a otros concentradores y así aumentar el tamaño de la red. También se pueden utilizar cables especiales, denominados **cruzados**, que permiten conectar varios concentradores entre sí. Cada estación se conecta directamente al concentrador por medio del cable correspondiente y, si ese enlace falla, la red sigue funcionando y sólo queda aislado el ordenador afectado. La topología de la red será en este caso de estrella, con el concentrador de cableado como centro de ella (véase las figuras 2.4 y 2.5).

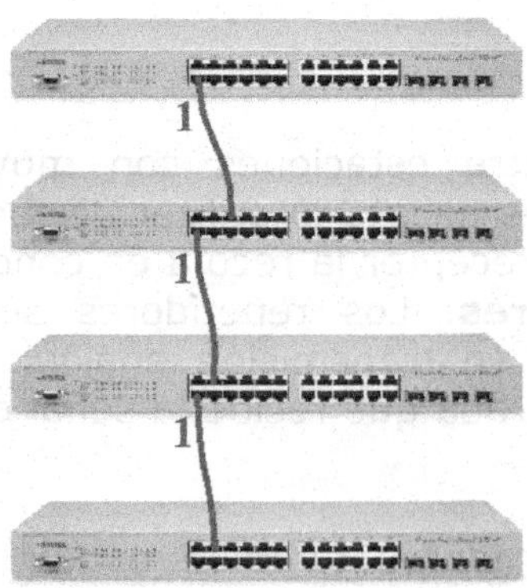

Figura 2.4. Interconexión de varios HUB en cascada. Esta configuración es muy simple, pero tiene el problema de que no permite más de cuatro concentradores si la red trabaja a 10 Mbps y dos si trabaja a 100 Mbps o más. Si se desea conectar algunos más, será necesario utilizar repetidores intermedios, aunque resulta más recomendable la interconexión en estrella

NOTA 2.1:

Hay que tener en cuenta que los concentradores de cableado tienen un número limitado de puertos a los que se conectan las estaciones, por lo que estará limitado en número las que pueden formar una red local.

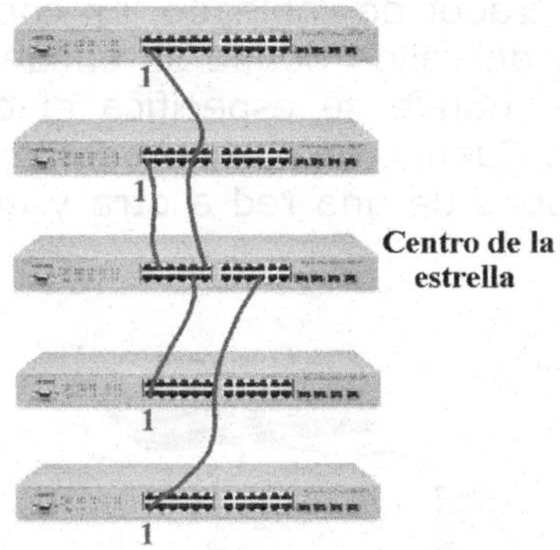

Figura 2.5. Interconexión de varios HUB en estrella. Cada uno de ellos se conecta en el puerto 1 (cruzado) con el concentrador central. Los cables que los conectan son idénticos a los utilizados para las conexiones de las estaciones. Esta configuración permite conectar muchas más estaciones y sólo está limitada por el número de puertos del HUB central

Según se explica en el apartado 1.3.2 del capítulo 1, a la topología formada por la distribución del cableado de la red se le llama topología física. La figura 2.6 muestra dos redes interconectadas mediante un latiguillo con **topología física en estrella**.

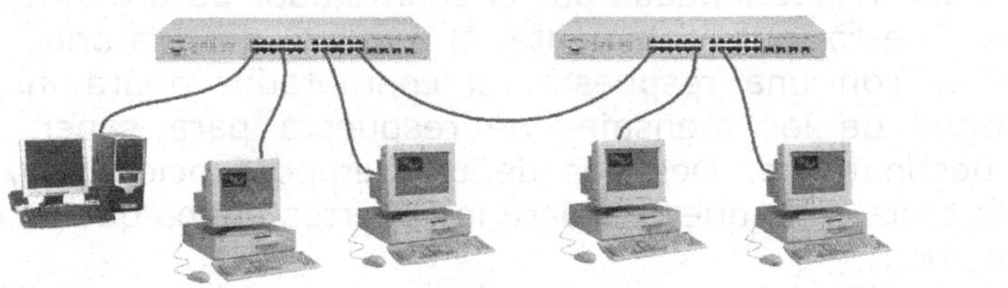

Figura 2.6. Estructura básica de interconexión de una red utilizando concentradores de cableado. Cada uno de los concentradores genera una topología en estrella y, a su vez, se pueden conectar con otros para crecer

2.5.3 Conmutadores (*Switches*)

Un **conmutador** es otro dispositivo que permite la interconexión de redes a nivel de enlace de datos. A diferencia de los puentes, los conmutadores sólo permiten conectar LAN que utilizan los mismos protocolos (a nivel físico y nivel de enlace) y su principal función consiste en *segmentar* una red para aumentar su rendimiento.

Como se explica en el apartado 1.3.2 del capítulo 1, en una red local existe un medio que comparten todas las estaciones. Al aumentar el número de éstas, aumenta también el tráfico en la red y, cuando cada una desea transmitir, debe esperar mucho más tiempo a que le llegue su turno, o las colisiones se producirán con más frecuencia (dependiendo del protocolo que se use). En esas condiciones, es conveniente segmentar (dividir) la red utilizando un conmutador.

Al contrario que un concentrador de cableado, un conmutador envía los mensajes que le llegan solamente por el puerto de salida donde se encuentra el destinatario. Para ello, el conmutador comprueba el campo donde se especifica el destino dentro del mensaje y lo redirige al puerto correspondiente. Cuando un conmutador conecta dos o más LAN, sólo pasan por él las tramas que van destinadas de una red a otra y que obligatoriamente deben pasar por este dispositivo.

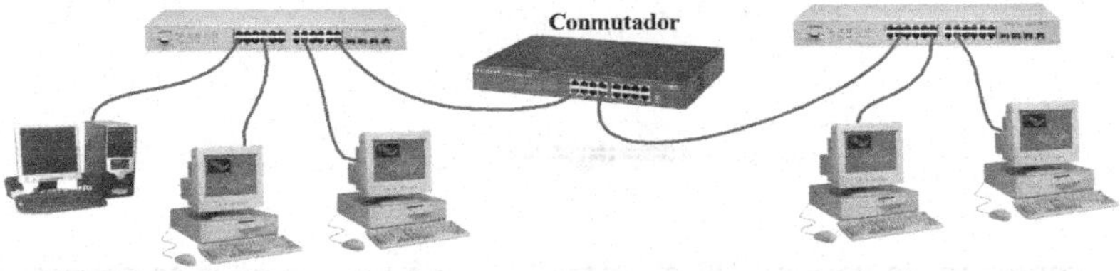

Figura 2.7. Segmentación de una LAN utilizando un conmutador. La red resultante está formada por dos segmentos diferentes, cada uno de los cuales utiliza un medio compartido diferente

Cuando se conecta un conmutador a una red, inicialmente no conoce qué equipos están ubicados en qué puertos. Por esta razón, cuando recibe los primeros mensajes, debe enviarlos a través de todos los puertos, lo que se conoce como **inundación**. Las direcciones de origen de estos mensajes (direcciones MAC, como se explica en el apartado 3.5.3 del capítulo 3) pueden ser inspeccionadas por el conmutador para guardar la ubicación de estos equipos emisores. Puesto que solamente el equipo destinatario recibirá el mensaje y contestará al emisor con una respuesta, el conmutador podrá inspeccionar también las direcciones de origen de los mensajes de respuesta para saber en qué puertos están conectados esos destinatarios. Después de un tiempo funcionando, el conmutador habrá generado su propia tabla en la que guardará los puertos en los que se encuentran conectados cada uno de los equipos.

La apariencia externa de un conmutador no difiere mucho de un concentrador de cableado, y normalmente estos dispositivos también disponen de gran cantidad de puertos (4, 8, 16, 24, etc.). En cada uno de los puertos se pueden conectar desde estaciones normales hasta cualquier dispositivo de interconexión de redes, como concentradores, puentes, encaminadores, etc.

Cuando un conmutador conecta varias redes o varias estaciones crea, por decirlo de una forma simple, varios "medios compartidos" en cada uno de sus puertos. A esos "medios compartidos", formados por una o varias estaciones, se les denomina **dominios de colisión**. Se dice que el conmutador es capaz de dividir una red para aumentar su rendimiento, ya que crea distintos dominios de colisión. Esta mejora es debida a que todos los equipos no comparten el mismo medio, de la misma forma que todos los clientes que llegan a un banco no comparten la misma cola si hay más de una ventanilla para atenderles.

En algunas condiciones, puede ser necesario conectar varios conmutadores entre sí para crear diferentes rutas alternativas que lleguen a los mismos destinos. En estas situaciones, los conmutadores pueden recibir los mismos mensajes y reenviarlos varias veces, lo que ocasiona problemas de duplicidad de los mensajes a la vez que hace que estos viajen en círculos sin fin. Para evitar esto, se utiliza el protocolo **STP** (*Expansion Tree Protocol* o Protocolo de Árbol de Expansión) que hace que los conmutadores se envíen mensajes informando y evitando estas situaciones.

2.5.4 Encaminadores (*Routers*)

El dispositivo que se utiliza para interconectar redes que operan con una capa de red diferente (o iguales) es el **encaminador** (*router*). Dado que el encaminador funciona en el nivel de red (e inferiores), los protocolos de comunicación de ambos lados del encaminador deben ser iguales y compatibles con los niveles superiores al de red (transporte y aplicación). Los niveles inferiores pueden diferir sin afectar al encaminamiento.

En una red de área extensa, cualquiera de las estaciones intermedias en la transmisión de un mensaje se considera un encaminador. Esto es debido a que este dispositivo funciona a nivel de red y, por lo tanto, su función básica es dirigir los paquetes que recibe hacia su destino. Para ello, al recibir un paquete, debe extraer de éste la dirección del destinatario y decidir cuál es la mejor ruta, a partir del algoritmo y tabla de encaminamiento que utilice.

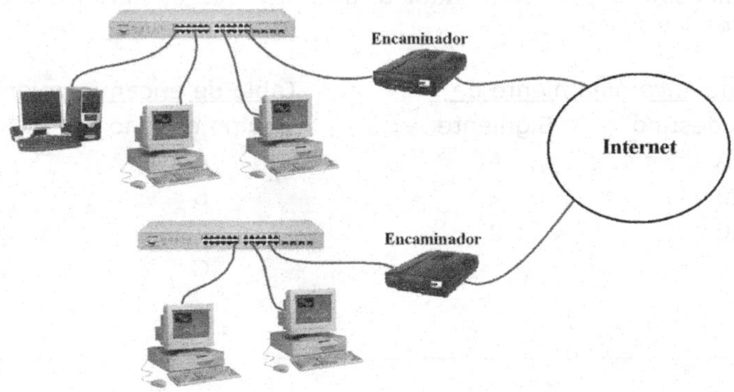

Figura 2.8. Varias LAN con acceso a Internet a través de un encaminador. Todas las estaciones de la red deberán configurarse para dirigir todos sus paquetes hacia el encaminador cada vez que quieran enviar información hacia el exterior. El encaminador puede conectar con la RTC, RDSI, ADSL, etc.

Al funcionar en un nivel superior al del conmutador, el encaminador posee más facilidades que permiten la configuración de ciertos parámetros de comunicación y distingue entre los diferentes protocolos a nivel de red (IP, IPX, etc.). Esto le permite hacer una decisión más inteligente que al conmutador, en el momento de reenviar los paquetes. Entre las cuestiones que un encaminador tiene en cuenta para enviar la información tenemos: número de saltos o nodos intermedios hasta el destino, velocidad de transmisión máxima y distancia de los enlaces, y condiciones del tráfico en los enlaces.

Un encaminador decide por dónde debe enviar los mensajes que llegan a él para que alcancen su destino. Por lo tanto, el encaminador deberá tener un "mapa" donde figure la topología de la red. Este mapa tiene la forma de una tabla en la que se indican los diferentes destinatarios de la red y la ruta que debe seguir la información para llegar a ellos (véase el ejemplo 2.1).

EJEMPLO 2.1

Supongamos que tenemos el esquema de topología de red irregular de la figura 2.9.

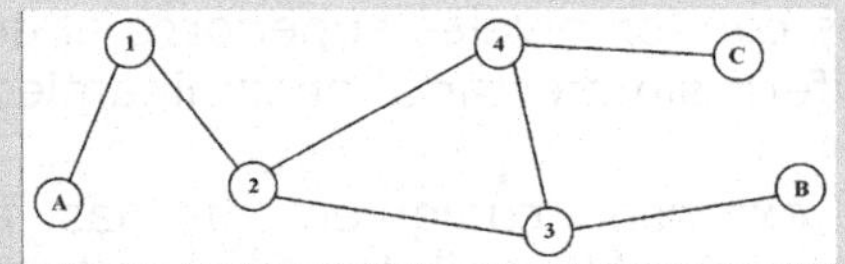

Figura 2.9. Ejemplo de topología de red. Los equipos A, B y C son los emisores y receptores de los mensajes, mientras que los equipos 1, 2, 3 y 4 son encaminadores

Las tablas de los encaminadores se pueden construir de muchas formas, pero podemos considerar como ejemplo aquellas que incluyen dos columnas: el equipo destino del mensaje y el encaminador al que hay que enviarlo. Las tablas de los encaminadores 1 y 2 son:

Tabla de encaminamiento de 1

Equipo destino	Siguiente
A	A
B	2
C	2

Tabla de encaminamiento de 2

Equipo destino	Siguiente
A	1
B	3
C	3
C	4

Un encaminador puede tener muchos puertos diferentes según sea el tipo de redes que conecta. También puede disponer de otros puertos, denominados de **consola**, que se utilizan para tareas de configuración del equipo. Si el equipo no dispone de alguno de los puertos que necesitamos, es posible que tenga capacidad de ampliación de puertos adicionales. En ese caso, el encaminador dispondrá de una o varias ranuras de expansión, que se usan para añadir módulos con una gran variedad de puertos y funciones adicionales (véase la figura 2.10).

Un encaminador es un sistema que dispone de algoritmos bastante complejos para calcular y establecer las mejores rutas, reenviar los mensajes, informar a los encaminadores vecinos sobre el estado de la red y permitir cambios en su configuración inicial. Esta complejidad hace que los equipos funcionen internamente como ordenadores con su unidad central de proceso (microprocesador), memoria principal, sistema básico de entrada y salida (BIOS) y sistema operativo. La memoria principal suele estar dividida en varios tipos, que almacenan diferentes tipos de información. Por ejemplo, podemos encontrar la **memoria flash**, que contiene el código del sistema operativo o la **memoria volátil**, que almacena las tablas de encaminamiento, las tablas de resolución ARP, los mensajes recibidos que deben ser reenviados a su destino, etc.

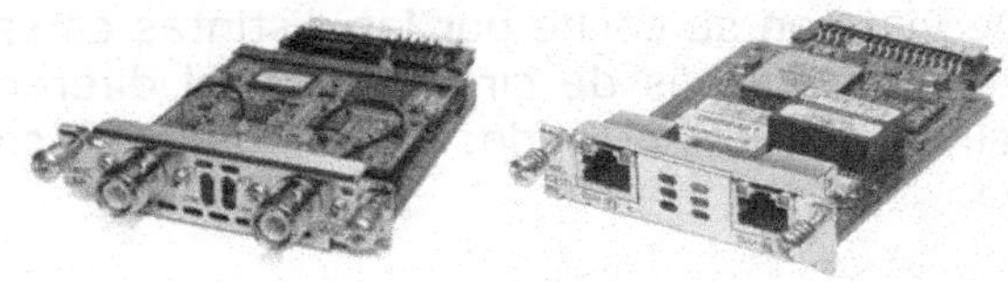

Figura 2.10. Dos módulos de expansión para encaminadores del fabricante Cisco. El módulo de la izquierda permite que el encaminador disponga de conexiones inalámbricas, mientras que el de la derecha se usa para conexiones con redes de área extensa T1 o RDSI

2.5.5 Pasarelas (*Gateways*)

Antes de definir el concepto de pasarela, hay que indicar que a veces se confunde con el término *encaminador*. Dentro del ámbito de Internet y la arquitectura TCP/IP una pasarela es un dispositivo que se encarga del encaminamiento de la información y la interconexión de redes diferentes.

Sin embargo, la definición genérica de **pasarela** (*gateway* o puerta de acceso) es el dispositivo que permite interconectar redes que utilizan arquitecturas completamente diferentes con el propósito de que intercambien información. Por lo tanto, se trata de un elemento de gran complejidad que normalmente se diseña utilizando un ordenador personal dedicado con varias tarjetas de red y programas de conversión y comunicación.

Existen dos tipos principales de pasarelas: las **pasarelas a nivel de transporte** y las **pasarelas a nivel de aplicación**. Cada una de ellas trabaja a un nivel diferente, y su uso dependerá de los tipos de redes que interconecten y de las similitudes que existan a nivel de red o a nivel de transporte.

Las pasarelas son capaces de comunicar redes con diferentes arquitecturas: TCP/IP, ATM, OSI, X.25, etc. Dependiendo de esta característica, estos dispositivos deberán resolver diferentes problemas de comunicación, como pueden ser:

- **Tipo de conexión**: una red puede utilizar un servicio orientado a la conexión y la otra sin conexión.

- **Direccionamiento**: puede ser necesaria la utilización de una tabla de conversión de direcciones.
- **Tamaño del mensaje**: una red puede tener un tamaño máximo de mensaje diferente a la otra. En ese caso habrá que limitar el tamaño máximo o fragmentar los mensajes.
- **Control de errores**: una red puede descartar con facilidad los mensajes ante problemas o mantenerlos en circulación durante demasiado tiempo.

El proceso de conversión entre diferentes protocolos de redes puede asemejarse a la situación de un europeo que viaja en su coche por las distintas carreteras de este continente. Es posible que se encuentre con normas de circulación vial diferentes a las que tenga que acostumbrarse e, incluso, si viaja al Reino Unido, deberá dejar su coche y alquilar otro con el volante situado a la derecha.

Existen varios algoritmos utilizados por las pasarelas en la conversión y adaptación de mensajes entre redes diferentes. Uno de ellos consiste en **encapsular** los mensajes dentro del campo de datos del mensaje. Este caso se utiliza cuando el origen y el destino utilizan el mismo protocolo, pero las redes intermedias, no.

2.5.6 Puentes (*Bridges*)

El elemento genérico que permite interconectar redes de diferentes topologías y diferentes protocolos a nivel MAC y a nivel de enlace (por ejemplo, una red *Ethernet* con una red *Token Ring*) se llama **puente**. Este dispositivo realiza las adaptaciones necesarias de una LAN a otra, de forma que se pueden intercambiar información, salvando los obstáculos de incompatibilidad que las separan.

Figura 2.11. Esquema básico de interconexión de un puente. El puente conecta una LAN Ethernet 10BASE-T (con concentrador de cableado) con una Ethernet 10BASE-2 (un bus de cable coaxial). El puente lleva dos conectores que son del tipo de las redes que interconecta

Un puente es un elemento de interconexión entre redes que está formado por dos conectores diferentes, cada uno de ellos enganchado a la red correspondiente. Por ejemplo, si el puente comunica una LAN *Ethernet* 100BASE-T con una LAN *Ethernet* 10BASE-2, tendrá dos conectores como mínimo: un RJ-45 y un BNC hembra. Los puentes se comportan en la red como si fueran estaciones corrientes (a nivel de enlace de datos) y se conectan a ellas de la misma forma. Si el puente tiene que inyectar una trama en una LAN que utiliza el paso de testigo, deberá esperar su turno para capturar el testigo y transmitir, sin ningún privilegio, sobre el resto de estaciones.

NOTA 2.2:

Un puente puede tener más de un puerto y su aspecto exterior no diferirá mucho de un concentrador de cableado normal.

Al contrario que un concentrador, un puente se comporta como un filtro en la red, ya que sólo pasan por él las tramas que van desde una estación de una red a otra estación de la otra red. En cierto modo, el puente "retiene" dentro de cada subred a las tramas que no van destinadas al otro lado (cosa que no ocurriría si, en vez de un puente, se hubiera instalado un concentrador, si es que fuera posible). Esto es debido a que el puente conoce cuáles son los equipos que están conectados a ambos lados de él. En el caso de que el puente no conozca al destinatario del mensaje, entonces lo enviará a través de todos sus puertos menos por donde le llegó, siguiendo el mismo funcionamiento que un concentrador, lo que se conoce como **inundación**.

La estructura interna de un puente está formada por dos partes principales. En cada una de ellas, se encuentran los protocolos de nivel físico y nivel de enlace de las LAN que interconecta. La figura 2.12 muestra el funcionamiento interno de un puente que conecta dos LAN.

Un puente posee normalmente dos puertos para conectar dos redes distintas. Sin embargo, es posible encontrar en el mercado dispositivos que disponen de más de dos puertos. Esto facilita la interconexión de redes en determinadas situaciones reales, como por ejemplo cuando hay que conectar más de dos redes distintas. Así mismo, también es posible encontrar en el mercado concentradores de cableado que disponen de puertos para conectar otros tipos de redes, por lo que también se comportan como puentes.

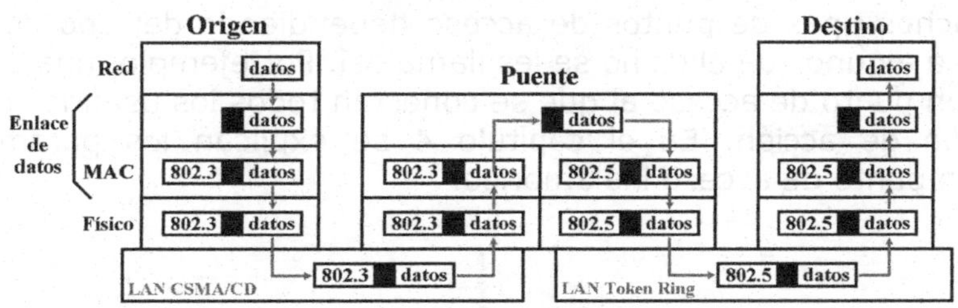

Figura 2.12. Puente de 802.3 a 802.5. La principal tarea del dispositivo es adaptar los formatos de tramas de las dos redes, además de ajustar los diferentes protocolos de control de acceso al medio que utiliza

Un puente se puede utilizar, además de para interconectar dos LAN diferentes, para permitir un mayor rendimiento de ellas. Supongamos que disponemos de 1.000 estaciones para montar una red; en esas condiciones, montar dos redes de 500 estaciones y conectarlas mediante un puente permite crear dos medios compartidos diferentes, con la mitad de estaciones cada uno. Esta opción ofrece una menor congestión y tráfico que si se montara una sola red usando concentradores exclusivamente.

Los puentes pueden construirse de dos formas: por *hardware* o por *software*. Un *puente hardware* es un dispositivo específico para interconectar LAN. Por su parte, un *puente software* es un ordenador que se comporta como tal. En él se deben instalar dos tarjetas de red (una conectada a cada LAN) además de un programa informático que le confiere el comportamiento de puente.

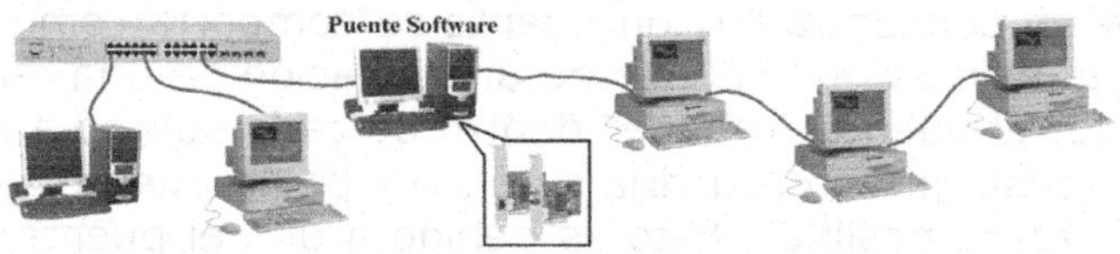

Figura 2.13. Redes locales conectadas por un puente software. Este tipo de conexiones funciona de la misma forma que los de la figura 2.11 y no existen variaciones significativas en su funcionamiento

2.5.7 Dispositivos inalámbricos

Un **punto de acceso inalámbrico** es un dispositivo que realiza la misma función que un concentrador de cableado, es decir, centralizar las conexiones de la red. Sin embargo, estos dispositivos funcionan sobre una red sin cables, aunque todas las conexiones de los equipos que tienen en su radio de alcance van a parar a ellos.

Las redes inalámbricas de tipo **infraestructura** requieren de la existencia de un punto de acceso inalámbrico que gestione todas las comunicaciones. Sin embargo, las redes de tipo Ad hoc no requieren de la existencia de estos dispositivos, ya que los propios ordenadores que llevan instalados adaptadores inalámbricos pueden realizar estas funciones.

Existen muchos tipos de puntos de acceso dependiendo del tipo de red sobre el que funcionan, aunque a algunos de ellos no se les llama así. Por ejemplo, una antena de telefonía móvil también es un punto de acceso al que se conectan todos los usuarios que se encuentran dentro de su radio de acción. En el capítulo 4 se explican los parámetros básicos de configuración de un punto de acceso inalámbrico.

Figura 2.14. Ejemplo de diferentes puntos de acceso inalámbricos disponibles en el mercado. Los modelos mostrados pertenecen a los fabricantes Us Robotics y Linksys. En el mercado podemos encontrar muchos más modelos, algunos de los cuales incluyen funciones de concentradores (incluyendo puertos para conexiones de cable), conmutadores, etc.

Para que una red inalámbrica extienda su radio de acción, es necesario que cada punto de acceso tenga una cobertura suficiente para llegar a todos los equipos. A su vez, estos equipos también deben tener la potencia necesaria para poder enviar datos a los puntos de acceso. En caso de que no se alcancen los equipos, es posible instalar nuevos puntos de acceso, que deberán conectarse unos con otros para que todos dispongan de conexión. Para poder conectar unos puntos de acceso con otros se puede utilizar también la propia señal inalámbrica o se puede optar por utilizar cableado. Por ejemplo, las antenas de telefonía móvil se comunican unas con otras a través de enlaces de microondas o de cable, mientras que los puntos de acceso de las redes locales inalámbricas disponen de conectores RJ-45 para poder interconectarlos a través de una red Ethernet. En este caso, los puntos de acceso inalámbricos también se comportan como puentes entre la red cableada y la red inalámbrica.

Para ampliar las zonas de cobertura, también es posible utilizar diferentes tipos de antenas conectadas a los puntos de acceso. En general, se pueden utilizar antenas que transmitan en todas direcciones o antenas que concentren la señal en determinadas direcciones, lo que permitirá mayores alcances.

2.6 SISTEMAS OPERATIVOS DE RED

Por definición, un **sistema operativo** es un conjunto de programas que gestionan de forma eficiente las operaciones básicas de un sistema informático. Por su parte, un **sistema operativo de red** se encarga además de gestionar todos los recursos disponibles en la red de comunicación.

Actualmente, la mayoría de sistemas operativos modernos disponen, en mayor o menor medida, de soporte para manejar los recursos de las redes de comunicación. Dada la complejidad de los dispositivos electrónicos actuales, muchos de ellos ya utilizan sistemas operativos para funcionar, por lo que esta característica ya no es exclusiva de los ordenadores y del equipamiento informático en general. Actualmente, es normal encontrar sistemas operativos instalados en agendas electrónicas, teléfonos móviles, receptores de televisión digital terrestre e incluso algunos electrodomésticos.

Aparte de las funciones genéricas que realiza cualquier sistema operativo, un sistema operativo de red está especializado en gestionar los recursos disponibles en el equipo local para que puedan ser accesibles desde otros equipos de la red, los recursos compartidos en otros equipos de la red para que estén disponibles en el equipo local y los permisos de acceso a todos los recursos compartidos.

Tradicionalmente, los distintos sistemas operativos de red han sido incompatibles entre sí debido a que trabajaban con diferentes tipos de servicios basados en diferentes protocolos. Actualmente, es muy común encontrar redes heterogéneas donde coexisten equipos con diferentes sistemas operativos (Microsoft Windows, GNU/Linux, Mac OS X, etc.). Esto es debido a que muchos servicios y protocolos se han ido estandarizando con el paso del tiempo, de forma que ahora son completamente compatibles entre sí.

Los sistemas operativos de red también están especializados en las tareas que se van a llevar a cabo en el equipo donde se encuentran instalados. Puesto que la función de una estación de trabajo no va a ser la misma que la de un servidor, los sistemas operativos modernos también están especializados en estos dos entornos de trabajo.

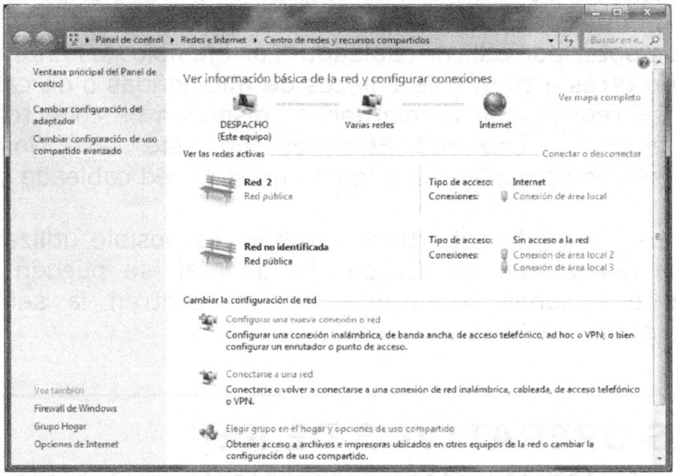

Figura 2.15. Centro de redes y recursos compartidos de Windows 7. Desde aquí se gestionan todas las conexiones de red disponibles en el equipo

2.7 MEDIOS DE TRANSMISIÓN

Cuando se habla de una red de transmisión de datos, automáticamente siempre se piensa en el sistema o **medio** empleado para comunicar los equipos. A esta parte de la red que se encarga de transportar la información de un origen a un destino se le denomina **medio de transmisión**.

El medio de transmisión constituye el soporte físico a través del cual emisor y receptor pueden comunicarse en un sistema de transmisión de datos. Distinguimos dos tipos de medios: **guiados** y **no guiados**. En ambos casos, la transmisión se realiza por medio de ondas electromagnéticas. Los medios guiados conducen las ondas a través de un campo físico (cables). Los medios no guiados proporcionan un soporte para que las ondas se transmitan, pero no las dirigen (como es el aire).

La naturaleza del medio, junto con la de la señal que se transmite a través de él, constituye un factor determinante de las características y la calidad de la transmisión. En el caso de medios guiados, es él mismo el que determina las limitaciones de la transmisión.

Puesto que existen muchas formas de instalar redes locales en organizaciones y universidades, y todo depende del cableado que se utilice, los conectores, la forma en la que se interconectan los dispositivos, etc., para ayudar a tomar todas esas decisiones, existen varios estándares de **cableado estructurado**. La más utilizada es la EIA/TIA-568, desarrollada por la Asociación de Industrias de Electrónica y la Asociación de Industrias de Telecomunicaciones, aunque existen otras muy importantes como EN 50173 e ISO/IEC-11801 (se explican en el apartado 2.8).

2.7.1 Par trenzado

El **par trenzado** consiste en dos cables de cobre aislados, normalmente de 1 mm de espesor, enlazados de dos en dos de forma helicoidal, semejante a la estructura del ADN. La forma trenzada del cable se utiliza para reducir la interferencia eléctrica con respecto a los pares cercanos y a otras interferencias procedentes del exterior.

> **NOTA 2.3**:
>
> Dos alambres paralelos constituyen una antena simple, de forma que son capaces de inducir o ser inducidos con una corriente eléctrica proveniente de cables cercanos. El ejemplo más claro se encuentra en el funcionamiento de los transformadores de corriente.

La figura 2.16 muestra la forma de un par trenzado y los conectores habituales para este tipo de configuración. Debido a su fácil instalación, velocidad de transmisión de hasta varios Gbps y bajo coste, los pares trenzados se utilizan ampliamente y es probable que se sigan utilizando por mucho tiempo.

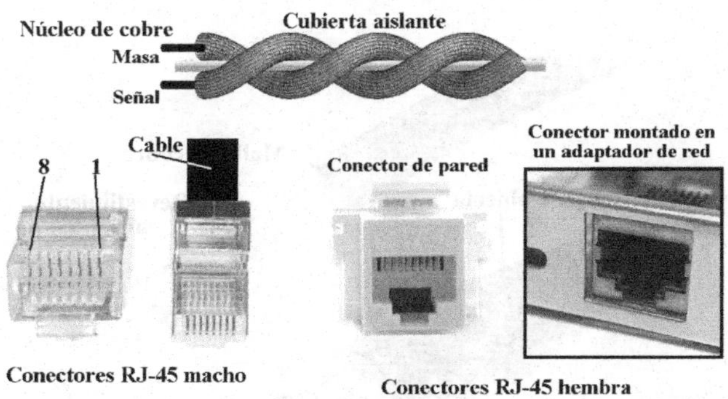

Figura 2.16. Cable de par trenzado y conector RJ-45. Normalmente, uno de los cables se marca para indicar que es la masa de la señal. Por su parte, el conector RJ-45 es muy similar al RJ-11, pero tiene 8 pines

Los pares trenzados suelen agruparse en cables de mayor grosor, recubiertos por un material aislante, ya que su transmisión suele ser símplex. Dependiendo de la forma en la que se agrupan estos pares, tenemos varios tipos. Los más utilizados son los cables no apantallados o **UTP** (*Unshielded Twisted Pair*) y los cables apantallados o **FTP** (*Fully Shielded Twisted Pair*).

Dependiendo del número de pares que tenga un cable, el número de vueltas por metro que posee su trenzado y los materiales utilizados, los estándares de cableado estructurado clasifican a los tipos de pares trenzados por categorías: **categoría 1** (cable paralelo), **categoría 2**, **categoría 3**, **categoría 4**, **categoría 5**, **categoría 5e**, **categoría 6** y **categoría 7**.

2.7.2 Cable coaxial

El **cable coaxial** es otro medio típico de transmisión. Este cable tiene mejor blindaje que el par trenzado, por lo que puede alcanzar velocidades de transmisión mayores y los tramos entre repetidores o estaciones pueden ser más largos.

El cable coaxial consta de un alambre de cobre duro en su parte central por donde circula la señal, el cual se encuentra rodeado por un material aislante. Este material está rodeado por un conductor cilíndrico presentado como una malla de cobre trenzado que hace de masa. El conductor externo está cubierto por una capa de plástico protector. Esta construcción le confiere un elevado ancho de banda y excelente inmunidad al ruido.

La figura 2.17 muestra de forma esquemática la estructura de un cable coaxial. La velocidad de transmisión de este cable depende de su longitud y en cables de 1 km es posible entre 1 y 2 Gbps. Los cables coaxiales solían utilizarse en el sistema telefónico como conexiones de gran capacidad y largo recorrido para soportar multitud de comunicaciones simultáneas, pero ahora se les ha reemplazado por fibra óptica en esas conexiones. Sin embargo, el cable coaxial todavía se utiliza para la televisión por cable y para la conexión de los abonados a redes de área extensa de fibra óptica.

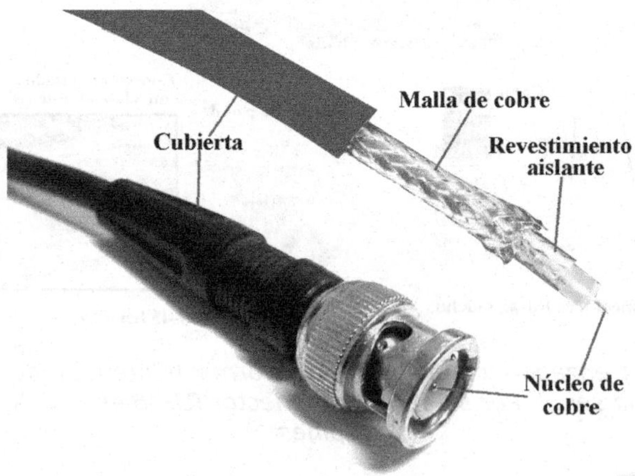

Figura 2.17. El cable coaxial. Aunque existen muchos grosores, todos ellos comparten la misma estructura básica

NOTA 2.4:

El término **banda ancha** viene de la telefonía y se refiere a cualquier señal más allá de los 4 kHz. Sin embargo, en el mundo de las redes de ordenadores **cable de banda ancha** significa "cualquier cable que utilice transmisión analógica".

Hay dos tipos fundamentales de cable coaxial: el **cable coaxial de banda base** (para transmisión digital) y el **cable coaxial de banda ancha** (utilizado para transmisión analógica), cuyas características son las siguientes:

- **Coaxial de banda base**: se utiliza en la transmisión digital. El ancho de banda máximo que se puede obtener depende de la longitud del cable; para cables de 1 km, por ejemplo, es factible obtener velocidades de transmisión de datos de hasta 10 Mbps y, en cables de longitudes menores, es posible obtener velocidades superiores. Los cables coaxiales se emplean ampliamente en redes de área local y para transmisiones de largas distancias, aunque utilizar cables de mayor longitud hace reducir la velocidad de transmisión. Existen dos tipos:
  - **Coaxial grueso**: comenzó a utilizarse en redes locales y hoy en día sólo se emplea para realizar la estructura troncal de distribución de la red. Hay dos tipos:
    - **RG-100**: es el más utilizado. Su núcleo es de 2,6 mm, mientras que la malla es de 9,5 mm (dando lugar a un cable de 1 cm de diámetro aproximadamente).
    - **RG-150**: posee una secuencia de capas trenzadas que protegen mejor de las interferencias electromagnéticas. Su núcleo es de 3,7 mm, mientras que la malla es de 13,5 mm (dando lugar a un cable de 1,5 cm de diámetro).
  - **Coaxial fino**: dada su flexibilidad es más fácil de instalar, aunque es más caro y posee menor inmunidad frente a interferencias. Posee un núcleo de 1,2 mm y una malla de 4,4 mm, lo que hace un cable de aproximadamente 0,5 cm. Existen varios tipos de cables coaxiales finos, pero el más utilizado es el RG-58 (en España se llama RG-58/U).
- **Coaxial de banda ancha**: se utiliza para transmisión analógica, comúnmente para el envío de la señal de televisión por cable. Dado que las redes de banda ancha utilizan la tecnología patrón para envío de señales de televisión por cable, los cables pueden emplearse para aplicaciones que realicen transmisiones de hasta 100 km de distancia, gracias a la naturaleza analógica de la señal (es menos crítica que la digital). Un cable que funcione a 300 MHz de frecuencia, por lo general, puede mantener velocidades de transmisión de datos de hasta 150 Mbps.

2.7.3 Fibra óptica

La fibra óptica está basada en la utilización de las ondas de luz para transmitir información binaria. Un sistema de transmisión óptico tiene tres componentes:

- **La fuente de luz**: se encarga de convertir una señal digital eléctrica (ceros y unos) en una señal óptica. Típicamente se utiliza un pulso de luz para representar un "1" y la ausencia de luz para representar un "0", o se modifica su longitud de onda.

- **El medio de transmisión**: es una fibra de vidrio ultradelgada que transporta la luz. Su descripción y características se verán a continuación.

- **El detector**: se encarga de generar un pulso eléctrico en el momento en el que la luz incide sobre él.

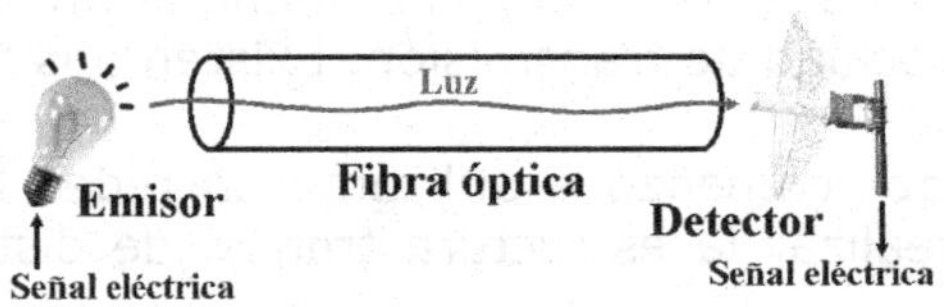

Figura 2.18. Elementos básicos de un sistema de transmisión por ondas de luz. La fuente de luz suele ser un dispositivo emisor de láser, mientras que el receptor es un fotodetector o una fotorresistencia. La tecnología actual ha permitido la reducción de costes de fabricación de los emisores, gracias a la invención de los diodos láser. Estos componentes también reducen el consumo de corriente, ya que ahora se pueden alimentar con una simple pila de bolsillo

Al conectar una fuente de luz en un extremo de una fibra óptica y un detector en el otro, tenemos un sistema que transmite la información en una sola dirección, aceptando una señal eléctrica, convirtiéndola, transmitiéndola en pulsos de luz y, después, reconvirtiéndola a una señal eléctrica en el extremo del receptor.

La fibra óptica está diseñada para transportar señales de luz. Se trata de un cilindro de pequeña sección flexible (diámetro del orden de 2 a 125 µm) por el que se transmite la luz, recubierto de un medio con un índice de refracción menor que el del núcleo a fin de mantener toda la luz en el interior de él. A continuación viene una cubierta plástica delgada para proteger el revestimiento e impedir que cualquier rayo de luz del exterior penetre en la fibra. Finalmente, varias fibras suelen agruparse en haces protegidos por una funda exterior, como se muestra en la figura 2.19.

NOTA 2.5:

Para que nos hagamos una idea del grosor del cable de fibra óptica, el grosor del cabello humano es de alrededor de 50 µm.

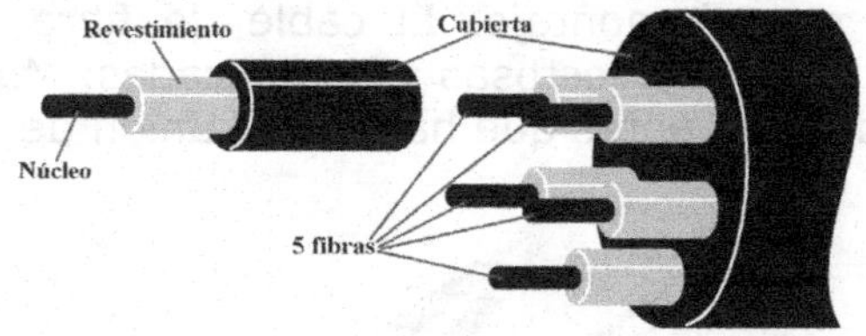

Figura 2.19. Estructura de la fibra óptica. Por el núcleo circula la luz, mientras que el revestimiento está diseñado para que ningún rayo de luz del núcleo escape de él. Finalmente, la envoltura externa es opaca e impide que un rayo de luz externo pueda introducirse en el núcleo

Los cables de fibra óptica suelen estar formados por varias fibras (cada una transmitiendo en un sentido), que forman dos tipos de cables dependiendo de dónde van a ser instalados. Tenemos los **cables holgados** (*Loose Tube*), que se montan con un único revestimiento para todas las fibras que alberga y los **cables con recubrimiento ajustado** (*Tight Buffered*), donde se montan las fibras independientemente, con un recubrimiento propio para cada una de ellas.

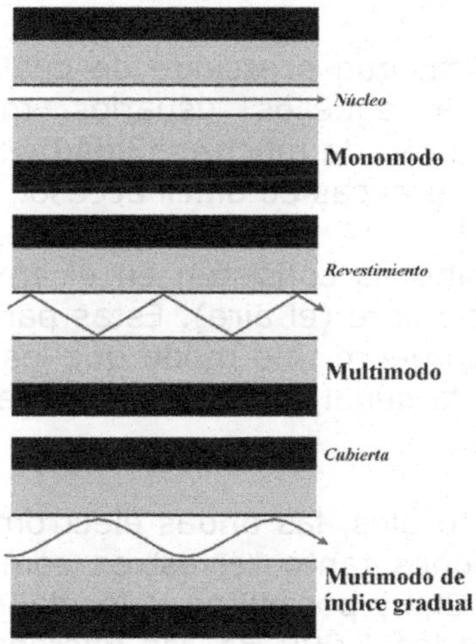

Figura 2.20. Tipos de transmisión en cables de fibra óptica. La fibra monomodo es tan delgada como un pelo humano

Con la tecnología actual, la fibra óptica permite una velocidad de transmisión experimental en el laboratorio que sobrepasa los 50.000 Gbps (50 Tbps). El límite práctico se encuentra cerca de 1 Gbps y es debido a la incapacidad que los dispositivos tienen para convertir con mayor rapidez las señales eléctricas a ópticas y al revés (tanto los emisores como los detectores). También permite instalar cables de longitudes muy elevadas (de hasta 30 km), aunque una baja calidad en la fabricación de la fibra puede hacer que las impurezas que contenga absorban parte de la señal, lo que puede limitar sus longitudes máximas.

Frente a la velocidad de transmisión tan elevada que tiene la fibra, el inconveniente principal es su gran coste. No tiene tanto que ver con el precio por metro de fibra, sino que más bien está relacionado con el montaje. El cable de fibra óptica no se puede doblar demasiado y las conexiones son muy costosas y complicadas. Muchas veces es más rentable desechar varios kilómetros de fibra antes que hacer una unión de varios tramos.

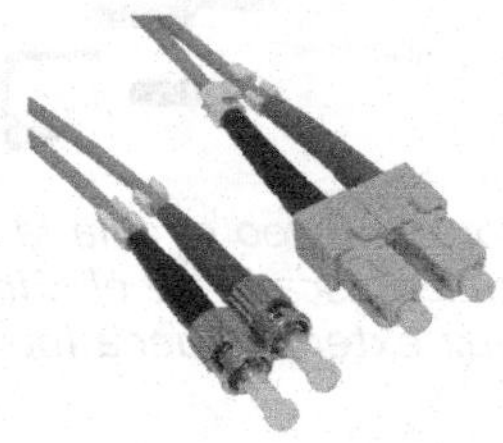

Figura 2.21. Conectores SC y ST utilizados en los cables de fibra óptica. Los conectores de esta figura son dúplex, ya que montan dos fibras (una para transmitir y otra para recibir). Cada conector debe estar coloreado o etiquetado de forma diferente, para distinguir el cable emisor del receptor

2.7.4 Comunicaciones inalámbricas

La comunicación inalámbrica, que prescinde de cualquier cable entre el emisor y el receptor, resulta necesaria para aquellos usuarios móviles que tienen que estar continuamente conectados. También es de mucha utilidad cuando resulta muy costoso tender hilos de comunicación en zonas geográficas de difícil acceso.

Las comunicaciones inalámbricas consisten en el envío y recepción de electrones (o fotones) que circulan por el espacio libre (el aire). Estas partículas viajan en forma de ondas electromagnéticas que se propagan del mismo modo que las ondas del agua en un estanque. Dependiendo de la frecuencia de la señal, existen diferentes tipos de enlaces inalámbricos, exhibiendo diferentes propiedades.

En el ámbito de las redes locales, las ondas electromagnéticas más utilizadas son las **microondas**, permiten transmisiones tanto terrestres como con satélites. Sus frecuencias están comprendidas entre 1 y 10 Ghz y posibilitan velocidades de transmisión aceptables, del orden de 10 Mbps. Por encima de los 1.000 Hz, las microondas viajan en línea recta y, por tanto, se pueden enfocar en un haz de pequeña anchura. Concentrar toda la energía en un haz pequeño con una antena parabólica produce una relación señal/ruido muy alta (es decir, la amplitud del ruido puede ser muy pequeña), pero las antenas del emisor y el receptor deben estar muy bien alineadas entre sí. A diferencia de las ondas de radio, las microondas no atraviesan bien los obstáculos, de forma que es necesario situar antenas repetidoras cuando queremos realizar comunicaciones a largas distancias. Las microondas se utilizan también en las transmisiones de redes locales a pequeñas distancias, como es el caso de los estándares WiFi y Bluetooth.

Otras señales electromagnéticas utilizadas en los equipos informáticos son las **ondas infrarrojas** y **milimétricas**, que se utilizan mucho para la comunicación de corto alcance (apenas unos escasos metros). Estas ondas son relativamente direccionales y baratas, pero tienen un inconveniente importante: no atraviesan los objetos sólidos. Este inconveniente también resulta a veces una ventaja en el sentido de que ofrecen más seguridad, precisamente porque la comunicación no atraviesa las paredes de un edificio.

2.8 CABLEADO ESTRUCTURADO

Instalar una red local de pequeñas dimensiones con un solo concentrador de cableado no suele plantear demasiados problemas. La instalación más simple que se puede realizar para que la red esté operativa consiste en fijar el concentrador (normalmente a la pared) y conectar todos los equipos usando cables de diferentes longitudes. Esta instalación puede funcionar perfectamente, pero plantea algunos problemas. El primero consiste en que los cables que conectan los equipos con el concentrador se tiran por el suelo, lo que resulta muy engorroso para los usuarios, ya que pueden tropezar con ellos, además de que pueden pisarlos o hacer que se produzca un corte no intencionado. Para solucionar este problema, se pueden utilizar conductos de plástico que se fijan a la pared e introducir todos los cables por ellos. Sin embargo, no es buena idea introducir también por estos conductos el cableado eléctrico, ya que puede generar interferencias con la red.

Otro problema que se puede generar en este tipo de instalaciones se produce a la hora de realizar el mantenimiento. Por ejemplo, suele ser común la rotura de algunos conectores de red, por lo que el administrador debe cortar el fragmento y engastar un nuevo conector. El problema surge cuando el cable queda demasiado corto. Se puede hacer un empalme, pero suele ser bastante difícil asegurar que no generará ruido. La única alternativa que queda es sacar todo el fragmento de cable e instalar uno nuevo más largo.

Finalmente, un problema que se suele agravar con el tiempo en este tipo de instalaciones son las ampliaciones. Por ejemplo, si se desea instalar más equipos o conectar esa red con otra de reciente instalación. La cantidad de cable que se debe instalar suele aumentar muy rápidamente, los concentradores se llenan de conexiones y al administrador le cuesta cada vez más trabajo encontrar las averías.

Por todas estas razones, en la instalación de una red se suele seguir una serie de normas que aseguran un buen funcionamiento y permiten que la administración no se convierta en un quebradero de cabeza.

Un estándar de **cableado estructurado** especifica cómo debe organizarse la instalación del cableado de comunicaciones en edificios, sobre todo, a nivel empresarial. Engloba todas las aplicaciones de comunicaciones, como voz, megafonía, conexiones de ordenadores, etc. El estándar especifica de forma concisa el tipo de cable a utilizar, conectores, longitudes máximas de los tramos, organización de los elementos de interconexión, etc.

Aplicar un estándar de cableado estructurado a nuestra empresa nos ofrece muchas ventajas, entre las que destacamos:

- Facilita las tareas de mantenimiento y supervisión.
- Asegura un funcionamiento óptimo si se cumplen todos los requisitos del estándar.
- Posibilita la inclusión de una alta densidad de cableado.
- Permite la integración de diferentes tecnologías de redes.
- Resulta fácilmente ampliable.
- Es independiente de los fabricantes, por lo que posibilita la libertad de elección de todos los equipos.

2.8.1 Subsistemas de cableado estructurado

En este capítulo se ha incluido una breve reseña de estos estándares, ya que se trata de un conjunto de especificaciones muy amplio. Todos los estándares mencionados incluyen compatibilidad para cableado telefónico convencional, redes *Ethernet* (exceptuando 10Base-2, 10Base-5 y 10Broad-36), FDDI, ATM, *Frame Relay* y RDSI.

El conjunto de todo el cableado estructurado de un edificio es su **sistema de comunicaciones**. Puesto que está organizado en varias partes, existen diferentes **subsistemas**, cada uno de los cuales engloba un subconjunto de especificaciones. La figura 2.22 muestra de forma esquemática todos los elementos que intervienen en el cableado estructurado de un edificio.

Esos subsistemas son los siguientes:

- **Cableado de campus**: se utiliza para interconectar los diferentes edificios de la organización. Puesto que por éste circula gran cantidad de tráfico, se recomienda el uso de fibra óptica.

Figura 2.22. Elementos del cableado estructurado. Diagrama simplificado

- **Entrada del edificio**: es el punto en el que se conectan los cables exteriores con los cables interiores del edificio. Se puede decir que es la frontera que separa la instalación que es responsabilidad de la compañía de comunicaciones con la instalación privada gestionada por la empresa. También se le llama **punto de demarcación** o *demarc*.

- **Sala de equipamiento**: es el punto en el que confluyen todas las conexiones del edificio, por lo que su complejidad de montaje es mayor que la de cualquier otra sala. Se podría considerar que es la "sala de máquinas" de todo el bloque.

- **Cableado troncal**: es el encargado de llevar a cabo la comunicación de todos los elementos del edificio, a través del cableado vertical (entre plantas), las conexiones con el exterior y los cables que comunican otros edificios colindantes. Se utilizará cableado UTP de hasta 800 m de longitud para transmisión de voz y FTP de hasta 90 m para transmisión de datos. En el caso de que se use fibra óptica, se permiten hasta 2.000 m en fibra multimodo (50/125 µm o 62.5/125 µm) y 3.000 m en fibra monomodo.

- **Armarios de distribución**: es el lugar en el que confluyen los cables de comunicaciones. Contienen todos los concentradores de cableado, conmutadores, puentes, etc. En el capítulo 2 de este libro se explican los elementos que lo constituyen y los procedimientos para instalarlos (capítulo 4).

- **Cableado horizontal**: se extiende desde las conexiones de pared (también llamadas **rosetas** o canales de telecomunicaciones según los estándares) de las oficinas y despachos hasta los armarios de comunicaciones. En el estándar se reconocen los siguientes medios: cable UTP, cable ScTP y cable multimodo de 2 fibras de 50/125 µm o 62.5/125 µm (para enlaces de elevado tráfico). Así mismo, existen unos límites máximos en lo que se refiere a las longitudes de los cables, que aparecen en la tabla 2.1. La figura 2.23 muestra un ejemplo de distribución del cableado horizontal.

- **Área de trabajo**: es el punto de conexión entre los dispositivos (ordenadores, etc.) y los enchufes de pared. En cada enchufe se deberán instalar, al menos, dos conexiones, una para voz (par trenzado) y otra para datos (par trenzado o fibra óptica). Los cables que conectan los enchufes de pared con los equipos deben tener una calidad mínima igual a la del cableado horizontal al que están conectados y sus longitudes aparecen en la tabla 2.1. La instalación del cableado del área de trabajo se puede realizar por la pared, por el suelo o por el techo (usando la zona de falso techo también llamada *plenum*). Cualquier cableado que se instale por el techo deberá ser de tipo *plenum*, ya que produce menos humo en caso de incendio. La figura 2.23 muestra un ejemplo sencillo de área de trabajo y su relación con el cableado horizontal.

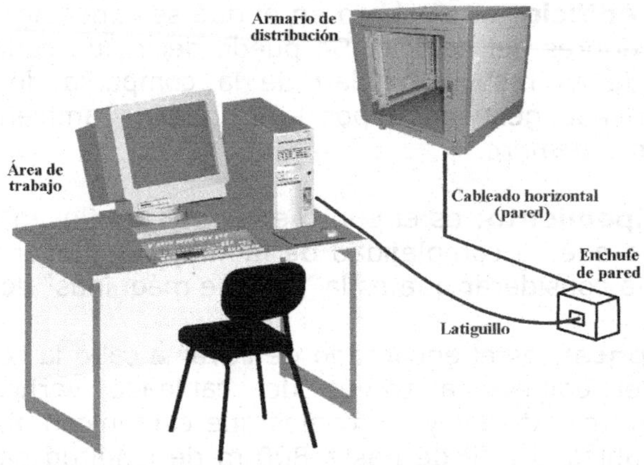

Figura 2.23. Ejemplo esquemático de cableado horizontal y área de trabajo. El cable horizontal que conecta el armario con el enchufe de pared va por el interior de la pared o en conductos de plástico

Las longitudes máximas de los distintos tramos de cable aparecen en la tabla 2.1. Para el cableado de fibra óptica se permiten longitudes mayores. Como se puede observar, las longitudes máximas dependen de la longitud del cableado horizontal: por ejemplo, si se reduce su longitud, entonces se podrá aumentar la longitud del cableado del área de trabajo o los latiguillos de los paneles. Hay que tener en cuenta que estas longitudes se han calculado para el cable 24 AWG, por lo que si se utiliza cable de menor grosor deberán ser menores (el AWG es la medida del calibre o grosor de los cables).

Tabla 2.1. Algunas longitudes máximas de cable de cobre. Obtenido de la referencia bibliográfica *www.siemon.com*

Longitud del cableado horizontal	Longitud máxima del cableado del área de trabajo	Longitud máxima del cableado del área de trabajo más los latiguillos en los paneles de conexiones
90 m	5 m	10 m
85 m	9 m	14 m
80 m	13 m	18 m
75 m	17 m	22 m
70 m	22 m	27 m

En instalaciones de redes medianas y grandes es normal encontrar más de una sala de equipamiento, normalmente una sala de equipamiento por edificio o planta. En estas condiciones, existe una sala de equipamiento principal, denominada **conexión cruzada principal** (*main cross-connect* o MC), a la que se unen las **conexiones cruzadas intermedias** (*intermediate cross-connect* o IC), que finalmente terminan en las **conexiones cruzadas horizontales** (*horizontal cross-connect* o HC). La figura 2.24 muestra esquemáticamente este tipo de instalaciones.

Para las llamadas **oficinas abiertas**, es decir, espacios amplios en los que es frecuente la movilidad del mobiliario y las particiones, los estándares ANSI/EIA/TIA 568 e ISO/IEC 11801:2002 han incluido normas para establecer su instalación. En ellas, se definen los puntos de consolidación y los distribuidores de telecomunicaciones. Un **punto de consolidación** es aquel que conecta el área de trabajo con el cableado horizontal y que permite la movilidad del área de trabajo. Por su parte, un **distribuidor de comunicaciones** conecta el cableado horizontal con una o varias áreas de trabajo. Con el propósito de reducir el efecto de múltiples conexiones muy próximas entre sí, los estándares no permiten una longitud superior a los 15 m en los cables que conectan los puntos de consolidación con los armarios de comunicaciones. Toda la instalación de dispositivos de interconexión deberá estar convenientemente conectada a tierra, siguiendo las recomendaciones del estándar ANSI-J-STD-607-A.

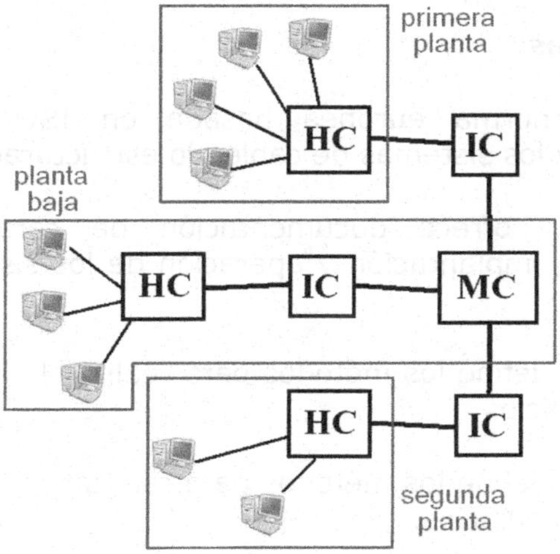

Figura 2.24. Distribución general de conexiones en una instalación de cableado. A la conexión cruzada principal (MC) llegan todas las conexiones del edificio, además de las conexiones con el exterior

2.8.2 Estándares TIA/EIA sobre cableado estructurado

Existen muchos estándares internacionales de cableado estructurado, que en la práctica tienen diferencias muy poco significativas. Todos ellos han sido actualizados para incluir redes de comunicación más modernas y rápidas. Los más importantes por ámbito de aplicación son:

- **Normas internacionales**:
  - **ISO/IEC 11801**: estándar a nivel internacional cuya última actualización (la tercera en orden cronológico) se realizó en el año 2002 (norma ISO/IEC 11801:2002). Define de una forma genérica cómo se debe realizar la instalación del cableado en edificios.

- **ISO/IEC 14763-1**: indica cómo se debe llevar a cabo la administración, documentación y registro de una instalación de cableado en concordancia con la norma ISO/IEC 11801.
- **ISO/IEC 14763-2**: indica los pasos a seguir en los procesos de planificación, especificación e instalación de sistemas de cableado estructurado, siguiendo la norma ISO/IEC 11801.
- **ISO/IEC 14763-3**: establece cómo se realiza la comprobación de una instalación ISO/IEC 11801 con cables de fibra óptica.
- **IEC 61935-1**: define cómo se comprueba el cableado de cobre en una instalación que sigue la norma ISO/IEC 11801.

- **Normas europeas**:
  - **EN 50173**: norma europea basada en ISO/IEC 11801 que define la terminología y los sistemas de cableado estructurado en general.
  - **EN 50174-1**: ofrece documentación de carácter informativo sobre la especificación, implantación y operación de los sistemas de cableado de cobre y fibra óptica.
  - **EN 50174-2**: define los métodos para realizar la instalación del cableado en el interior de edificios.
  - **EN 50174-3**: define los métodos para realizar la instalación del cableado en el exterior de los edificios.
  - **EN 50310**: establece los métodos de instalación de tomas de tierra en edificios.
  - **EN 50346**: define los métodos de comprobación del cableado instalado.
- **Normas norteamericanas**:
  - **ANSI/EIA/TIA-568-A**: norma utilizada en Estados Unidos desde 1991, que ha quedado obsoleta en la actualidad y superada por la norma ANSI/EIA/TIA-568-B.
  - **ANSI/EIA/TIA-568-B**: norma que actualiza la anterior y que está dividida en:
    - **ANSI/EIA/TIA-568-B.1**: establece cómo debe realizarse el cableado de telecomunicaciones comercial.

- **ANSI/EIA/TIA-568-B.2**: define el cableado de par trenzado de 100 Ω.
- **ANSI/EIA/TIA-568-B.3**: define el cableado de fibra óptica.

- **ANSI/EIA/TIA-569-A**: establece las características de instalación del cableado en edificios, teniendo en cuenta los espacios disponibles y las remodelaciones que se puedan realizar.
- **ANSI/EIA/TIA-570-A**: define la instalación del cableado en zonas residenciales.
- **ANSI/EIA/TIA 606**: establece un método de administración uniforme para el sistema de cableado.
- **ANSI/EIA/TIA 607**: especifica las normas a seguir para la instalación de tomas de tierra en edificios comerciales.

2.8.3 Estándares de cable UTP/STP

El estándar ANSI/EIA/TIA-568 está dividido en varios boletines técnicos que establecen los elementos de transmisión. Estos son:

- **TSB36**: especifica la utilización de cableado de par trenzado.
- **TSB40**: establece el uso del conector RJ-45 y los métodos para realizar empalmes de cableado.
- **TSB53**: especifica la utilización de cableado de par trenzado apantallado.

Como ya se ha mencionado en los apartados anteriores, los estándares de cableado estructurado ANSI/EIA/TIA 568 e ISO/IEC 11808:2002 aceptan diferentes tipos de cableado: UTP/FTP para las instalaciones de cobre y cable multimodo (50/125 μm o 62.5/125 μm) y monomodo para las instalaciones de fibra óptica. En el caso del cable trenzado de cobre, las diferentes calidades existentes, es decir, la **categoría** (según ANSI/EIA/TIA-568) o **clase** (según ISO/IEC 11801), determinarán la velocidad máxima de transmisión y la distancia máxima entre las conexiones. La categoría del cable depende de la cantidad de trenzado por metro (cuanto mayor es este valor, mayor es su inmunidad al ruido) y la existencia o no de una pantalla protectora.

Puesto que las necesidades de transmisión han ido en aumento, ha sido necesaria una mejora en la calidad del cableado de cobre. Las capacidades de transmisión han sido divididas por categorías o clases y se exponen en la tabla 2.2.

Tabla 2.2. Categorías de cableado de Cobre

Categoría/Clase	Frecuencia de funcionamiento	Aplicaciones
3/A	16 Mhz	Ethernet (10 Mbps), Token Ring (4 Mbps), Localtalk y telefonía.
4/B	20 Mhz	Ethernet (10 Mbps), Token Ring (4 Mbps), Localtalk y telefonía.
5/C	100 Mhz	Ethernet (10-100 Mbps), Token Ring (4-16 Mbps) y ATM (155 Mbps).
5e/D	100 Mhz	Ethernet (10-100 Mbps), Gigabit Ethernet (1 Gbps) y ATM (155 Mbps).
6/E	250 Mhz	Todavía en fase de desarrollo.
7/F	600 Mhz	Todavía en fase de desarrollo.

La categoría 6/Clase E permite un mayor rendimiento para el cableado apantallado y no apantallado y ha sido diseñada por TIA e ISO. Es compatible con categorías inferiores y obliga a utilizar conectores de ocho pines en el área de trabajo, ya que utiliza cuatro pares trenzados para la transmisión.

Por su parte, la categoría 7/Clase F permite todavía un mayor rendimiento solamente para cableado apantallado y también es compatible con categorías inferiores. Esta categoría ha sido definida por ISO, ya que TIA no desarrolla este estándar activamente. En ISO/IEC 11801:2002 se indica que la categoría 7/clase F sólo se cumple si toda la instalación se realiza con cableado ScTP (véase el apartado 2.7 del capítulo 2).

Para asegurar la integridad completa del sistema, los cables horizontales deben terminar en cableado de la misma categoría (o superior). Así mismo, los cables utilizados para conectar los concentradores y los latiguillos también deben ser de la misma categoría (o superior). Finalmente, se debe mencionar que el cableado de la red no cumplirá con la categoría 3, 4, 5, 6 o 7 a menos que todos los componentes del sistema satisfagan los requerimientos de sus respectivas categorías.

2.8.3.1 TIPOS DE PARES TRENZADOS

El par trenzado es un cable muy utilizado en pequeñas y grandes instalaciones. Su uso es debido a su facilidad de instalación, su reducido coste y su buen rendimiento, además de que se trata de una tecnología muy desarrollada actualmente. El cableado de par trenzado está disponible en varias versiones (véase el apartado 2.7 del capítulo 2):

- **Par trenzado no apantallado** (UTP): este cableado dispone de una mayor flexibilidad, por lo que suele instalarse como latiguillos en los paneles de parcheo y las conexiones del área de trabajo entre los enchufes de pared y los equipos, donde además su longitud suele ser bastante reducida. Tiene una impedancia característica de 100 Ω y está formado por cuatro pares: blanco-azul y azul, blanco-naranja y naranja, blanco-verde y verde, y blanco-marrón y marrón.

- **Par trenzado apantallado** (STP, S/STP, FTP, S/FTP o S/UTP): este tipo de cable está formado por cuatro pares apantallados par a par o globalmente por una malla conductora. Debido a su pantalla, se trata de un cable más rígido y de mayor coste, pero permite una mayor protección frente a interferencias. Tiene una impedancia característica de 150 Ω y su espesor no es significativamente superior que el cable no apantallado.

- **Cable multipar**: se trata de un cable de par trenzado que puede ir apantallado o no y que incluye una gran cantidad de pares. En los estándares de cableado estructurado aparece normalmente definido por 25 pares. Hay que tener en cuenta que en este tipo de cable no deben circular señales incompatibles que puedan producir diafonía.

Los cables de par trenzado, al igual que otros cables de cobre, están caracterizados por el diámetro del núcleo conductor. Cuanto mayor es este diámetro, mayor grosor tendrá el cable y menor resistencia tendrá al paso de la corriente eléctrica. Esto quiere decir que un cable de cobre de mayor grosor tendrá unas características de atenuación mejores con respecto a cables de menor grosor, por lo que serán capaces de cubrir distancias más largas. La mayoría de los fabricantes utilizan la medida del **AWG** (*American Wire Gauge* o *Calibre del Cable Americano*) para indicar el grosor del cable. El valor más común para el par trenzado es 24 AWG, que se corresponde con un diámetro del cobre de 1/24 de pulgada. El valor del AWG puede variar en los cables trenzados actuales de 9 a 26 AWG.

2.8.3.2 ESPECIFICACIONES DE CONEXIONES

La figura 2.25 muestra la estructura de un par trenzado, los conectores RJ-45 que se utilizan y el orden de numeración de los pines. Para enlazar el cable al conector, se utiliza una herramienta llamada **engastadora**.

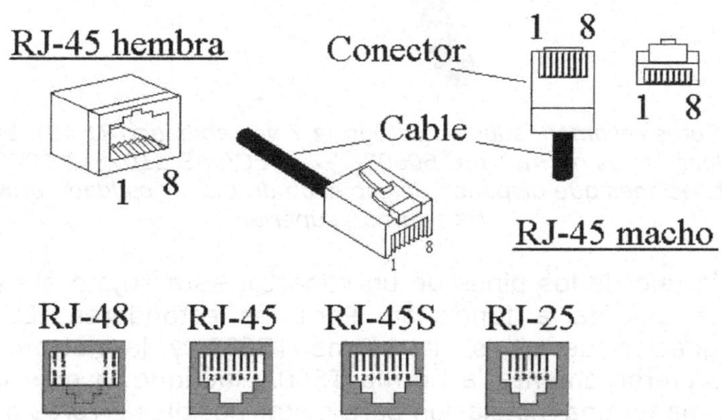

Figura 2.25. Tipos de conectores para par trenzado

Los cables UTP y FTP suelen ir engastados de fábrica (a estos cables se les llaman **latiguillos**), aunque, si se desea montar el cableado interno de la red, será necesario engastarlos manualmente. En esas condiciones, es necesario cumplir una serie de normas, que se explican más abajo.

Los estándares de cableado estructurado definen varios tipos de conexiones que se pueden utilizar a la hora de ensamblar el cableado de par trenzado con el conector RJ-45 (véase la figura 2.25), tanto machos como hembras. De todas ellas, las que más se utilizan son la T568A y la T568B, y será el instalador el que decida cuál resulta más recomendable usar, sobre todo si ya existe cableado anterior que se desea reutilizar. Para distinguir fácilmente estas conexiones en una instalación, el estándar ANSI/EIA/TIA 606-A indica que no bastan las marcas indicativas del fabricante, sino que hay que utilizar una serie de normas de etiquetado.

Para el montaje de **cables cruzados**, se engasta cada extremo utilizando un estándar diferente (uno será 568A y el otro 568B). Este tipo de conexiones se utiliza, como regla general, para comunicar dos dispositivos que funcionan en el mismo nivel de arquitectura (por ejemplo, para conectar dos conmutadores o dos estaciones). Para aplicar correctamente esta regla hay que considerar que los concentradores trabajan al mismo nivel que los conmutadores y los puentes, y que las estaciones y los servidores trabajan al mismo nivel que los encaminadores. Los estándares recomiendan utilizar un color distinto para identificar los cables cruzados.

Figura 2.26. Conectores recomendados en categoría 7 de cableado (RJ-48). Estos conectores se encuentran definidos en las normas IEC 60603-7-7 e IEC/PAS 61076-3-104. Como se explica anteriormente, las instalaciones que disponen de cableado de mayor calidad permiten una capacidad de transmisión superior

El uso de cada uno de los pines de un conector está sujeto al estándar de la red de comunicación para la que va a funcionar. Para los estándares IEEE 802, existen dos posibilidades de asignación de pines: la norma T568A y la norma T568B. Siempre se recomienda utilizar preferentemente la norma T568A, aunque lo más importante es seguir siempre la misma norma en una instalación para evitar posibles errores o problemas.

Tabla 2.3. T568A

Pin n.º	Par n.º	Color	Uso
1	3	Blanco verde	Transmisión
2	3	Verde	Masa
3	2	Blanco naranja	Recepción
4	1	Azul	Masa
5	1	Blanco azul	Transmisión
6	2	Naranja	Masa
7	4	Blanco marrón	Recepción
8	4	Marrón	Masa

Tabla 2.4. T568B

Pin n.º	Par n.º	Color	Uso
1	2	Blanco naranja	Recepción
2	2	Naranja	Masa
3	3	Blanco verde	Transmisión
4	1	Azul	Masa
5	1	Blanco azul	Transmisión
6	3	Verde	Masa
7	4	Blanco marrón	Recepción
8	4	Marrón	Masa

Hay que tener en cuenta que, como se ha indicado anteriormente, para el montaje de latiguillos cruzados que unan elementos de interconexión de redes, un extremo será T568A y el otro T568B. El orden de este montaje es indiferente, aunque los estándares recomiendan utilizar un color distinto para el conector que se ha montado cruzado, lo que permite distinguirlos rápidamente en una instalación.

2.9 EL MAPA FÍSICO Y LÓGICO DE UNA RED DE ÁREA LOCAL

En el capítulo 1 se explica el concepto de topología física, que tiene que ver con la forma en la que se conectan los equipos a la red. Así mismo, la topología lógica define la forma en la que se transmite la información a través de la red.

Cuando se realiza una instalación de cableado en un edificio, además de conocer cuál es la topología física de la red, también es necesario realizar un mapa o plano de distribución con respecto a la ubicación de los diferentes elementos en cada una de las estancias de ese edificio. De esta forma, la instalación y posteriores modificaciones sobre la red es mucho más sencilla y los planos ayudan a la hora de identificar la ubicación de cada elemento.

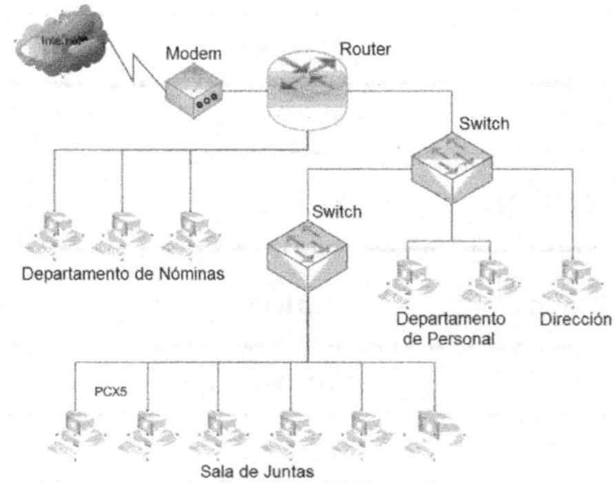

Figura 2.27. Mapa lógico de una red local. Aquí se especifica cuál es la topología física que tiene la red

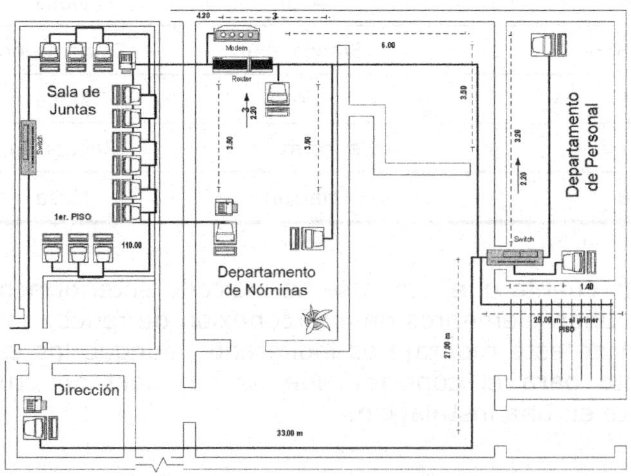

Figura 2.28. Mapa físico de una red local. Aquí se especifica cuál es la distribución de los elementos de la red de la figura 2.27

Se denomina **mapa físico** de una red a la representación de la distribución de los diferentes elementos sobre el plano de la edificación. Por su parte, el **mapa lógico** de la red es su topología, que define la forma en la que se conectan los equipos. En las figuras 2.27 y 2.28 se muestran ejemplos de un mapa físico y un mapa lógico para una misma red de comunicación.

TEST DE CONOCIMIENTOS

1. Un servidor es:

a) Un dispositivo de interconexión de red.

b) Un ordenador conectado a la red local.

c) Ofrece una serie de funciones a las estaciones de trabajo.

d) Las respuestas *b* y *c* son ciertas.

2. Una tarjeta de red:

a) Incluye los protocolos de nivel físico y enlace de datos.

b) Permite la conexión del ordenador con la red.

c) Incluye los protocolos de nivel de red.

d) Todas son ciertas.

3. Un repetidor se usa para:

a) Establecer la mejor ruta para enviar los mensajes al destino.

b) Conectar todos los equipos a la red local.

c) Aumentar la potencia de la señal.

d) Todas son ciertas.

4. Un conmutador:

a) Envía cada mensaje por el puerto donde está el destinatario.

b) Envía los mensajes por todos los puertos si no conoce dónde está el destinatario.

c) Crea un dominio de colisión para los equipos que conecta.

d) Todas son ciertas.

5. **Un dominio de colisión es el conjunto de**:

a) Los equipos que están conectados a un mismo concentrador.

b) Los equipos que están conectados a un mismo conmutador.

c) Los equipos que comparten la misma conexión a Internet.

d) Ninguna es cierta.

6. **Un encaminador realiza la siguiente función**:

a) Realiza un control de la congestión de las líneas.

b) Determina la mejor ruta hacia el destino.

c) Permite conectar redes distintas.

d) Todas son ciertas.

7. **La principal diferencia entre un encaminador y una pasarela es**:

a) El encaminador selecciona la mejor ruta y la pasarela no.

b) La pasarela conecta redes con tecnologías diferentes y el encaminador no.

c) El encaminador realiza control de la congestión y la pasarela no.

d) Ninguna es cierta.

8. **Un puente se usa para**:

a) Conectar redes diferentes.

b) Segmentar el tráfico para reducir colisiones.

c) Permitir la conexión de redes de diferentes tecnologías.

d) Todas son ciertas.

9. **Una red Ad hoc es**:

a) La que se construye con puntos de acceso inalámbricos.

b) La que permite conectar dos equipos directamente.

c) La que ofrece una cobertura más amplia.

d) Las respuestas *b* y *c* son ciertas.

10. Un estándar de cableado estructurado define:

a) La topología de la red.

b) Los protocolos de comunicaciones utilizados.

c) La instalación de redes en edificios.

d) Todas son ciertas.

Capítulo

3

PROTOCOLOS DE UNA RED DE ÁREA LOCAL

Como se explica en el capítulo 2, una red de área local necesita una serie de elementos para funcionar, fundamentalmente equipos, adaptadores de red, cableado y dispositivos de interconexión. Sin embargo, esto no es suficiente para que la red funcione correctamente, ya que necesita de una serie de programas que se ejecutan en los equipos y que se encargan de controlar las comunicaciones.

En este capítulo se explican con detalle los protocolos más importantes que se utilizan en redes locales y los niveles de la arquitectura donde operan.

3.1 INTRODUCCIÓN A LOS PROTOCOLOS

Como se explica en el capítulo 1, en una red de comunicación es necesario que todos los equipos sigan una serie de normas para que la comunicación se pueda llevar a cabo correctamente y con fluidez. A las normas se les denomina **protocolos** y deben respetarse o de lo contrario la comunicación no se realizará en buenas condiciones.

Los problemas más importantes que deben resolver los protocolos de comunicación en una red de área local son el encaminamiento, el direccionamiento, el control del acceso al medio, la saturación del receptor, el mantenimiento del orden, el control de errores y la multiplexación. Estos problemas se resuelven en los distintos niveles de la arquitectura de red donde se ubica cada protocolo específico.

3.2 MODELO DE INTERCONEXIÓN DE SISTEMAS ABIERTOS (OSI)

El modelo **OSI** (*Open Systems Interconnection* o Interconexión de Sistemas Abiertos) está basado en una propuesta establecida en el año 1983 por la organización internacional de normas **ISO** (ISO 7498) como un avance hacia la normalización a nivel mundial de protocolos. El modelo se llama **modelo de referencia OSI de la ISO**, puesto que se ocupa de la conexión de **sistemas abiertos**, esto es, sistemas que están preparados para la comunicación con sistemas diferentes. Usualmente lo llamaremos sólo modelo OSI para acortar.

OSI emplea una arquitectura en niveles a fin de dividir los problemas de interconexión en partes manejables. Posteriores estándares de ISO definieron las implementaciones en cada nivel para asegurar que se consigue una compatibilidad total entre ellos. Como se vio en el apartado anterior, la aproximación en niveles asegura modularidad y facilita que el **software** pueda mejorarse sin necesidad de introducir cambios revolucionarios, además de permitir la compatibilidad entre equipos diferentes. Consta de siete niveles, mostrados en la tabla 3.1.

Tabla 3.1. Los siete niveles de OSI

7	Aplicación
6	Presentación
5	Sesión
4	Transporte
3	Red
2	Enlace de datos
1	Físico

Pero, ¿cómo llegó la ISO, partiendo desde cero, a definir una arquitectura a siete niveles de esas características? Los principios teóricos en los que se basaron para la realización de OSI fueron fundamentalmente los siguientes:

- Cada capa de la arquitectura está pensada para realizar una función bien definida.
- El número de niveles debe ser suficiente para que no se agrupen funciones distintas, pero no tan grande que haga la arquitectura inmanejable.
- Debe crearse una nueva capa siempre que se necesite realizar una función bien diferenciada del resto.
- Las divisiones en las capas deben establecerse de forma que se minimice el flujo de información entre ellas, es decir, que la interfaz sea más sencilla.
- Permitir que las modificaciones de funciones o protocolos que se realicen en una capa no afecten a los niveles contiguos.
- Utilizar la experiencia de protocolos anteriores. Las fronteras entre niveles deben situarse donde la experiencia ha demostrado que son convenientes.
- Cada nivel debe interaccionar únicamente con los niveles contiguos a él (es decir, el superior y el inferior).

- La función de cada capa se debe elegir pensando en la definición de protocolos estandarizados internacionalmente.

OSI está definido más bien como *modelo*, y no como *arquitectura*. La razón principal es que la ISO definió solamente la función general que debe realizar cada capa, pero no mencionó en absoluto los servicios y protocolos que se deben usar en cada una de ellas. Esto quiere decir que, al contrario que el resto de arquitecturas de redes, el modelo OSI se definió antes de que se diseñaran los protocolos. Recuérdese la definición de arquitectura que aparece en el capítulo 1.

Las funciones encomendadas a cada una de las capas de OSI son las siguientes:

- **Nivel físico**: tiene que ver con la transmisión de dígitos binarios por un canal de comunicación. Las consideraciones de diseño tienen que ver con el propósito de asegurarse de que, cuando un lado envíe un "1", se reciba en el otro lado como "1", no como "0". Las preguntas típicas aquí son: ¿qué voltaje deberá usarse para representar un 1 y para representar un 0?, ¿cuántos microsegundos dura cada dígito?, ¿en qué frecuencia de radio se va a transmitir?, ¿cuántas puntas tiene el conector de la red y para qué sirve cada una?, etc. Aquí las consideraciones de diseño tienen mucho que ver con las interfaces mecánica, eléctrica y de procedimientos y con el medio de transmisión físico que está bajo la capa física.

- **Nivel de enlace**: su tarea principal es detectar y corregir todos los errores que se produzcan en la línea de comunicación. También se encarga de controlar que un emisor rápido no sature a un receptor lento, ni se pierdan datos innecesariamente. Finalmente, en redes donde existe un único medio compartido por el que circula la información, este nivel se encarga de repartir su utilización entre las estaciones. La unidad mínima de datos que se transfiere entre entidades pares a este nivel se llama **trama** o **marco**.

- **Nivel de red**: se ocupa de determinar cuál es la mejor ruta por la que enviar la información. Esta decisión tiene que ver con el camino más corto, el más rápido, el que tenga menor tráfico, etc. Por todo esto, la capa de red debe controlar también la congestión de la red, intentando repartir la carga lo más equilibrada posible entre las distintas rutas. También a este nivel se realiza gran parte del trabajo de convertir y adaptar los mensajes que circulan entre redes heterogéneas. La unidad mínima de información que se transfiere a este nivel se llama **paquete**.

- **Nivel de transporte**: es el nivel más bajo que tiene independencia total del tipo de red utilizada y su función básica es tomar los datos procedentes del nivel de sesión y pasarlos a la capa de red, asegurando que lleguen correctamente al nivel de sesión del otro extremo. A este nivel, la conexión es realmente de extremo a extremo (véase la figura 3.1), ya que no se establece ninguna conversación con los niveles de transporte de todas las máquinas intermedias.

- **Nivel de sesión**: a este nivel se establecen sesiones (conexiones) de comunicación entre los dos extremos para el transporte ordinario de datos. A diferencia del nivel de transporte, a este nivel se proporcionan algunos servicios mejorados, como la reanudación de la conversación después de un fallo en la red o una interrupción, etc.

- **Nivel de presentación**: a este nivel se controla el significado de la información que se transmite, lo que permite la traducción de los datos entre las estaciones. Por ejemplo, si una estación trabaja con un código concreto y la estación del otro extremo maneja uno diferente, el nivel de presentación es el encargado de realizar esta conversión. Para conversaciones confidenciales, este nivel también codifica y encripta los datos para hacerlos incomprensibles a posibles escuchas ilegales.

- **Nivel de aplicación**: es el nivel que está en contacto directo con los programas o aplicaciones informáticas de las estaciones y contiene los servicios de comunicación más utilizados en las redes. Como ejemplos de servicios a este nivel se pueden mencionar la transferencia de archivos, el correo electrónico, etc.

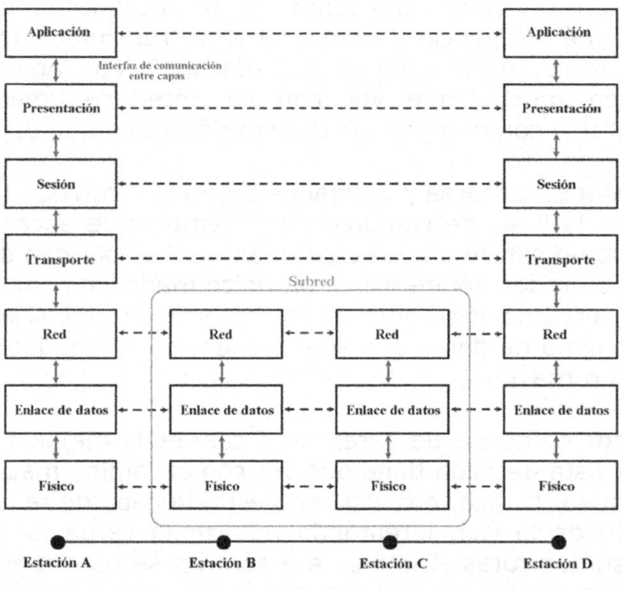

Figura 3.1. Modelo de referencia OSI. Este esquema pone de manifiesto la comunicación entre niveles de la arquitectura de dos estaciones (nombradas A y D). Los tres primeros niveles (físico, enlace de datos y red) dependen de la red sobre la que funciona, por lo que pueden existir estaciones intermedias en la conversación (nombradas B y C). Los niveles superiores (transporte, sesión, presentación y aplicación) realizan conversaciones extremo a extremo, es decir, solamente se comunican con las capas de la estación del extremo, ya sea emisora o receptora

Este modelo no es perfecto y, de hecho, algunas cuestiones adolecen de un mal diseño. La más importante, en lo que se refiere a las capas, es que algunas de ellas están prácticamente vacías (es decir, hay muy pocos protocolos definidos dentro de éstas y a la vez son bastante triviales), mientras que otras están llenas a rebosar. Por ejemplo, las capas de sesión y presentación no se usan en la mayoría de las aplicaciones, mientras que las capas más inferiores están tan saturadas que en revisiones posteriores se han dividido en múltiples subcapas.

Otro problema que tiene OSI es que existen algunas funciones que se repiten en muchas de las capas, lo que hace que muchos servicios y programas estén duplicados, a la vez que contribuye a un aumento del tamaño de las cabeceras de control de los bloques de información que se transmiten.

3.3 EL NIVEL FÍSICO

El nivel físico de una arquitectura es quizá la parte más importante de la red. La razón fundamental es que la mayoría de los protocolos de las capas superiores dependen de sus características físicas (velocidad, tasa de error, medio compartido o no, etc.). Por ejemplo, si la transmisión ofrece una tasa de error muy baja, el protocolo de control de errores a niveles superiores puede ser muy simple. En caso de que el medio soporte una capacidad de transmisión elevada, entonces el sistema de comunicaciones podrá ofrecer servicios como transmisión de vídeo y datos a alta velocidad.

Todas las arquitecturas de redes por niveles (OSI, TCP/IP, ATM, etc.) distinguen un nivel físico que es el encargado de realizar el transporte de la información a través del medio físico de transmisión. Esta tarea fundamental se debe llevar a cabo teniendo en cuenta dos condiciones básicas:

- Si se envía un "1" utilizando la variación de alguna propiedad física del medio, al receptor le deberá llegar exactamente esa misma variación de la propiedad para que pueda interpretarlo como un "1" y no como un "0".
- Cuando el emisor envía una sucesión de dígitos binarios, se debe garantizar que se reciban en el mismo orden en el otro extremo.

Para poder realizar este transporte, los protocolos del nivel físico deben tener en cuenta muchas cuestiones de fondo. Podemos exponer las más importantes: ¿de qué manera se envían los dígitos binarios por el medio?, ¿qué ocurre si el medio sólo permite la transmisión en un sentido?, ¿cómo se corrigen las distorsiones y perturbaciones que sufre la señal en su camino?, ¿es posible que por el mismo medio circulen varias transmisiones a la vez?, ¿qué medio de transmisión resulta más adecuado para el envío de la información?

Sobre un cable de comunicación o el aire se pueden realizar diferentes tipos de comunicaciones que se clasifican en diferentes criterios:

- **Teniendo en cuenta la sincronización**: debe existir un mecanismo que permita saber al receptor cuándo está recibiendo información y cuándo llega cada dígito o bit del mensaje. Hay dos tipos de comunicaciones:

  - **Síncrona**: se usa una señal periódica que identifica la llegada de cada dígito del mensaje.

  - **Asíncrona**: se usa una señal especial que se envía al principio y al final de cada dígito del mensaje.

- Teniendo en cuenta las características de la señal:

  - **Analógica**: la señal enviada puede tomar un número infinito de valores. Este tipo de señal se utilizaba tradicionalmente en el sistema telefónico convencional y era muy propenso a propagar interferencias.

  - **Digital**: la señal enviada solamente puede tomar un número limitado de valores. Este tipo de señal mejora la calidad de las comunicaciones y permite controlar mejor el ruido y los errores.

- Teniendo en cuenta el sentido de la comunicación:

  - **Simplex**: la transmisión sólo se puede realizar en un sentido, por lo que se necesitan dos medios de transmisión para que la comunicación pueda ser en las dos direcciones.

  - **Semidúplex**: la transmisión se puede realizar en los dos sentidos, pero no a la vez.

  - **Dúplex integral**: la transmisión se puede realizar en los dos sentidos y al mismo tiempo.

Todo medio está limitado por una velocidad de transmisión máxima. La velocidad de transmisión se mide en **bits por segundo** o **bps**. Las velocidades actuales que se pueden conseguir con algunos medios de transmisión son una combinación de su capacidad y de las características de la señal utilizada.

3.4 PROTOCOLOS DE NIVEL DE ENLACE

La tarea que lleva a cabo el nivel físico es aceptar un flujo original de información en bruto (procedente del nivel del enlace) e intentar entregar dicha información a su destino a través del medio de transmisión. No se garantiza que este flujo de información esté libre de errores. El número de dígitos recibidos puede ser menor, igual o mayor y sus valores pueden ser diferentes a los dígitos transmitidos. Será el nivel de enlace de datos el que detecte esos errores y tomará las medidas necesarias para corregirlos. Para conseguir este objetivo, habitualmente se divide la información a transmitir en pequeños bloques de datos, cada uno de los cuales llevan asociado un código detector de error y un número de orden o secuencia. Este número de secuencia se usa para que el receptor pueda mantener el orden. También se usa en caso de que uno de ellos sufra un error, de forma que se podrá identificar el que el emisor debe retransmitir. De esta forma, se consigue que un error no implique la retransmisión de todo el mensaje, sino sólo una pequeña parte de él.

La máxima responsabilidad que asume el nivel de enlace es el control de errores. Esta tarea no es fácil teniendo en cuenta que los circuitos electrónicos y los cables de comunicación no son perfectos y sufren distorsiones que proceden del exterior. Por otra parte, existe la posibilidad de incluir suficiente información de control en cada bloque de forma que el receptor pueda ser capaz de reconstruir la información original en caso de que llegue errónea. Puesto que esa **información redundante** crece exponencialmente con el tamaño de la información, generalmente no se utiliza y se gana en eficiencia cuando se retransmite un bloque dañado.

El nivel de enlace de datos tiene un número de **funciones** específicas por desarrollar. Entre estas funciones, los protocolos de enlace de datos deben realizar las siguientes:

- Agrupar los dígitos o caracteres recibidos por el nivel físico en bloques de información, llamados **tramas** (o *frames*), a los que va asociada información de control para proporcionar todos los servicios de esta capa y unas marcas que señalizan el comienzo y el fin.
- Detectar y solucionar los errores generados en el canal de transmisión (tramas erróneas, incompletas o perdidas totalmente).
- Controlar el flujo, para evitar saturar al receptor, es decir, permitirle el tiempo de proceso necesario para no perder ninguna trama.
- Controlar el diálogo, en canales semidúplex o donde se utiliza un medio compartido, será necesario establecer los turnos para la transmisión.
- Identificar a unos equipos de otros a través del direccionamiento, ya que muchas veces los mensajes llegan a todos y solamente el destinatario es el autorizado a recogerlo.

Habitualmente, los protocolos de nivel de enlace de datos se dividen en dos categorías: los protocolos de enlace de datos de alto nivel, diseñados para establecer una interfaz común y así facilitar la interacción con protocolos de niveles superiores y los protocolos de enlace de datos de bajo nivel, centrados fundamentalmente en el control de acceso al medio.

3.4.1 Protocolos de control de enlace lógico (LLC)

Los protocolos de enlace de datos de alto nivel o **LLC** (*Logical Link Control* o Control de Enlace Lógico) están diseñados para ofrecer todos los servicios necesarios a los protocolos de nivel de red que están por encima y gestionar las funciones más importantes. Los protocolos más importantes que se utilizan actualmente en este nivel de la arquitectura de red son HDLC e IEEE 802.2.

El protocolo **HDLC** (*High-level Data Link Control* o *Control de Enlace de Datos de Alto Nivel*) es un estándar a nivel de enlace de datos basado en el protocolo SDLC inventado por IBM para su red SNA. Se utiliza en RDSI y en X.25, aunque no se siguen sus especificaciones completas, ya que es un protocolo muy extenso (se utilizan más bien otros protocolos basados en éste, como SDLC, LAP-B, LAP-D, PPP, LLC o *Frame Relay*).

El protocolo HDLC y sus derivados son orientados a conexión y utilizan unas marcas especiales para delimitar el principio y el fin de las tramas, que son números de 8 bits con esta forma: "01111110". Para el control de errores utiliza una variante de la codificación CRC-CCITT, además de los acuses de recibo en las transmisiones y los números de secuencia en las tramas, lo que lo hace muy robusto. Por todo ello, las redes que utilizan HDLC en su nivel de enlace de datos no necesitan controlar la mayoría de los errores en los niveles superiores.

El estándar **IEEE 802.2** define los protocolos de la capa LLC en redes Ethernet. IEEE 802.2 permite tres clases distintas de servicio que se pueden utilizar según las necesidades: servicio no orientado a la conexión y no fiable (para poder enviar tramas a uno o varios equipos a la vez), servicio no orientado a la conexión y fiable y servicio orientado a la conexión y fiable. Si el servicio es fiable, entonces las tramas incluyen un número de secuencia que permite mantener el orden de los mensajes recibidos en el destino. Una cabecera de trama 802.2 está basada en el protocolo HDLC, aunque con algunas diferencias. Esta cabecera de control se inserta dentro del campo de datos de una trama IEEE 802.3 (véase el apartado 3.5).

3.4.2 Protocolos de control de acceso al medio (MAC)

En redes locales, lo normal es que exista un único medio de transmisión por el que todas las estaciones se comunican. Por ello, es necesario diseñar protocolos que permitan el uso por turnos de las estaciones que quieren transmitir. El problema del reparto del medio es a veces difícil de solucionar, sobre todo porque puede existir gran cantidad de estaciones que no se sabe cuándo van a transmitir, aunque normalmente lo hacen muy esporádicamente. En la vida real, a nosotros nos resulta más fácil solucionar este problema. Por ejemplo, dos personas que hablan por teléfono no suelen tener problemas a la hora de tomar el turno para hablar; en una reunión, puede existir un moderador que sea el encargado de ceder el turno de palabra, etc.

Los protocolos encargados de "moderar" en una conversación entre estaciones que comparten el medio se encuentran en la parte inferior del nivel de enlace de datos, y en algunas arquitecturas, como OSI, se han incluido en una subcapa llamada **subnivel de acceso al medio** o **MAC** (*Medium Access Control*). El control de acceso al medio es una de las características que diferencian las redes LAN de las WAN. En estas últimas, lo normal es que los enlaces entre nodos o estaciones de la red sean punto a punto, es decir, solamente comunican dos estaciones en los extremos, aunque cada una de ellas tenga más de un enlace.

Cuando dos o más estaciones transmiten a la vez en un medio de difusión (es decir, en el mismo segmento de red), se produce un fenómeno denominado **colisión**. En esas circunstancias, las señales enviadas se "mezclan" y ninguna de ellas puede ser interpretada correctamente (se pierden), por lo que normalmente no es deseable que ocurra. Algunas tarjetas de red tienen un indicador luminoso que advierte de las colisiones producidas; si se ilumina muchas veces, es probable que la red no esté funcionando correctamente. Las colisiones se producen siempre dentro del ámbito de un segmento de red, por lo que también se conoce como **dominio de colisión**.

Las estaciones pueden acceder al medio de transmisión para comprobar si éste está siendo utilizado por alguna estación para transmitir. Cuando la estación receptora recoge la información que le ha sido enviada, el medio queda otra vez libre para enviar más tramas; mientras tanto, el medio está ocupado. Dependiendo del protocolo utilizado, las estaciones pueden comprobar si el medio está libre o no.

Los algoritmos utilizados para resolver el problema del reparto del canal poseen dos características principales que los definen:

- **El control del tiempo para transmitir**. Existen dos opciones: utilizar un tiempo **continuo** (se puede transmitir en cualquier momento) o **ranurado** (el tiempo se divide en intervalos discretos y la transmisión de una trama se debe realizar siempre al inicio de uno de esos intervalos).
- **La detección de portadora**. La estación puede realizar esta operación (para comprobar si hay alguien transmitiendo) o puede funcionar **sin detección de portadora** (la estación envía y luego comprueba si se ha producido una colisión).

Se conocen muchos algoritmos para repartir un canal de acceso múltiple (actualmente se utilizan más de 20 en las redes de difusión que funcionan en todo el mundo). Muchos de ellos utilizan las mismas ideas de base, aunque con pequeñas modificaciones. Los más importantes se explican brevemente en los siguientes apartados.

3.4.3 Protocolos de contienda

Los protocolos de contienda están diseñados para evitar, en la medida de lo posible, aunque no completamente, que se produzcan colisiones. Se utilizan en redes donde circula una gran cantidad de tráfico y, cada vez que una colisión es detectada, los equipos que han enviado tramas afectadas por ella deben volver a retransmitirlas. Esto puede hacer que la capacidad de transmisión de la red se vea afectada.

La ventaja del uso de los protocolos de contienda para el control de acceso al medio consiste en que el fallo de un equipo nunca va a afectar al funcionamiento de la red y resulta muy sencillo añadir nuevos equipos porque sólo hay que conectarlos. Como inconveniente principal podemos destacar una bajada del rendimiento de la red cuando se producen colisiones, sobre todo en un medio compartido por muchas estaciones.

Uno de los protocolos de contienda más utilizados actualmente en redes locales es el **CSMA** (*Carrier Sense Multiple Access* o Acceso Múltiple con Detección de Portadora). Este protocolo tiene varias versiones:

- **CSMA persistente**: consiste en que, cuando una estación desea transmitir, primero escucha el canal para ver si éste está ocupado. Si hay otra estación transmitiendo, se espera a que termine y cuando la estación detecta un canal en reposo, transmite una trama. Si ocurre una colisión (porque otra estación también ha detectado el canal libre y ha transmitido una trama a la vez), la estación espera un tiempo aleatorio y comienza de nuevo. Este protocolo es mejor que los de tipo ALOHA, ya que, cuando las estaciones detectan el canal ocupado, no interrumpen esa comunicación.

- **CSMA no persistente**: funciona de forma similar al anterior, pero, en este caso, cuando una estación desea transmitir y encuentra el canal ocupado, no hace un chequeo continuo de él hasta que quede libre. En su lugar, espera un tiempo aleatorio y vuelve a comprobar el estado del canal. Si está nuevamente ocupado, vuelve a repetir el proceso; en caso contrario, envía la trama por el canal.

- **CSMA con detección de colisiones (CSMA/CD)**: las estaciones también esperan a transmitir si el canal se encuentra ocupado. Una vez que el canal queda libre, la estación comienza a transmitir. Inmediatamente, esa estación es capaz de comprobar si se está produciendo una colisión, por lo que puede abortar ese envío de forma casi instantánea. El no transmitir las tramas completas cuando se produce una colisión ahorra tiempo y ancho de banda.

- **CSMA/CA** (*Carrier Sense Multiple Access and Colision Avoidance* o Acceso Múltiple con Detección de Portadora y Prevención de Colisiones): se utiliza en las redes locales inalámbricas (estándar IEEE 802.11). Funciona de igual forma que el protocolo CSMA, pero, en caso de que el medio esté ocupado, todas las estaciones que desean transmitir establecen un turno ranurado siguiendo un protocolo de **mapa de bits** (véase el apartado 3.4.5).

3.4.4 Protocolos de paso de testigo

Los protocolos de **paso de testigo** (*token passing*) están libres de colisiones porque cada una de las estaciones tiene un intervalo definido de tiempo para transmitir. Para ello, utilizan una trama especial llamada **testigo** que las estaciones se van pasando unas a otras en orden. Solamente la estación que tiene en su poder ese testigo podrá transmitir y, cuando lo haga, cederá el testigo a la siguiente. Este protocolo impide que se produzcan colisiones, pero se complica debido a que determinados errores físicos en la red o cuelgues en las estaciones pueden hacer que se pierda el testigo, por lo que son necesarios mecanismos que permitan restaurarlo.

3.4.5 Otros protocolos

El protocolo de **mapa de bits** es un ejemplo de acceso al medio en el que no se producen colisiones porque las estaciones mantienen un orden para utilización del canal. El tiempo de uso del canal se alterna en dos intervalos de tiempo: un primer intervalo de tiempo se dedica a que las estaciones se "hagan oír" e indiquen si desean transmitir una trama y una segunda parte en la que las estaciones que han mostrado su intención de transmitir lo hagan (solamente una trama). El primer intervalo de tiempo se divide en tantas ranuras como estaciones se encuentren conectadas al cable. Estas ranuras están numeradas de forma ascendente y, si una estación desea transmitir (por ejemplo, la 6), colocará un "1" en su ranura correspondiente (en este caso, será la ranura número 6). Las estaciones que no hayan puesto un "1" en su ranura en el intervalo de tiempo anterior no pueden transmitir, y deben esperar a que se realice otra vuelta. La figura 3.2 muestra un ejemplo gráfico de este tipo de transmisión.

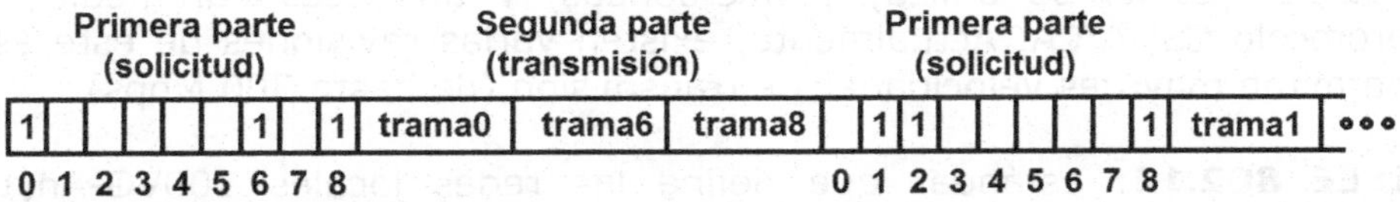

Figura 3.2. Ejemplo de transmisión con el protocolo de mapa de bits. En el primer intervalo, solamente las estaciones 0, 6 y 8 desean transmitir, y colocan un "1" en sus ranuras correspondientes. En la segunda parte, se realiza la transmisión de la información de forma ordenada (primero la estación con un número más bajo) y, cuando acaban el proceso, se vuelve a repetir

3.5 ETHERNET

El estándar **IEEE 802** posee un conjunto de especificaciones muy amplio para redes de área local y define sus protocolos a nivel físico, MAC y enlace de datos. En los apartados siguientes se explican con detalle estos protocolos.

3.5.1 Introducción a Ethernet

Si bien ya se han visto las especificaciones de este estándar a nivel físico, ahora hay que introducir las correspondientes a nivel MAC y nivel de enlace:

- **IEEE 802.2**: define el subnivel de enlace de datos LLC (véase el apartado 3.4.1).

- **IEEE 802.3**: estándar que define las diferentes tecnologías *Ethernet* (véase el apartado 3.5.5). Utiliza el protocolo CSMA/CD en la subcapa de acceso al medio (véase el apartado 3.4.3).

- **IEEE 802.4**: este estándar define una LAN de topología en *bus* (*Token Bus*) que utiliza el protocolo de paso de testigo de la subcapa MAC.

- **IEEE 802.5**: define una LAN con topología en anillo (*Token Ring*) y el protocolo de paso de testigo.

- **IEEE 802.6**: estándar que define las características de una red de área metropolitana (MAN) que utiliza una topología en doble *bus*. Para el protocolo de la capa MAC, se ha definido un algoritmo parecido a ALOHA ranurado, aunque mucho más perfeccionado.

- **IEEE 802.7**: define las características de una LAN que transmite en banda ancha.

- **IEEE 802.11**: estándar para redes locales inalámbricas. Define una transmisión mediante ondas infrarrojas (se trata de la primera versión del estándar IEEE 802.11 que no se utiliza) y microondas, y un acceso al medio mediante el protocolo CSMA/CA. Actualmente, existen varias revisiones de este estándar que permiten mayores velocidades de transmisión (de hasta 300 Mbps).

- **IEEE 802.12**: estándar que define las redes locales 100VG-AnyLAN con el protocolo de **prioridad de demanda** para el control del acceso al medio. Este método consiste en que es el concentrador de cableado el que decide qué estación debe transmitir en un momento dado, por lo que nunca se producen colisiones.

Los estándares IEEE 802.8, 802.9, 802.10, 802.14, 802.15 y 802.16 no definen realmente ningún tipo de red local ni protocolos, sino que se trata más bien de comités consultivos que estudian temas relacionados con la transmisión por fibra óptica (802.8), transmisión de voz y datos en redes locales (802.9), seguridad en LAN (802.10), redes de cable para comunicaciones de banda ancha (802.14), redes personales inalámbricas (802.15) y acceso inalámbrico de banda ancha (802.16).

3.5.2 Ethernet y el modelo OSI

El estándar IEEE 802 se utiliza actualmente en muchas arquitecturas de redes comerciales, como TCP/IP, Novell o la utilizada por Microsoft para sus redes locales. El estándar Ethernet también se ha utilizado para definir los protocolos de nivel físico y nivel de enlace de datos del modelo OSI (véase el apartado 3.2).

3.5.3 Direccionamiento MAC

Las direcciones a nivel de enlace de las redes Ethernet, que normalmente se consideran direcciones de la subcapa MAC, están formadas por números binarios que identifican a las estaciones del resto (por lo que deben ser únicas). Dependiendo del protocolo utilizado, estas direcciones pueden tener un mayor o menor número de dígitos: por ejemplo, en el estándar de *Ethernet* (cableado o inalámbrico), *Bluetooth* y *Token Ring*, las direcciones MAC son números binarios de 48 dígitos que se suelen expresar como grupos de ocho bits representados en hexadecimal y separados por puntos. Por ejemplo, una dirección MAC podría ser la siguiente:

18.3E.A0.64.F2.01

Las direcciones MAC suelen ir grabadas de fábrica en el propio adaptador de red, de forma que no pueden ser modificadas. Para impedir que en una red puedan existir dos estaciones con las mismas direcciones MAC, los fabricantes suelen convenir en los números que asignan a sus dispositivos. En el caso de las direcciones *Ethernet* y *Token Ring*, la primera mitad (los 24 primeros bits) identifica al fabricante, mientras que los dígitos restantes identifican de forma única cada adaptador, en una asignación realizada por el propio fabricante. Existen otros tipos de direcciones, como las empleadas en redes ARCNet, que pueden ser establecidas por el usuario.

En las redes que están construidas con conmutadores también es necesario que exista un mecanismo que identifique de forma única a unas estaciones de otras. Esto es debido a que estos dispositivos funcionan sin necesidad de realizar sobre ellos ninguna configuración previa. Por esta razón, los conmutadores deben ser capaces de obtener las direcciones de los equipos que están conectados a cada uno de sus puertos, almacenarlas y utilizarlas posteriormente para saber por qué puertos deben enviar los mensajes.

La dirección MAC *FF.FF.FF.FF.FF.FF* es una dirección especial que no puede ser asignada a ningún adaptador de red ni a ningún puerto de comunicación de ningún dispositivo. Esta dirección se utiliza como destino cuando hay que enviar un mismo mensaje a todos los equipos que forman parte de la red. Cuando un puente o un conmutador reciben un mensaje con esta dirección de destino, están obligados a enviarlo a través de todos sus puertos, para que llegue a todos los equipos que tienen conectados.

Las direcciones MAC son análogas a los nombres y apellidos que se utilizan para identificar personas. Cuando un cartero accede a los buzones de una comunidad de propietarios, todos sus residentes viven en la misma dirección, pero el cartero es capaz de identificar el destinatario a través de su nombre.

3.5.4 Trama Ethernet

El formato de una trama Ethernet se muestra en la tabla 3.2.

Tabla 3.2. Formato de una trama Ethernet 802.3

Preámbulo	Marca de inicio	MAC destino	MAC origen	802.1Q	Longitud	Datos	Relleno	CRC
56 bits	10101011	48 bits	48 bits	32 bits	16 bits	Hasta 1500 bytes		32 bits

En una trama Ethernet se incluyen las direcciones MAC de los equipos de origen y destino, un relleno para que la trama tenga una longitud fija (en caso de que el campo de datos sea pequeño) y un código para detectar errores (CRC).

3.5.5 Tecnologías Ethernet

IEEE 802.3 es un estándar que define una familia completa de configuraciones, abarcando diferentes velocidades (desde 10 Mbps hasta 10 Gbps), topologías (bus o estrella) y cableado (par trenzado, coaxial y fibra óptica). La tabla 3.3 resume las posibles configuraciones establecidas por el estándar y la nomenclatura utilizada para nombrarlas.

Tabla 3.3. Distintas configuraciones de Ethernet

	Velocidad de transmisión			
Cableado	**10 Mbps (Ethernet)**	**100 Mbps (Fast Ethernet)**	**1 Gbps (Gigabit Ethernet)**	**10 Gbps (Ethernet a 10Gb)**
Coaxial delgado	10Base-2. Topología en *bus*.	-	-	-
Coaxial grueso	10Base-5. Topología en *bus*.	-	-	-
Par trenzado	10Base-T. Topología en estrella.	100Base-T. Topología en estrella.	1000Base-T. Topología en estrella.	-
Fibra óptica	10Base-F. Topología en estrella.	100Base-F. Topología en estrella.	1000Base-F. Topología en estrella.	10GBase-S. 10GBase-L. Topología en estrella.

3.6 OTROS PROTOCOLOS DE NIVEL DE ENLACE

En una red local es posible que coexistan diferentes protocolos de nivel de enlace de datos, por ejemplo, es posible que en la red existan equipos que utilizan los protocolos de la red Microsoft y equipos que utilizan los protocolos de Novell. Para solucionar estos problemas, han surgido los protocolos NDIS y ODI, utilizados a nivel de enlace de datos para que una estación de la red pueda utilizar diferentes protocolos de comunicación a niveles superiores, permitiendo también el uso de varios adaptadores simultáneos.

La especificación **ODI** (*Open Data-Link Interface* o Interfaz Abierta de Enlace de Datos) fue introducida inicialmente en el año 1989 por Novell y Apple, con el objetivo de permitir el uso de múltiples arquitecturas de comunicaciones y múltiples tarjetas de red en una misma estación. ODI define una interfaz en la que aparece el **LSL** (*Link Support Layer* o *Capa de Soporte al Enlace*), que se encarga de gestionar distintos protocolos a niveles inferiores, y el **MLID** (*Multiple Link Interface Drivers* o *Enlace Múltiple a Controladores de Interfaz*) que se encarga de gestionar el uso de varios adaptadores de red simultáneos.

Por su parte, el protocolo **NDIS** (*Network Driver Interface Specification* o Especificación de Interfaz de Adaptador de Red) fue diseñado por Microsoft y 3Com para estaciones con sistema operativo DOS, Microsoft Windows y OS/2 también con el propósito de permitir que una estación pudiera manejar diferentes adaptadores de red. A diferencia de ODI, NDIS no da soporte a diferentes arquitecturas y pilas de protocolos (solamente maneja los protocolos de la red Microsoft), pero permite el uso de conexiones de red como RDSI, *Frame Relay*, ATM, *Ethernet* o *Token Ring*. Así mismo, NDIS y ODI pueden coexistir sin problemas dentro de un mismo ordenador, lo que permite extender los tipos de conexiones simultáneas que se pueden realizar.

3.7 PROTOCOLOS DE NIVEL DE RED

La capa de red se encarga de llevar los bloques de información desde el origen hasta el destino. Que esos bloques alcancen al receptor puede suponer muchos saltos por estaciones intermedias, característica que diferencia a esta capa con el nivel de enlace de datos, que sólo se preocupa de la comunicación entre estaciones conectadas al mismo cable. En una red local que utiliza un medio compartido, solamente existe una ruta posible para comunicar dos estaciones, por lo que el nivel de red apenas tiene trabajo; en su lugar, el nivel de enlace deberá realizar la tarea de comprobar si el mensaje va destinado a la estación (y si procede, capturarlo) o no, comprobando la dirección MAC del destinatario.

Para poder realizar su trabajo convenientemente, la capa de red debe conocer la topología física y seleccionar las mejores rutas a través de ella; también deberá tener en cuenta rutas alternativas a modo de evitar congestionamientos o zonas más saturadas, de la misma forma que un viajero selecciona el camino a seguir. Normalmente, la capa de red utiliza algún método (dependiendo del protocolo) para guardar toda la información concerniente a la topología física de la red.

Las funciones principales que llevan a cabo los protocolos del nivel de red son las siguientes:

- **Encaminamiento**: el objetivo principal de una red es hacer llegar los mensajes desde el origen al destino. Generalmente, existen varias rutas alternativas posibles y, por ello, se requiere el uso de un procedimiento que seleccione la ruta más corta, rápida y con la mínima utilización de recursos.

- **Control de la congestión**: cuando en una zona determinada de una red se concentra una gran cantidad de tráfico que hace que su funcionamiento sea ralentizado o entorpecido (con pérdida de mensajes), entonces se dice que se ha producido congestión. Para solucionarlo, se pueden establecer mecanismos que intenten paliar esta situación: rechazando los nuevos paquetes que van llegando o impidiendo que los equipos vecinos saturen la red con más mensajes.

- **Direccionamiento**: para poder encaminar correctamente los paquetes hacia su destino, se necesita que exista un mecanismo que identifique unívocamente a emisores y receptores. Este mecanismo o direccionamiento a nivel de red suele coexistir en la arquitectura con el direccionamiento a nivel de enlace, que se utiliza para distinguir entre estaciones conectadas al mismo medio (que suele ser compartido). El direccionamiento a nivel de red se puede comparar con el sistema postal. Para que el cartero pueda entregar la correspondencia (paquetes) al destinatario correcto (nodo receptor), es necesario que éste distinga cada uno de los posibles receptores y conozca dónde viven (el enlace o enlaces a los que está conectado en la red). Habitualmente, se utiliza un direccionamiento que permite al cartero conocer la localización exacta del destinatario y la ruta a seguir para alcanzarlo (por ejemplo, el país, provincia, localidad, calle, número, piso, puerta y nombre).

3.7.1 Protocolo de Internet (IP)

Uno de los protocolos más utilizados actualmente a nivel de red, tanto en redes locales como en redes de área extensa, es IP. En los apartados siguientes se explica con detalle.

3.7.1.1 INTRODUCCIÓN A IP

Internet es una red que no posee una estructura bien definida, aunque en general se puede identificar una jerarquía de interconexión: existen varias redes troncales principales (de un gran ancho de banda) conectadas mediante nodos encaminadores rápidos y redes regionales (de menor capacidad) donde están conectadas las LAN y los proveedores de acceso. Por esta razón, muchas personas se refieren a Internet como "la red de redes". En la figura 3.3 se muestra esta organización jerárquica.

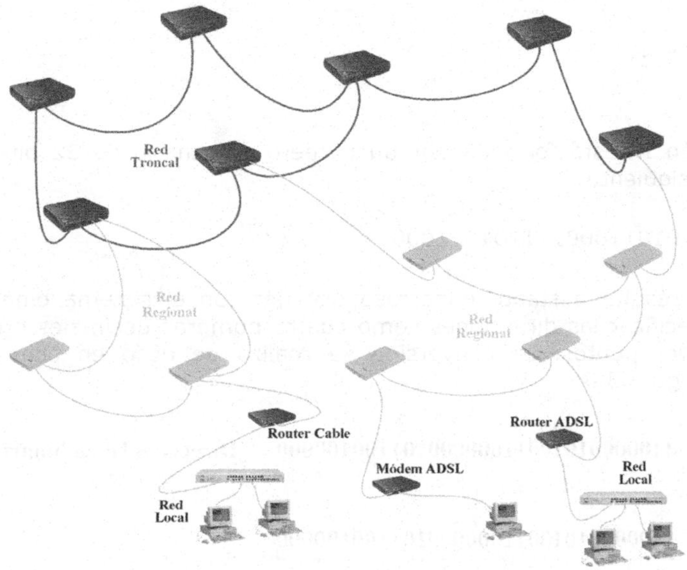

Figura 3.3. Estructura de la red Internet. Está formada por multitud de redes diferentes interconectadas mediante redes troncales de gran capacidad. Las redes regionales pueden pertenecer a organismos gubernamentales, universidades o proveedores de acceso a Internet

Para que esta estructura funcione correctamente, se diseñaron en los años ochenta varios protocolos a nivel de red que permitieran que los paquetes fueran enviados correctamente a través de gran cantidad de redes heterogéneas. El más importante es **IP** (*Internet Protocol* o Protocolo de Interred), definido en RFC 791, que establece el direccionamiento a este nivel y define el formato de los paquetes que se transmiten. El protocolo IP es no orientado a la conexión y no fiable, de forma que el establecimiento de conexiones y el control de errores lo debe llevar a cabo algún protocolo de transporte a niveles superiores, como **TCP** (*Transmission Control Protocol* o Protocolo de Control de la Transmisión). También existen otros protocolos a nivel de red que se encargan de seleccionar las mejores rutas para el envío de mensajes hacia su destino, generando la información necesaria y actualizando las tablas de los encaminadores.

3.7.1.2 DIRECCCIÓN IP

Las direcciones IP que identifican encaminadores y estaciones de la red tienen un tamaño fijo de 32 bits (en la versión 4 del protocolo). Estas direcciones se pueden especificar directamente en binario, aunque resulta más cómodo utilizar la notación decimal con puntos. Para pasar una dirección de binario a decimal, sólo hay que convertir los números tomando de ocho en ocho dígitos; posteriormente se separa cada número en decimal con puntos (de 0 a

255) para construir la dirección completa. El ejemplo 3.1 muestra varias direcciones IP en notación binaria con sus equivalentes en decimal.

EJEMPLO 3.1

Una dirección IP está formada por un número en binario de 32 bits como, por ejemplo, la siguiente:

10001111010101100011110101100001

Puesto que resulta bastante engorroso trabajar con el sistema binario, es más sencillo especificar las direcciones como cuatro números decimales entre 0 y 255 separados por puntos. La conversión se realiza de ocho en ocho bits, como muestra la figura 3.4.

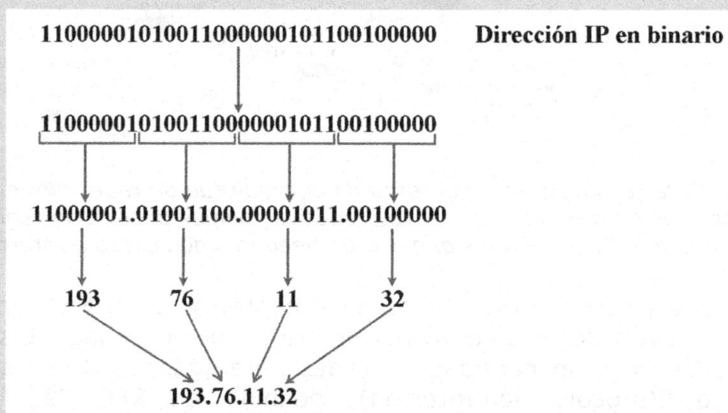

Figura 3.4. Conversión de una dirección IP de binario a decimal. Cada grupo de ocho bits es convertido por separado, de forma que los números en decimal nunca serán más altos de 255

Puesto que no pueden existir dos estaciones o nodos de la red que tengan la misma dirección IP, con este método se pueden nombrar 2^{32} = 4294967296 (aunque, como se verá después, no se pueden usar todas). Cuando se diseñó este método, se consideró que esta cantidad era suficiente para el ritmo de crecimiento esperado de Internet. Hoy en día se ha llegado al límite y las direcciones IP se han agotado.

Una dirección IP tiene dos partes principales: un **identificador de red** y un **identificador de estación** dentro de esa red. El identificador de red se utiliza para numerar cada una de las redes que componen Internet de forma única. Por su parte, el identificador de estación se usa para numerar cada uno de los equipos que forman parte de una red. De esta forma, las direcciones IP tienen una estructura jerárquica igual a las direcciones postales, aunque en este caso solamente a dos niveles. Gracias a este formato, cuando se lee una dirección IP de un equipo de Internet, se puede saber de una forma aproximada dónde se encuentra, simplemente examinando la red a la que pertenece. Así, los protocolos de encaminamiento pueden utilizar esta información para buscar los destinatarios y calcular las mejores rutas de una forma más sencilla.

El problema que plantea la división de las direcciones IP en un número de red y un número de estación consiste en que se trata de números finitos y, por lo tanto, estamos estableciendo límites. A la hora de dividir un número de 32 bits en dos partes, tenemos muchas opciones que podemos considerar. Las más importantes son:

- **Usar ocho bits para número de red y 24 bits para número de estación**, lo que nos permite tener un máximo de 256 redes distintas y 16 millones de equipos por red.

- **Usar 16 bits para número de red y 16 bits para número de estación**, lo que nos permite tener un máximo de 65.536 redes distintas y 65.536 equipos por red.

- **Usar 24 bits para número de red y ocho bits para número de estación**, lo que nos permite tener un máximo de 16 millones de redes distintas y 256 equipos por red.

Para decidir cuál es la mejor opción para Internet, debemos pensar cómo es esta red en realidad. En Internet existe un número muy reducido de redes de gran tamaño, algunas más de tamaño mediano y muchísimas redes de pequeño tamaño. Si comparamos este hecho con las tres opciones anteriores, vemos que ninguna de ellas se adapta por sí sola a cómo es en realidad Internet.

Sin embargo, si se seleccionan las tres opciones conjuntamente, entonces sí se adapta a la realidad de Internet. Para poder utilizar estas tres opciones a la vez, necesitamos usar un nuevo campo dentro de la dirección IP que identifique su tipo (A, B o C). Este campo se sitúa al principio de la dirección y puede tomar tres valores, dependiendo del tipo de dirección que se esté utilizando. A este tipo de dirección se le denomina **clase** (tabla 3.4).

Tabla 3.4. Campo de clase de dirección en IP

Clase IP	Valor del campo
A	0
B	10
C	110

Se puede observar que el campo de clase de dirección no es de longitud fija (ocupa un bit para la clase A, dos bits para la B y tres para la C). Gracias a esto, se consigue aprovechar mejor el campo de número de red de la clase A, ya que solamente tiene ocho bits. Las clases de direcciones quedan como se muestra en la figura 3.6. En la tabla 3.5 se indican los rangos de direcciones en decimal asignados a cada clase.

Además de las clases A, B y C, en IP versión 4 se definieron las clases D (campo de clase "1110") y E (campo de clase "11110"). La clase D no se usa para asignar direcciones a equipos, sino para crear grupos de equipos de **mutidifusión** o *broadcast* (esto permite enviar el mismo mensaje a un grupo de equipos a la vez). Por su parte, la clase E se reservó para investigación y desarrollo.

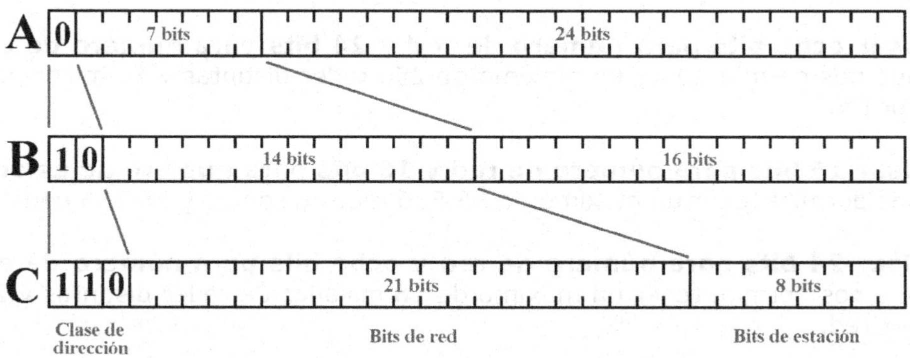

Figura 3.5. Campos que forman las distintas clases de direcciones IP. El uso de un campo de clase hace que se pierdan direcciones, aunque permite diferentes formatos

Tabla 3.5. Rangos de direcciones para las clases de IP

Clase IP	Rango	N.º de redes	N.º de estaciones
A	1.0.0.0 – 127.255.255.255	127	16777216
B	128.0.0.0 – 191.255.255.255	16384	65536
C	192.0.0.0 – 223.255.255.255	2097152	256
D	224.0.0.0 – 239.255.255.255	–	–
E	240.0.0.0 – 247.255.255.255	–	–

La complejidad en el uso de las direcciones IP radica en que existen diferentes divisiones de formato: la división en grupos de ocho bits para las conversiones entre decimal y binario, además de la división en redes y estaciones que es relativa a la clase. Por ejemplo, en la dirección "192.168.3.1", el número "192" contiene la clase y el número de red. Por esta razón, la división en redes y estaciones se hace intentando tomar grupos de ocho bits, para evitar que un número decimal pueda contener parte de número de red y parte de número de estación.

Ante la escasez de direcciones IPv4 que existe en la actualidad, se ha diseñado una nueva versión de protocolo IP que permite extender el rango de direcciones disponibles y solucionar otros problemas: **IP versión 6**. Esta nueva versión del protocolo está definida en RFC 1752 (recomendaciones), RFC 2373 (direccionamiento) y RFC 2460 (especificación completa) y posee las siguientes características:

- Utiliza el algoritmo de encaminamiento RIPing.
- Es capaz de manejar miles de millones de direcciones de estación diferentes, ya que trabaja con direcciones de 16 bytes.
- Se simplifica la configuración de las estaciones, ya que se reservan 48 bits como número de estación para la subred más pequeña y se puede utilizar la dirección MAC para numerar los equipos de forma automática.
- Reduce el tamaño de las tablas de encaminamiento en los nodos.
- Permite una mayor velocidad de proceso en los nodos, ya que el formato de paquete sólo contiene siete campos en su cabecera (en lugar de 13 que tenía la versión 4).
- Es compatible con la versión 4 del protocolo (aunque no totalmente, pero esta cuestión se resuelve utilizando protocolos de traducción de direcciones), de forma que los dos pueden coexistir durante algunos años para permitir una implantación progresiva.

La forma de representar las direcciones IPv6 es distinta de la versión 4, ya que ahora existen 128 bits en lugar de 32. En realidad, las direcciones IPv6 se pueden representar de tres formas diferentes:

- Por ocho números en hexadecimal de 16 bits, separados por dos puntos.
- Igual que la anterior, pero suprimiendo todos los ceros consecutivos en la dirección y sustituyéndolos por "::". Estos "::" solamente pueden aparecer una vez en la dirección.
- Utilizando una notación mixta formada por una parte de dirección v6 (seis números hexadecimales de 16 bits separados por dos puntos) y otra de v4 (cuatro números decimales de ocho bits).

Una dirección IPv6 también tiene varios campos: los primeros bits forman un **prefijo**, que indica el tipo de dirección (véase la tabla 3.6); los bits centrales especifican un número de red (que puede no existir) y los bits finales especifican un número de estación.

Tabla 3.6. Tipos de prefijos en IPv6

Prefijo	Descripción
00	Dirección IPv4.
2 ó 3	Dirección asignada por un proveedor de acceso a Internet.
de FE80 a FEBF	Direcciones privadas dentro del ámbito de la subred.
de FEC0 a FEFF	Direcciones privadas dentro del ámbito de la red (intranet).
FF	Dirección de multidifusión.

En IPv6 también existen las máscaras de red y su función es idéntica a la versión anterior del protocolo. Por su parte, también se utilizan los prefijos, pero en este caso su representación es justamente la contraria a IPv4: un prefijo /50, por ejemplo, indica que los 50 últimos bits de la dirección se reservan para numerar estaciones. La razón de este cambio estriba en que ahora se utiliza gran cantidad de dígitos binarios para numerar redes y subredes, mientras que el número de estaciones es menor con respecto a ellas.

EJEMPLO 3.2

Ejemplos de direcciones IP versión 6 pueden ser los siguientes:

43A0:512C:65:1FF:FD06:AA68:1:54B7

12E:0:0:0:768F:821:0:2286 es equivalente a 12E::768F:821:0:2286

65E:0:0:0:0:0:10A:192.168.0.18 es equivalente a 65E::10A:192.168.0.18

0:0:0:0:0:0:124.68.251.128 es equivalente a ::124.68.251.128

La característica fundamental que define al protocolo IPv6 es la posibilidad de las estaciones para realizar una configuración automática de sus parámetros de red. Gracias a esta característica, no es necesario disponer de conocimientos avanzados para realizar la configuración de la dirección IP de un equipo en la red (véase el apartado 4.3.2 del capítulo 4).

3.7.1.3 ASIGNACIÓN DE DIRECCIONES

Las direcciones IP se configuran manualmente en las estaciones y es el **NIC** (*Network Information Center* o Centro de Información de la Red) la institución encargada de asignar las direcciones de Internet, para impedir duplicados. Esta autoridad sólo asigna la clase de red y el número de red, y cada administrador de red deberá asignar los sufijos de identificador de estación. Se asignan direcciones de clase A a grandes redes (con muchas estaciones), mientras que se dejan las de clase C a pequeñas redes. Dentro del ámbito de una red local, es el administrador el encargado de asignar las direcciones a los equipos.

EJEMPLO 3.3

Supongamos que tenemos una red conectada a Internet mediante un encaminador y solicitamos al NIC una dirección IP para numerar las estaciones. Esta dirección será de clase C ya que no se prevé que la red se amplíe a más de 200 estaciones. El NIC da respuesta a nuestra solicitud asignándonos la siguiente dirección IP: 192.118.64.0.

Esta IP es una dirección de red, es decir, indica cuál es el número de nuestra red ya que el número de estación tiene el valor 0. A partir de ésta, deberemos numerar las estaciones de la red, comenzando siempre por la número 1:

Estación N.º	Dirección IP	Dirección IP en binario
1	192.118.64.1	11000000.01110110.01000000.00000001
2	192.118.64.2	11000000.01110110.01000000.00000010
3	192.118.64.3	11000000.01110110.01000000.00000011
...	...	...
253	192.118.64.253	11000000.01110110.01000000.11111101
254	192.118.64.254	11000000.01110110.01000000.11111110

Por lo tanto, en nuestra LAN pueden existir como máximo 254 estaciones, ya que la dirección 192.118.64.255 se utiliza para enviar un paquete a todas las estaciones de la red (difusión). Si se espera que la red crezca a un número de estaciones muy elevado, entonces se solicitaría al NIC una dirección IP de clase A o B o, incluso, varias direcciones IP de clase C.

De las direcciones indicadas en la tabla 3.5 hay algunas que no se pueden asignar a ninguna estación ya que su uso está reservado para el propio protocolo. Por ejemplo, las direcciones con número de red a 0 se refieren a la red actual (la IP 0.0.0.0 se usa por las estaciones cuando están siendo arrancadas, hasta que se completa la carga del sistema operativo, pero no se usa después). El rango desde 127.0.0.0 hasta 127.255.255.255 se reserva porque se utiliza la dirección 127.0.0.1 para especificar la estación actual, de forma que puede referirse a ella cuando se desea especificar el ordenador local (al igual que podría utilizar la dirección IP asignada). Las direcciones IP con número de estación todo ceros (en binario) se refieren a la red (una red también debe tener una dirección IP por cuestiones de encaminamiento). Las direcciones con número de estación todo a unos (en binario) se utilizan para **difusión** (*broadcast*), es decir, enviar mensajes a todas las estaciones dentro de la misma red (es decir, para todas las estaciones que tienen el mismo identificador de número de red). No hay que confundir las direcciones de difusión de las redes (utilizadas para enviar un mensaje a todas las estaciones dentro de la misma red) con las direcciones de clase D, que, más bien, se utilizan para agrupar estaciones y enviarles mensajes de difusión (éstas pueden pertenecer a redes distintas).

Actualmente, a las clases de direcciones IP también se las conoce por "/8" (clase A), "/16" (clase B) y "/24" (clase C), refiriéndose a que la dirección IP tiene ocho, 16 o 24 bits de **prefijo** (compuesto por los bits de clase más los de número de red), respectivamente. Derivada de esta nueva notación, ha aparecido otra nueva forma de nombrar una dirección IP. Ésta consiste en especificar la dirección en notación decimal con puntos seguida de una barra inclinada y del número de bits que componen el prefijo. Ejemplos de este tipo de notación aparecen en la tabla 3.7.

Tabla 3.7. Ejemplos de direcciones IP

Dirección de estación	Observaciones
118.64.248.86/8	Clase A. Se usan ocho bits para el prefijo de red y 24 bits como número de estación.
129.0.186.63/16	Clase B. Se usan 16 bits para el prefijo de red y 16 bits como número de estación.
221.118.7.19/24	Clase C. Se usan 24 bits para el prefijo de red y ocho bits como número de estación.

Supongamos que tenemos dos LAN, 198.64.126.0 y 216.89.3.0. Si utilizamos un encaminador para interconectarlas, éste tendrá dos direcciones IP diferentes (una para cada red que conecta). Cada una de esas direcciones será del tipo correspondiente a la LAN. La figura 3.6 muestra un ejemplo de asignación de IP.

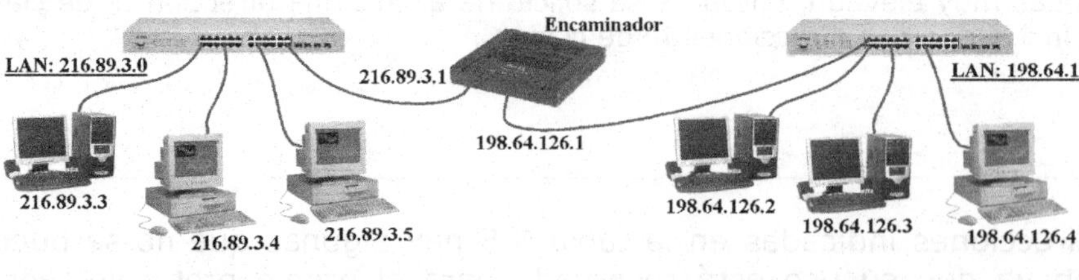

Figura 3.6. Asignación de direcciones IP en LAN con encaminadores. Se asignan direcciones a cada una de las redes, a cada una de las estaciones y a los encaminadores

La complejidad actual que tienen muchas redes locales hace que la asignación de direcciones pueda llegar a ser muy tediosa y la tarea se complica aún más si se utilizan direcciones IPv6. Por esta razón, en muchas situaciones resulta mucho más efectivo utilizar protocolos que asignan las direcciones de forma automática, como DHCP. También se utilizan protocolos como DNS que permiten utilizar direcciones formadas por letras o nombres en lugar de números, lo que facilita su uso por parte de los usuarios de la red.

3.7.1.4 ENRUTAMIENTO

La razón principal del uso de las direcciones IP consiste en simplificar y optimizar los algoritmos de encaminamiento. Al igual que ocurre con el servicio postal, dividir la dirección en partes permite llegar al destinatario de una forma más sencilla y rápida, puesto estas direcciones guardan información sobre su localización. Este método también permite reducir el tamaño de las tablas de encaminamiento.

Antes de hablar del encaminamiento en las estaciones finales de la red, vamos a tratar el funcionamiento de los encaminadores. Cada uno de estos dispositivos dispone de una tabla con los posibles destinos en forma de direcciones IP. En cada fila de esta tabla se especifica la dirección de las redes a las que se puede llegar (destinos), la dirección IP del puerto del encaminador por el que debe salir el mensaje y el número de encaminadores intermedios que es necesario atravesar (o algún otro parámetro que especifique el coste de ese camino, lo que se conoce como la **métrica**). Estas tablas las utilizan los protocolos de encaminamiento y se actualizan dinámicamente mediante el envío de información entre los encaminadores. En una tabla de encaminamiento puede aparecer más de una entrada con la misma dirección IP de red de destino, y esta situación se da cuando existen varias rutas distintas que alcanzan ese destino. El ejemplo 3.4 muestra un ejemplo de tablas de encaminamiento.

EJEMPLO 3.4

Supongamos que tenemos una red tal y como aparece en la figura 3.7.

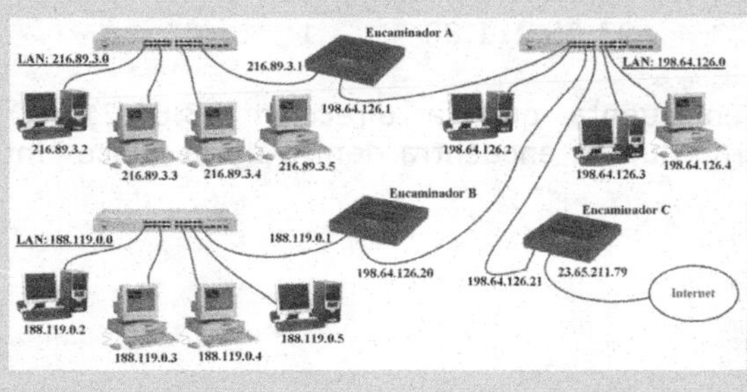

Figura 3.7. Red local formada por segmentos y encaminadores. La elipse titulada "Internet" representa al resto de equipos de la red

Las tabla de encaminamiento de A es la siguiente:

Red destino	Siguiente	Saltos
216.89.3.0	216.89.3.1	0
198.64.126.0	198.64.126.1	0
188.119.0.0	198.64.126.20	1
0.0.0.0	198.64.126.21	1

La entrada que especifica el destino 0.0.0.0 (default o por defecto) indica que para el resto de direcciones que no pertenezcan a las redes 216.89.3.0, 198.64.126.0 y 188.119.0.0 el encaminador deberá enviar los paquetes al dispositivo cuya dirección IP es 198.64.126.21. Por su parte, la tabla de encaminamiento de B es la siguiente:

Red destino	Siguiente	Saltos
216.89.3.0	198.64.126.1	1
198.64.126.0	198.64.126.20	0
188.119.0.0	188.119.0.1	0
0.0.0.0	198.64.126.21	1

Obsérvese que, si el destino es directamente accesible (está en la misma red que el propio encaminador), el valor del número de saltos o métrica es 0 y no es necesario especificar la dirección del siguiente dispositivo (también se puede indicar la dirección IP del puerto del encaminador, como aparece en las tablas). En caso contrario (es decir, la red de destino no es directamente alcanzable), en la correspondiente entrada de la tabla se especifica la dirección IP del puerto del siguiente encaminador. Finalmente, la tabla de encaminamiento de C es la siguiente:

Red destino	Siguiente	Saltos
216.89.3.0	198.64.126.1	1
198.64.126.0	198.64.126.21	0
188.119.0.0	198.64.126.20	1
23.0.0.0	23.65.211.79	0
0.0.0.0	23.65.211.80	1

Hay que tener en cuenta que la dirección 23.65.211.80 pertenece a un encaminador externo que se encuentra dentro de la elipse "Internet" en la figura 3.7.

Las tablas de encaminamiento que usan los encaminadores y otros equipos de una red pueden incluir información adicional además de las direcciones de destino y equipos intermedios. En general, las tablas de encaminamiento pueden incluir la siguiente información:

- **Protocolo de encaminamiento**: es el tipo de protocolo que creó la entrada en la tabla de encaminamiento. Hay que tener en cuenta que un encaminador puede soportar el uso de diferentes protocolos de encaminamiento al mismo tiempo (RIP, IGRP, EIGRP, OSPF, etc.).

- **Red de destino**: dirección IP de la red de destino a alcanzar.

- **Máscara de red**: máscara de red aplicada a la dirección de la red de destino. La mayoría de los protocolos modernos no incluyen este campo, ya que se incluye el prefijo de red en la dirección IP de destino.

- **Siguiente**: dirección IP del siguiente equipo (encaminador) para alcanzar el destino.

- **Métrica**: información sobre el coste de esa ruta (dependiendo del algoritmo de encaminamiento utilizado).

- **Interfaz**: nombre del puerto del equipo local por donde enviar el mensaje hacia el destino. Ejemplos de nombres de puertos en encaminadores son "Serial0/0", "Ethernet0/1", etc.

3.7.2 Protocolo IPX

El protocolo IPX forma parte del nivel de red definido en la arquitectura de protocolos Novell; en este apartado se comentará por encima ya que la tendencia actual es hacia la desaparición del ya mencionado protocolo (las últimas versiones de Novell se orientan a trabajar sobre TCP/IP y así ofrecer una completa conectividad con redes de área extensa). En versiones anteriores se utilizaba un encapsulado de TCP/IP sobre IPX/SPX o al revés.

IPX define un servicio de envío de paquetes sin conexión y, al contrario que su homólogo IP, provee de entrega de información a procesos y no entre máquinas. En este caso, también se trata de un protocolo dependiente de la red subyacente y el formato de mensaje puede definirse de diferente manera para cada red.

Las direcciones IPX en una red Novell se asignan a los servidores NetWare, mientras que las estaciones clientes se identifican por su dirección MAC. Una dirección IPX consta de dos partes:

- Dirección externa de la red (o número de subred) que especifica el número de red y tiene un tamaño de 8 *bytes* (de 0 a FFFFFFFF).

- Dirección interna (o número de nodo) que especifica el servidor dentro de esa red y tiene una longitud de 12 bytes (de 0 a FFFFFFFFFFFF).

Estas direcciones pueden configurarse de forma manual, aunque también es posible dejar al sistema operativo que establezca direcciones aleatorias. Además, dentro de cada paquete IPX se incluye junto con las direcciones externa e interna otro **número de conector** que identifica las aplicaciones que se comunican (con una longitud de 4 bytes, de 0 a FFFF), aunque éste se asigna internamente por la arquitectura.

3.8 DIRECCIONES FÍSICAS Y LÓGICAS

Como se explica en los apartados anteriores, los equipos de una red local están identificados por dos direcciones: una dirección MAC (también conocida como **dirección física**) y una dirección IP (también llamada **dirección lógica**). Las direcciones físicas son utilizadas por el nivel de enlace de datos para identificar los equipos y llevar a cabo un control del acceso al medio compartido, por su parte, las direcciones de red se utilizan para identificar los equipos y realizar el encaminamiento.

Otros protocolos importantes a nivel de red son **ARP** (*Address Resolution Protocol* o Protocolo de Resolución de Direcciones) y **RARP** (*Reverse Address Resolution Protocol* o Protocolo de Resolución de Direcciones Inverso). Estos protocolos se utilizan para que los equipos puedan conocer la dirección MAC de otro equipo a partir de su dirección IP o al revés. Estos protocolos son necesarios para mantener de una manera coherente los mecanismos de asignación de direcciones a nivel de enlace y nivel de red.

TEST DE CONOCIMIENTOS

1. La característica principal que define el modelo OSI es:

a) Cada capa está diseñada para realizar una función bien definida.

b) Un cambio en una capa no debe afectar a las demás.

c) Cada capa debe interaccionar exclusivamente con la superior e inferior.

d) Todas son ciertas.

2. La principal función del subnivel MAC es:

a) Identificar a los equipos mediante las direcciones MAC.
b) Definir protocolos que controlen el acceso al medio.
c) Evitar que se produzcan colisiones.
d) Todas son ciertas.

3. El protocolo CSMA es:

a) Con detección de portadora.
b) Sin detección de portadora.
c) Libre de colisiones.
d) Utiliza un tiempo ranurado.

4. Las redes Ethernet se definen en el estándar:

a) IEEE 802.2.
b) IEEE 802.3.
c) IEEE 802.4.
d) IEEE 802.5.

5. Una dirección MAC se usa para:

a) Realizar control de acceso al medio.
b) Detectar las colisiones.
c) Identificar a los equipos de forma única.
d) Decidir la ruta para llegar al destino.

6. Las redes Ethernet pueden funcionar a una velocidad máxima de:

a) 100 Mbps.
b) 1 Gbps.
c) 10 Gbps.
d) 100 Gbps.

7. Una dirección IP se usa para:

a) Identificar a los equipos de forma única.

b) Facilitar la localización de un equipo en la red.

c) Ayudar a decidir cuál es la mejor ruta hasta el destino.

d) Todas son ciertas.

8. La métrica se utiliza para:

a) Especificar cuál es el coste de la ruta.

b) Decidir cuál es la mejor ruta hasta el destino.

c) Identificar la red de destino.

d) Las respuestas *a* y *b* son ciertas.

9. El protocolo IPv6:

a) Permite que se puedan identificar muchos más equipos en una red.

b) Elimina las limitaciones de IPv4.

c) Reduce el tamaño de las tablas de encaminamiento.

d) Todas son ciertas.

10. Una dirección física es:

a) La que ayuda a identificar la mejor ruta hasta el destino.

b) La que determina el destinatario en un medio compartido.

c) La que permite controlar la congestión en los enlaces.

d) Ninguna es cierta.

Capítulo

4

INSTALACIÓN Y CONFIGURACIÓN DE LOS NODOS DE LA RED DE ÁREA LOCAL

La instalación de una red local requiere de la colocación en su lugar de todos los equipos (ordenadores y dispositivos de interconexión). A continuación, hay que dotar a estos equipos de los adaptadores necesarios para poder conectarlos a través del cableado. Finalmente, es necesario llevar a cabo una serie de tareas que permitan establecer los parámetros de configuración necesarios para que todos los equipos se puedan comunicar usando los protocolos de red de la arquitectura utilizada.

En este capítulo se explican todas las operaciones necesarias para configurar los equipos de la red en base a los parámetros establecidos para los protocolos de comunicación utilizados. Estos equipos pueden ser ordenadores (con sistemas operativos Microsoft Windows o GNU/Linux) o dispositivos de interconexión (que habitualmente utilizan otros sistemas operativos como Cisco IOS).

4.1 EL ARMARIO DE COMUNICACIONES

El **armario de comunicaciones**, también conocido como **armario de distribución**, es una estructura rígida donde se colocan los dispositivos de interconexión de la red e, incluso, algunos servidores. A estos armarios es donde también confluyen los cables de comunicación, ya sea de una planta o de todo el edificio.

Dada la enorme cantidad de dispositivos y conexiones de cableado que puede albergar un armario de comunicaciones, es necesario realizar una instalación adecuada que permita no solamente mantener un orden estético, sino más importante todavía, facilitar todas las operaciones de mantenimiento y reparación que se puedan llevar a cabo en el futuro.

Existen varios tipos de armarios de comunicaciones, dependiendo del lugar que ocupan dentro del cableado estructurado de la organización:

- **Distribuidor de campus**: usado para conectar los diferentes edificios.

- **Distribuidor de edificio**: se monta en la sala de equipamiento.
- **Distribuidor de planta**: donde confluyen las conexiones de una planta completa.

4.1.1 Elementos del armario de comunicaciones

Los elementos que componen un armario de comunicaciones son los siguientes (véase la figura 4.1):

- **Estructura o armazón**: es la estructura exterior del armario, habitualmente de metal, cuya rigidez permite soportar el peso de todos los elementos que se encuentran en su interior. Esta estructura suele disponer de una puerta frontal para el acceso al interior que habitualmente se puede cerrar con llave para evitar el acceso de personas no autorizadas. También suele disponer de placas desmontables en los laterales, la parte superior, la parte inferior o la parte trasera, que facilitan la instalación del armario o las operaciones de mantenimiento.
- **Guías para el montaje en *rack***: son unas estructuras metálicas alargadas y con perforaciones que se utilizan para fijar los dispositivos de interconexión dentro del armario. Estas estructuras se montan en vertical y se sitúan en el interior del armario, a ambos lados de los laterales.
- **Paneles de distribución**: son elementos que se utilizan para fijar y conectar los extremos de todos los cables que llegan hasta el armario. Gracias a estos paneles, las conexiones son mucho más seguras y resistentes, además de que facilitan los cambios y ayudan a identificar las diferentes conexiones. Su montaje debe hacerse con los puertos mirando hacia adelante para que estos sean accesibles. A estos equipos también se les conoce como **paneles de parcheo**.
- **Dispositivos de interconexión**: son los equipos que forman parte de la red de comunicación y que se instalan gracias a las guías de montaje en *rack*. Su montaje debe hacerse con los puertos mirando hacia adelante para que estos sean accesibles.
- **Cableado horizontal**: es el cableado que habitualmente llega al armario a través de las canalizaciones interiores o exteriores que hay en la pared y que se conectan directamente a los paneles de parcheo, por su parte trasera.
- **Latiguillos de conexión**: son los cables que conectan los paneles de parcheo con los dispositivos de interconexión. Es recomendable que estas conexiones se realicen por la parte frontal del armario donde se encuentra la puerta de acceso, así serán mucho más fáciles de acceder y de manejar. Según los estándares de cableado estructurado, a cada conexión o puerto de un panel se le denomina **canal de telecomunicaciones**.

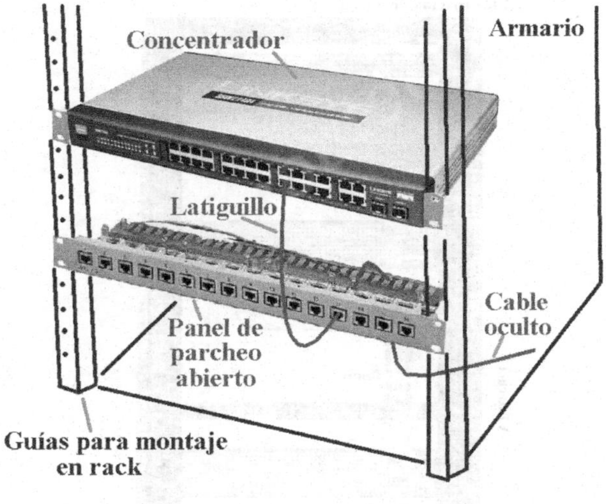

Figura 4.1. Organización de un armario de comunicaciones. Cada dispositivo de interconexión necesita un panel de conexiones para conectarse al cableado de la instalación

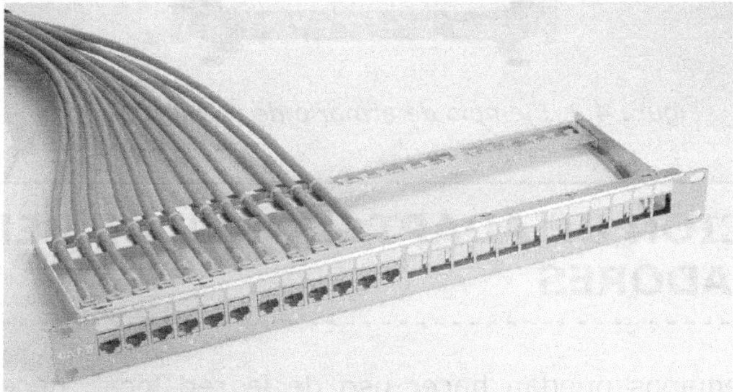

Figura 4.2. Montaje de un panel de distribución. Al usar este tipo de elementos se evitan problemas futuros, sobre todo el hecho de que muchos conectores se deterioran fácilmente con el uso

4.1.2 Representación en el armario de las tomas de red de los nodos

Una buena organización y conexión en un armario de comunicaciones permite encontrar fácilmente los distintos elementos y las conexiones, a la hora de realizar cambios o encontrar problemas de funcionamiento. Todo ello se consigue manteniendo todos los puertos y las conexiones en el frontal, identificando también todos ellos con el etiquetado correspondiente.

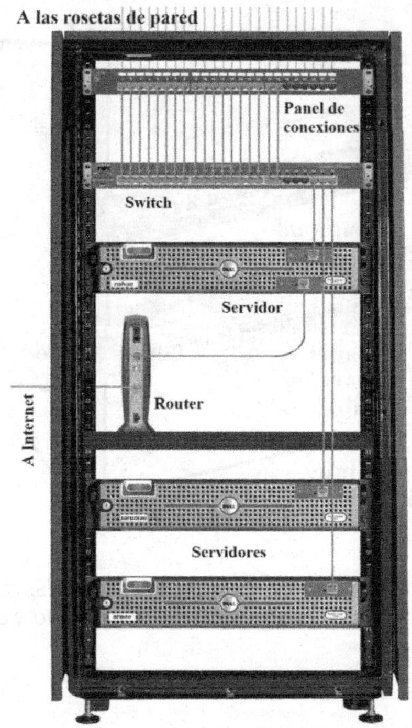

Figura 4.3. Ejemplo de armario de comunicaciones

4.2 INSTALACIÓN DE ADAPTADORES DE RED Y CONTROLADORES

Para que los equipos puedan hacer uso de la red local, necesitan disponer de los adaptadores necesarios, ya sean cableados o inalámbricos. Muchos equipos ya disponen de ellos, aunque otros deben ser adquiridos e instalados en los puertos o ranuras de expansión correspondientes.

Cuando se añade un adaptador de red a un equipo, sobre todo si se conecta a una ranura de expansión interna, hay que tener una serie de precauciones en el montaje. La más importante es el uso de guantes para evitar cortes y que la propia electricidad estática de nuestro cuerpo pueda dañar los elementos electrónicos integrados. Una vez que el adaptador ha sido conectado al equipo, el siguiente paso consiste en instalar los programas controladores para que el sistema operativo pueda manejarlos. Estos programas controladores también pueden requerir de la configuración de ciertos parámetros relacionados con el nivel físico y de enlace de datos de la arquitectura de red con la que van a trabajar. En la tabla 4.1 se explican los parámetros de configuración más importantes de algunas redes de comunicaciones.

Tabla 4.1. Parámetros de comunicación de algunas redes de comunicación

Red	Parámetro	Significado
Ethernet cableada	Velocidad de transmisión y modo	Es la velocidad que utiliza la red (10 Mbps, 100 Mbps o 1 Gbps) y el modo de transmisión (semidúplex o dúplex integral). Normalmente se establece un valor automático (el adaptador detecta los valores en uso por la red).
	Despertar en red	Se utiliza para indicar si el adaptador de red envía una orden para iniciar el ordenador cuando recibe algún mensaje a través de la red. Para que esto sea posible, el adaptador debe estar conectado a la placa base del ordenador a través de la conexión Wake on LAN.
	Dirección de memoria e interrupción	Se utiliza para que el sistema operativo pueda comunicarse con el adaptador. La interrupción se usa para indicar que se recibe información del adaptador y que está disponible en la dirección de memoria indicada.
WiFi	SSID	Es el identificador de la red inalámbrica a la que se conecta el adaptador.
	Modo de operación	Es el modo en el que opera la red. Puede ser: Infraestructure (es una red con puntos de acceso) o Ad hoc (es una red sin puntos de acceso, es decir, solamente con ordenadores).
	Velocidad de transmisión	Es la velocidad de transmisión de la red que depende del estándar utilizado (11 Mbps, 54 Mbps, etc.).
	Canal	Es el canal de comunicación que utiliza la red y el mismo que tienen que utilizar todos los equipos para conectarse a ella.
	Cifrado	Indica si se utiliza cifrado para las comunicaciones de la red. Puede ser: WEP (cifrado con clave fija) o WPA (clave compartida que cambia con el tiempo).
	Dirección de memoria e interrupción	Se utiliza para que el sistema operativo pueda comunicarse con el adaptador. La interrupción se usa para indicar que se recibe información del adaptador y que está disponible en la dirección de memoria indicada.

4.2.1 Instalación en Microsoft Windows

Todas las versiones de Microsoft Windows, desde la 3.11, ofrecen soporte para el trabajo dentro del ámbito de una red de área local. Aunque en sus primeras versiones la administración de la red se realizaba de una forma muy simplificada, en las versiones actuales ésta se ha completado ofreciendo a usuarios y administradores la potencia necesaria para el trabajo en entornos de redes de gran tamaño, con gran cantidad de equipos conectados y muchos recursos compartidos.

Los sistemas operativos de Microsoft siempre se han caracterizado por su simplicidad en los procesos de instalación y configuración de nuevos dispositivos. Este apartado cubre desde la instalación y configuración de una tarjeta de red hasta la gestión de aplicaciones de red en servidores.

La configuración de red en Microsoft Windows requiere el uso de una cuenta de usuario que disponga de los privilegios necesarios para realizar las operaciones necesarias. Normalmente, una instalación típica de Microsoft Windows concede este privilegio a la cuenta definida en el equipo o a una cuenta definida por defecto que tiene todos los privilegios sobre el sistema, denominada **cuenta de Administrador**.

La instalación de un adaptador de red en un entorno Microsoft Windows resulta bastante sencilla ya que el sistema operativo detecta el adaptador e inicia un asistente para simplificar todo el proceso. Solamente hay que especificar la ubicación de los archivos que contienen los controladores de dispositivos (*drivers*), que normalmente se suministran con el adaptador o pueden estar incluidos en la versión de Windows. En caso de que el adaptador no sea detectado, será necesario iniciar la utilidad **Agregar nuevo hardware** o **Agregar un dispositivo** accesible desde el **Panel de control**.

Es recomendable utilizar el disco de controladores suministrado por el fabricante antes que los incluidos en los discos de instalación del propio sistema operativo (a no ser que estos últimos contengan una versión más actualizada). Dada la popularidad de los entornos Windows, los fabricantes suelen incluir los archivos de controladores para estos sistemas, siendo más difícil encontrar los necesarios para otros sistemas.

Dependiendo de la versión de Windows, es posible que una vez instalados los controladores, el sistema solicite el disco de instalación del sistema operativo para copiar otros archivos necesarios (normalmente, los relacionados con el cliente de red, la pila de protocolos, etc.). Seguidamente, se solicita reiniciar el equipo para que todos los programas y controladores instalados se carguen en memoria en el siguiente inicio de sesión.

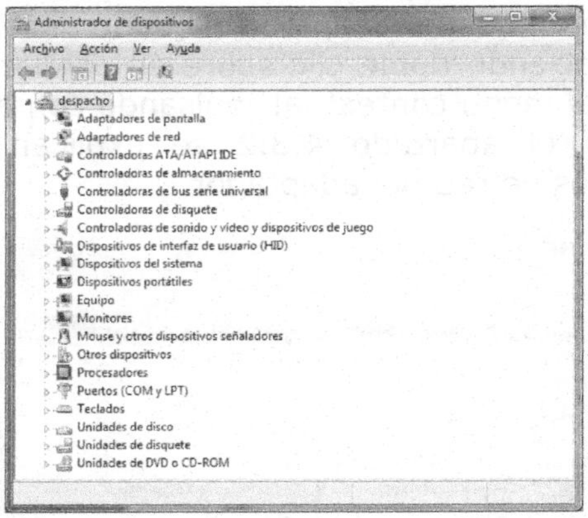

Figura 4.4. Ventana del administrador de dispositivos en Windows 7. Aquí se puede comprobar qué dispositivos se encuentran instalados y cuáles no (aparecen en el icono "Otros dispositivos"), además de modificar sus parámetros de configuración. Una vez instalado el adaptador y los controladores, Microsoft Windows habilita un icono en el menú de inicio para acceder a la configuración de la red y para utilizar los servicios que ésta ofrece. Las opciones de configuración de las conexiones de red son accesibles, dependiendo de la versión, desde distintos lugares del entorno de Microsoft Windows, como el escritorio, el menú de inicio (en los iconos llamados "Entorno de red" o "Mis sitios de red"), la opción "Accesorios" del menú de inicio (accediendo a "Comunicaciones || Conexiones de red") o el Centro de redes y recursos compartidos

Después de haber instalado los controladores y haber reiniciado el equipo, es el momento para conectar el cable de red. Esta operación se puede realizar en cualquier momento, en el caso de tarjetas que utilicen cableado de par trenzado (habrá que comprobar si se enciende la luz de conexión de la tarjeta). Sin embargo, si se está usando una tarjeta de cable coaxial, primero hay que conectar el cable y luego iniciar el sistema, ya que, si se hace al revés, el adaptador no se conecta a la red. Al iniciar, debe aparecer el icono de la tarjeta dentro del **administrador de dispositivos** (accesible desde la utilidad **Sistema** del **Panel de control** seleccionando la opción "Hardware || Administrador de dispositivos"). La figura 4.4 muestra la ventana del administrador de dispositivos en Windows 7.

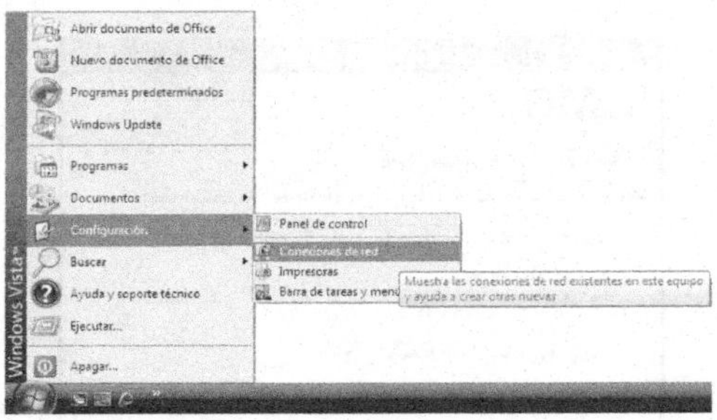

Figura 4.5. Acceso a la configuración de red en Windows Vista. Desde la opción "Conexiones de red" se puede acceder a la configuración de los diferentes adaptadores de red instalados en el equipo

Cuando se accede a las conexiones de red de Microsoft Windows se muestra una serie de iconos que se corresponden con todos los adaptadores de red instalados en el equipo (véase la figura 4.6). Cada uno de estos adaptadores tiene asociada una configuración de red diferente, que es accesible haciendo doble clic sobre el icono correspondiente y pulsando el botón "Propiedades" o desde el menú contextual (pulsando con el botón derecho del ratón) en la opción "Propiedades". En el apartado 4.3.2 se explican los pasos para realizar la configuración de los parámetros de red del adaptador.

Figura 4.6. Ventana de conexiones de red en Windows Vista. En esta ventana se muestran todas las conexiones de red disponibles en el equipo, que se corresponden con los diferentes adaptadores de red instalados. Esta ventana es muy similar en otras versiones como Windows XP o Windows 7

Cuando se instalan los programas controladores de un adaptador de red inalámbrico también se instala una serie de programas que permiten configurar los parámetros de la red inalámbrica a través de ventanas. Cada uno de estos programas puede diferir en aspecto dependiendo del fabricante y modelo de adaptador, aunque todos ellos incluyen más o menos los mismos parámetros. La única excepción a esto la constituye el sistema operativo Microsoft Windows XP/Vista, que incluyen sus propios programas de configuración de los parámetros de la red inalámbrica, por lo que no es necesario instalar los programas del fabricante. La figura 4.7 muestra la ventana de configuración de los parámetros de la red inalámbrica para un adaptador del fabricante SMC mientras que la figura 4.8 muestra la ventana de configuración que incluye Windows 7.

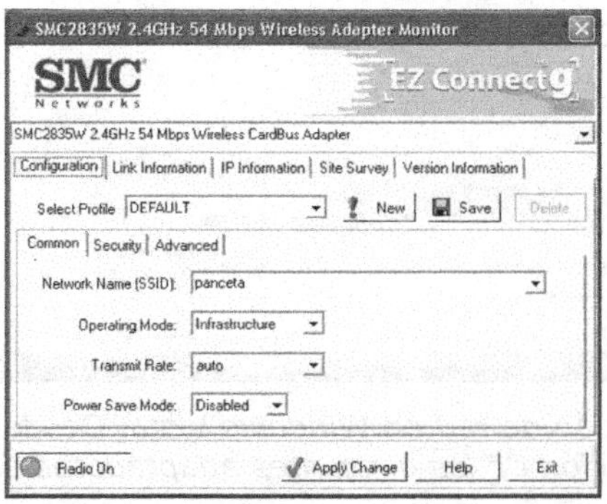

Figura 4.7. Ventana de configuración de un adaptador de red inalámbrico del fabricante SMC. Esta ventana es accesible desde un icono que aparece en la parte derecha de la barra de tareas cuando se instala el controlador

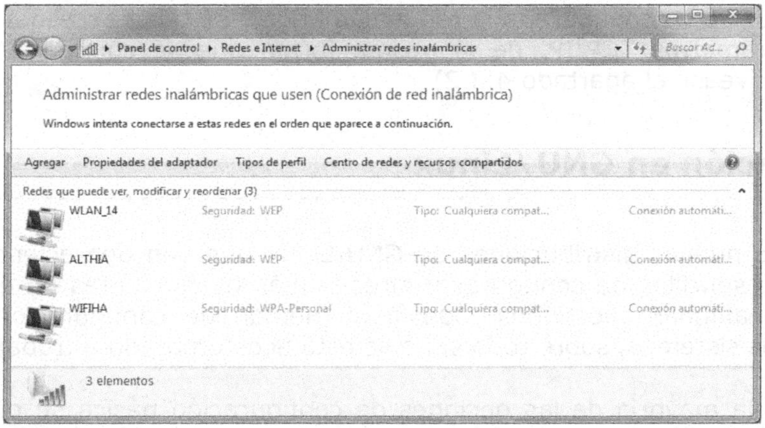

Figura 4.8. Ventana de configuración inalámbrica en Windows 7. Esta ventana es accesible desde el Centro de redes y recursos compartidos, pulsando en el enlace "Administrar redes inalámbricas". También se puede acceder a una ventana similar si se pulsa sobre el icono correspondiente que aparece en la barra de tareas

Para configurar un adaptador de red inalámbrico en Windows lo primero que hay que hacer es configurar los parámetros inalámbricos. Si la red es de tipo Ad hoc, deberemos establecer el identificador (SSID) y el canal de comunicación. Si la red es de tipo *Infraestructure*, solamente deberemos configurar el identificador (SSID). En caso de que la red utilice cifrado WEP o WPA, también hay que indicarlo en la configuración del adaptador. Si la configuración es correcta, cuando se realice la conexión con la red inalámbrica, aparecerá un mensaje en la barra de tareas indicando esta situación.

Si la red es de tipo *infraestructure* hay que configurar también el punto de acceso inalámbrico (se trata de un **dispositivo gestionado**). Esto se hace accediendo a su ventana de configuración a través del navegador de Internet y utilizando la dirección IP que tenga asignada el punto de acceso, un nombre de usuario y una contraseña. Se recomienda que el acceso a esta configuración se realice a través de la conexión de red Ethernet del punto de acceso, ya que si se hace a través de la conexión inalámbrica, ésta se puede perder si se cambian los parámetros del punto de acceso.

Es muy recomendable utilizar algún método de cifrado (WEP o WPA) para proteger nuestra red inalámbrica, ya que cualquier persona que se encuentre en el radio de acción podrá conectarse y obtener información si no se ha establecido el cifrado. Se recomienda utilizar el cifrado WPA ya que es más seguro, aunque la red inalámbrica se puede ver algo ralentizada y hay dispositivos que no soportan este tipo de cifrado.

También es recomendable utilizar lo que se conoce como filtro de direcciones MAC, que consiste en establecer una lista de direcciones MAC que están autorizadas a acceder a la red inalámbrica. De esta forma, se impide que cualquier usuario con una dirección MAC no autorizada pueda conectar con la red inalámbrica. Esta configuración se establece en los puntos de acceso de la red inalámbrica.

Una vez que se ha configurado la red inalámbrica y se tiene acceso a ella, es necesario configurar los parámetros TCP/IP, de la misma forma que se configura en un adaptador Ethernet de cable (véase el apartado 4.3.2).

4.2.2 Instalación en GNU/Linux

Aunque las nuevas distribuciones de GNU/Linux que van apareciendo en el mercado son cada vez más sencillas de configurar y ofrecen más herramientas en entorno gráfico, lo cierto es que en algunas cuestiones todavía el método de configuración puede ser más complejo que otros sistemas, sobre todo si no se está acostumbrado a trabajar con Linux.

De hecho, la mayoría de las opciones de configuración básica se pueden realizar sin problemas a través de utilidades en entorno gráfico y de forma parcialmente automática. Sin embargo, cuando la configuración se aleja de las situaciones normales o es necesario configurar servicios específicos, entonces el administrador no tiene más remedio que pelearse con archivos de texto repartidos por todo el sistema de ficheros.

Cualquier dispositivo del sistema tiene asociado un archivo en Linux para poder hacer referencia a él. Estos archivos de dispositivo especiales se ubican en la carpeta */dev* de la instalación del sistema. Esta situación también es aplicable a los adaptadores de red que Linux detecta. Por ejemplo, un adaptador Ethernet puede tener asociado el dispositivo *eth0*, un adaptador inalámbrico *wlan0*, un módem *ppp0*, un adaptador Token Ring *tr0*, etc.

Las operaciones más sencillas que se pueden realizar con un adaptador de red en Linux son activarlo o desactivarlo. Cuando un adaptador de red está desactivado, no puede enviar o recibir información por la red. Es un estado parecido a cuando una unidad de disco se encuentra conectada al ordenador pero está desmontada. Solamente cuando se activa el dispositivo es posible enviar o recibir información a través de él. El comando que se utiliza para activar una interfaz de red y que sirve para cualquier distribución de Linux es *ifup*, que debe ser ejecutado con privilegios de administrador (*root*). Por ejemplo:

```
# ifup eth0
```

Y el comando que permite desactivar una interfaz de red es *ifdown*, por ejemplo:

```
# ifdown eth0
```

Además de estos comandos, también pueden existir herramientas gráficas en diferentes distribuciones de Linux que permiten activar y desactivar interfaces de red.

La configuración de un adaptador de red en Linux requiere también de la instalación del controlador de dispositivo asociado. Este controlador se añade al sistema como un **módulo cargable del núcleo**, de forma que se inicia cuando se pone en marcha el núcleo de Linux. También es posible incluir ese módulo dentro del núcleo de Linux, pero esta opción está reservada a aquellos que tienen conocimientos avanzados sobre el sistema.

NOTA 4.1:

En los sistemas Linux se denomina **módulo cargable del núcleo** a cualquier programa que se carga dentro del núcleo del sistema operativo y se utiliza normalmente para controlar a un dispositivo concreto. Este término es equivalente a los controladores de dispositivos o *drivers* utilizados en otros sistemas operativos como Microsoft Windows.

En las versiones actuales de Linux no es necesario configurar manualmente el adaptador de red instalado, ya que el núcleo o las herramientas de detección de hardware suelen encontrarlo automáticamente para seleccionar el módulo de carga adecuado. Sin embargo, sí es necesaria esa configuración manual cuando hay problemas en la detección o existe más de una tarjeta instalada.

Para las tarjetas de red *Ethernet* en sus diferentes velocidades de conexión, Linux asigna un nombre de controlador al estilo *ethx*, donde *x* es un número entero entre 0 y 3. En realidad, ese nombre es un alias asociado con el controlador específico de la tarjeta (módulo cargable). Si el sistema detecta la tarjeta de red instalada en el primer arranque, el comando siguiente debe devolver un conjunto de parámetros que comienzan con *eth0* (en caso contrario, indicará que no conoce ese adaptador de red):

```
# ifconfig eth0
```

El comando anterior siempre muestra información sobre todos los adaptadores de red instalados en el sistema. Incluso si no existe ningún adaptador de red instalado, mostrará información sobre el adaptador llamado *lo* (*Local Loopback* o Bucle Local), que se trata de un adaptador de red virtual o ficticio. Este adaptador ficticio es necesario porque el sistema operativo necesita que la red se encuentre instalada, incluso aunque los mensajes que se envíen por esta interfaz lleguen al mismo equipo (como un bucle o un lazo).

El paso siguiente en la configuración del adaptador de red consiste en establecer los parámetros de la conexión (véase el apartado 4.3.2).

EJEMPLO 4.1

Veamos cómo se realiza la configuración de un adaptador de red en la distribución Fedora, usando las herramientas de entorno gráfico. Una vez detectada la tarjeta, sólo hay que especificar el módulo a cargar (controlador) y los parámetros de TCP/IP. Todo ello se puede configurar desde las opciones disponibles en el entorno gráfico, en Gnome es "Sistema || Administración || Red", dentro de la pestaña "Dispositivos". La figura 4.9 muestra la ventana principal de esta utilidad.

Si el núcleo detecta algún dispositivo instalado, cargará de forma automática el módulo correspondiente. Puede ocurrir que no detecte el modelo de tarjeta instalada, pero, en ese caso, la podemos seleccionar de una lista desde la página "Hardware" y pulsando el botón "Modificar", siempre en la ventana de configuración de red (véase la figura 4.10). En caso de que el adaptador de red no aparezca en la lista, habrá que buscar otro compatible o instalar el controlador proporcionado por el fabricante.

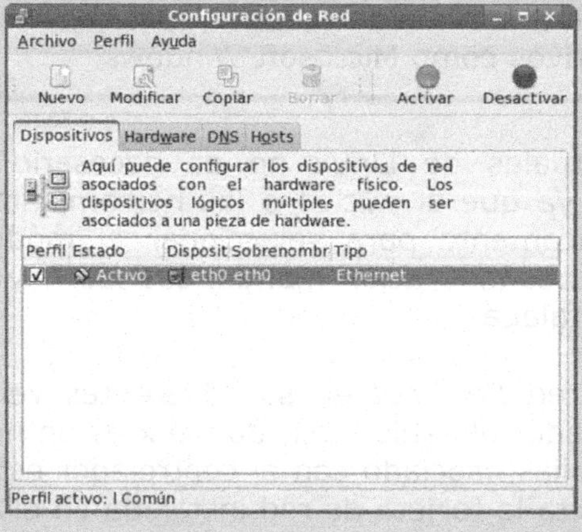

Figura 4.9. Ventana principal de configuración de un adaptador de red en Fedora. En esta ventana aparece una lista de los adaptadores de red detectados que pueden activarse o desactivarse en cualquier momento. Utilizando los botones "Agregar" y "Configurar" es posible establecer los parámetros del dispositivo en lo que se refiere a tipo y fabricante, nombre del controlador, etc.

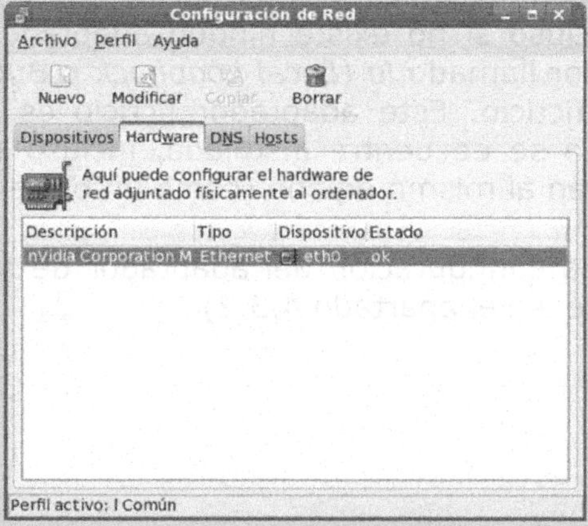

Figura 4.10. Configuración hardware de un adaptador de red en Fedora. Utilizando el botón "Modificar" podemos establecer el fabricante y modelo del dispositivo

EJEMPLO 4.2

En el caso de los sistemas OpenSUSE, la idea básica de configuración del adaptador es la misma que en Fedora, pero los programas gráficos son diferentes. Si se dispone de YaST, la configuración resulta bastante sencilla ya que estos programas ofrecen un entorno centralizado con todas las opciones necesarias.

Desde YaST, la configuración es similar, aunque el acceso a las ventanas es distinto. Para establecer el modelo de adaptador de red, hay que acceder a la configuración avanzada desde "Dispositivos de red || Tarjeta de red" y, en la ventana que aparece, seleccionar el adaptador de red, pulsar el botón "Configure" (configurar) y después la pestaña "Hardware", lo que mostrará una ventana como la de la figura 4.11.

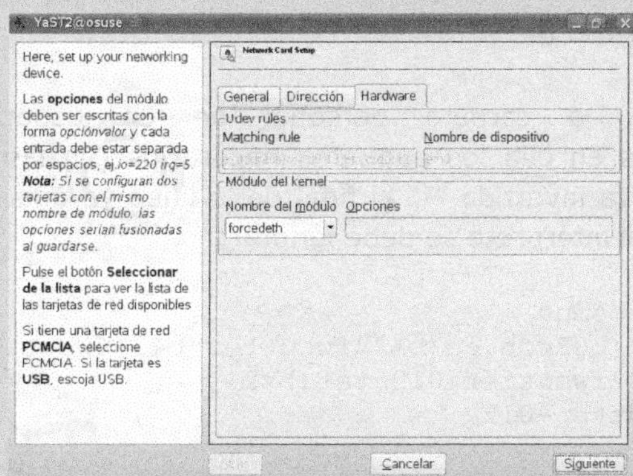

Figura 4.11. Configuración hardware de un adaptador de red en YaST. En esta ventana se puede seleccionar el modelo de adaptador de red pulsando en "Seleccionar desde lista"

En los sistemas OpenSUSE se puede utilizar también el comando *rcnetwork* que permite poner en marcha o parar las interfaces de red del equipo.

Al igual que las tarjetas de cable *Ethernet*, las tarjetas inalámbricas también tienen asociado en Linux un nombre de controlador al estilo *ethx* o *wlanx*, donde *x* es un número entero entre 0 y 3. Se puede usar también el comando *ifconfig* para comprobar si el adaptador inalámbrico ha sido detectado por el sistema, en caso afirmativo mostrará una serie de valores establecidos por defecto.

El ejemplo 4.3 muestra cómo instalar un controlador para un adaptador inalámbrico cuando el programa de instalación de Linux no ha podido detectarlo o no está disponible en la distribución GNU/Linux utilizada.

EJEMPLO 4.3

El siguiente ejemplo muestra los pasos a seguir para instalar el módulo (controlador) necesario para que Debian 5 detecte el adaptador inalámbrico Broadcom BCM4318 de un equipo portátil Apple PowerBook G4. Es necesario una conexión a Internet (usando el adaptador de red cableado, por ejemplo) y acceder como usuario root para completar estos pasos:

1. Instalamos los paquetes para compilar programas (si es que no están instalados ya):

```
# apt-get install make
# apt-get install gcc-4.1
# cd /usr/bin
# ln -s gcc-4.1 cc
```

2. Nos vamos a la carpeta personal de un usuario, descargamos y descomprimimos en ella los paquetes necesarios (en las órdenes *wget* se ha incluido una barra invertida "\" al final de la línea ya que ésta es muy larga, al introducirla en el intérprete se debe ignorar):

```
# cd /home/pacomus
# wget http://bu3sch.de/b43/fwcutter/b43-fwcutter- 012.tar.bz2
# tar xjf b43-fwcutter-012.tar.bz2
# cd b43-fwcutter-012
# make
# cd ..
# wget http://downloads.openwrt.org/sources/broadcom-\
wl-4.80.53.0.tar.bz2
# tar xjf broadcom-wl-4.80.53.0.tar.bz2
# cp -r broadcom-wl-4.80.53.0/kmod/* /lib/firmware/
```

3. Creamos los archivos que contienen los módulos de los adaptadores inalámbricos:

```
# cd b43-fwcutter-012
# ./b43-fwcutter -w /lib/firmware /lib/firmware/wl_apsta.o
# ls -l /lib/firmware
```

4. Finalmente, se reinicia el sistema para que el núcleo cargue los controladores necesarios. A partir de ese momento, el adaptador inalámbrico estará disponible para realizar la configuración de red necesaria (véase el apartado 4.3.2).

La configuración de un adaptador de red inalámbrico requiere de dos pasos: por un lado, configurar los parámetros TCP/IP y, por otro, configurar los parámetros relacionados con la red inalámbrica (en el apartado 4.3.1 se enumeran todos los parámetros que son necesarios establecer para que la conexión de red inalámbrica funcione correctamente). Esta configuración se realiza a través de órdenes, modificando determinados archivos de configuración o con herramientas gráficas.

La configuración de un adaptador de red inalámbrico a bajo nivel se realiza con el comando *iwconfig*, que guarda todos los parámetros en el archivo */proc/net/wireless* (puede cambiar su ubicación y nombre dependiendo de la distribución y versión de Linux). Este comando está disponible cuando se instala en el sistema el paquete *wireless-tools*. La sintaxis de *iwconfig* para consultar la configuración actual es la siguiente:

```
iwconfig [interfaz]
```

Por su parte, para establecer o modificar la configuración inalámbrica se usa la siguiente sintaxis:

```
iwconfig interfaz [essid X] [nwid N] [mode M] [freq F]
        [channel C] [sens S] [ap A] [nick NN] [rate R]
        [rts RT] [frag FT] [txpower T] [enc E] [key K]
        [power P] [retry R] [modu M] [commit]
```

Los argumentos más importantes son los siguientes (para una descripción completa puede consultar la ayuda *man* de este comando):

- **interfaz**: especifica el nombre del adaptador inalámbrico sobre el que se va a especificar la configuración.
- **essid *X***: establece el nombre de la red (SSID) a la que se va a conectar por defecto el adaptador. Este nombre se indica entre comillas dobles, aunque también se puede indicar el valor *any* para conectarse con cualquier red (hay que anteponer "--" si el nombre de la red se llama "any").
- **mode *M***: especifica el modo de operación del dispositivo, que depende de la topología de la red. Este modo puede ser Ad hoc (red sin puntos de acceso), *Managed* (red compuesta de puntos de acceso), *Master* (el equipo actúa como punto de acceso para la red), *Repeater* (el equipo hace reenvío de paquetes entre diferentes nodos de la red), *Secondary* (el equipo funciona como un *Master* o *Repeater* de respaldo o secundario), *Monitor* (el equipo no se conecta con ninguna red pero es capaz de capturar todos los paquetes que recibe en la frecuencia indicada en *freq*) o *Auto*.
- **freq *F***: establece la frecuencia operativa del dispositivo. Un valor por debajo de 1.000 indica un número de canal, mientras que un valor mayor que 1.000 indica una frecuencia en Hz. Se pueden usar los sufijos *k*, *M* o *G* para valores de KHz, MHz o GHz. Se puede usar el comando *iwlist* para obtener las frecuencias de las

redes actualmente disponibles. Cuando se conecta a una red de tipo *Managed*, el sistema puede rechazar el comando si se indica una frecuencia distinta para la red. Si se conecta a una red Ad hoc, la frecuencia indicada puede establecerse si es el primer equipo en la red o en caso contrario se ignorará este argumento. También se puede usar el valor *auto* para que el sistema tome un valor automáticamente.

- **channel *C***: establece el canal operativo del dispositivo. Un valor por debajo de 1.000 indica un número de canal, mientras que un valor mayor que 1.000 indica una frecuencia en Hz. Se puede usar el comando *iwlist* para obtener los canales de las redes actualmente disponibles. Cuando se conecta a una red de tipo *Managed*, el sistema puede rechazar el comando si se indica un canal distinto para la red. Si se conecta a una red Ad hoc, el canal indicado puede establecerse si es el primer equipo en la red o en caso contrario se ignorará este argumento. También se puede usar el valor *auto* para que el sistema tome un valor automáticamente.

- **sens *S***: establece la sensibilidad del dispositivo para las condiciones de operación (baja señal o interferencias). Este valor indica al dispositivo que, si la señal baja del valor mínimo indicado, intente buscar un punto de acceso con mejores condiciones. Los valores indicados pueden ser positivos para hacer referencia a la potencia de la señal, mientras que valores negativos se corresponden con el ruido en dB. En dispositivos antiguos, este valor indica a la tarjeta inalámbrica si puede transmitir por la red o no.

- **ap *A***: fuerza al adaptador a registrarse al punto de acceso indicado en *A*, si es posible. La dirección indicada en *A* se puede obtener de una exploración de la red y corresponde con el identificador del punto de acceso, que puede ser diferente de su dirección MAC. Si la red solamente está formada por dos equipos, se debe indicar la dirección del otro equipo, mientras que si es Ad hoc, se indica el identificador de celda. Se puede usar el valor *auto* para que el sistema conecte con el mejor punto de acceso.

- **rate *R***: se usa para indicar la tasa de transferencia en bits/s para adaptadores que pueden trabajar a diferentes velocidades. Se pueden indicar valores con los sufijos *k*, *M* o *G* para velocidades indicadas en Kbps, Mbps o Gbps. Se puede usar el valor *auto* para que el dispositivo seleccione la mejor velocidad dependiendo de la red y de las condiciones de señal y ruido.

- **rts *RT***: realiza una comprobación de que el canal está libre antes de transmitir. Este mecanismo sobrecarga un poco la capacidad de proceso del equipo, pero añade una mayor eficiencia en la comunicación y el uso de la red. En RT se establece el tamaño mínimo del paquete, aunque también se pueden usar los valores *auto*, *fixed* u *off*.

- **frag *FT***: permite dividir los paquetes en una serie de fragmentos más pequeños para ser transmitidos independientemente. Este mecanismo no es eficiente en condiciones normales de funcionamiento de la red, pero resulta muy útil cuando se dispone de una señal baja o una tasa de ruido elevada. Se puede indicar el tamaño máximo del paquete o los valores *auto*, *fixed* u *off*.

- **key** ***K***: especifica la clave de cifrado de la red, si es que ésta tiene establecido este mecanismo de cifrado. Se puede indicar un valor en hexadecimal o una cadena de caracteres si se antepone "s:". Se pueden indicar también varias claves anteponiendo un índice entre corchetes [ ].

- **commit**: indica que se apliquen los cambios en la configuración inmediatamente.

En los ejemplos 4.4, 4.5, 4.6 y 4.7 se muestran algunos casos concretos para las distribuciones Debian, OpenSUSE y Fedora, en configuraciones de bajo nivel, alto nivel y con herramientas gráficas.

EJEMPLO 4.4

Para configurar un adaptador inalámbrico en Fedora hay que seguir estos pasos:

1. Acceder a la herramienta de configuración de la red (en el entorno Gnome está en "Sistema || Administración || Red"), seleccionando la pestaña "Hardware". Esto mostrará una ventana como la de la figura 4.12, donde aparecerá el adaptador inalámbrico si es que ha sido detectado por el núcleo.

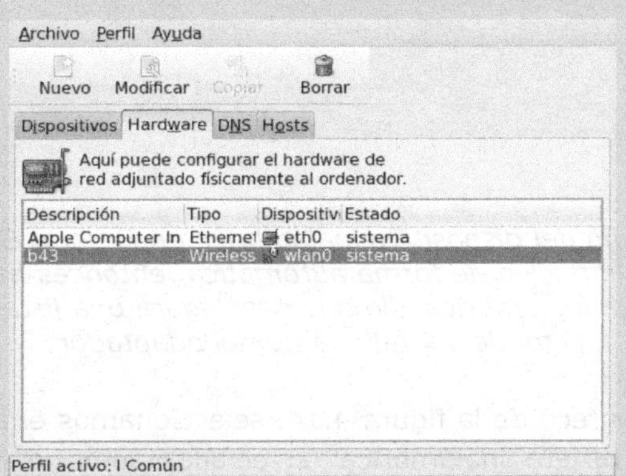

Figura 4.12. Lista de adaptadores de red en Fedora. Si el núcleo detecta correctamente el adaptador, aparecerá en esta lista con el tipo "Wireless" y el dispositivo asociado (en este caso, wlan0)

2. Acceder a la pestaña "Dispositivos", en cuya lista no aparecerá todavía el adaptador inalámbrico, ya que no está configurado. Pulsar en el botón "Nuevo", lo que mostrará una ventana como la de la figura 4.13.

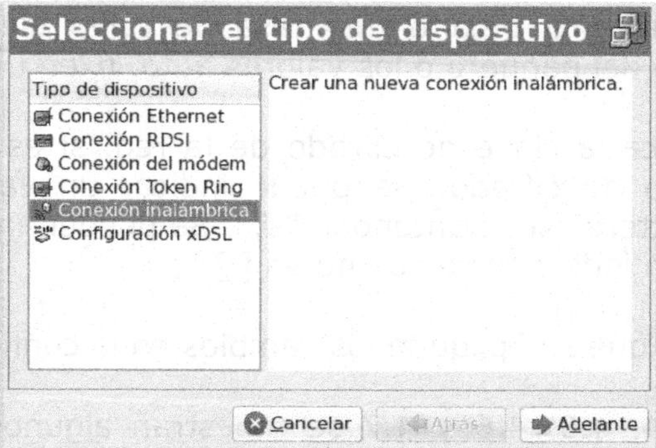

Figura 4.13. Definición de un nuevo dispositivo de red en Fedora. Los tipos de adaptadores de red se muestran en la lista titulada "Tipo de dispositivo"

3. Seleccionar "Conexión inalámbrica" en la lista titulada "Tipo de dispositivo" y pulsar el botón "Adelante". Esto mostrará una nueva ventana como la de la figura 4.14.

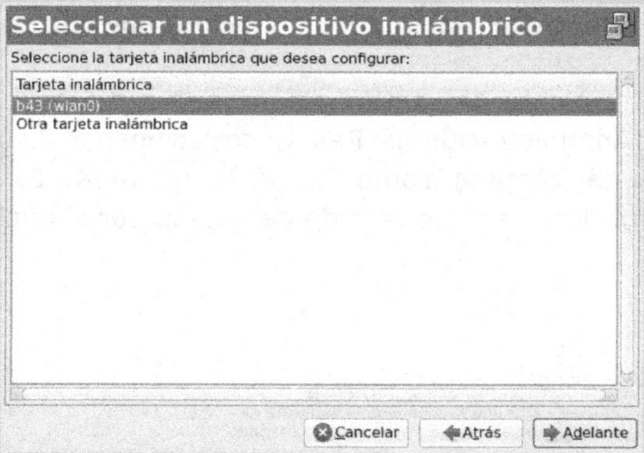

Figura 4.14. Selección del dispositivo inalámbrico en Fedora. Si el dispositivo no ha sido detectado por el núcleo de forma automática, entonces hay que seleccionar la opción "Otra tarjeta inalámbrica", lo que desplegará una lista para seleccionar el modelo y fabricante del adaptador

4. En la lista que aparece de la figura 4.14, seleccionamos el adaptador detectado o la opción "Otra tarjeta inalámbrica" si el adaptador no ha sido detectado. Si seleccionamos el adaptador detectado y pulsamos el botón "Adelante", aparecerá una nueva ventana como la de la figura 4.15.

5. Una vez configurados los parámetros de la red inalámbrica en la ventana de la figura 4.15, hay que pulsar en el botón "Adelante" para mostrar la siguiente ventana de configuración, que permite establecer los parámetros TCP/IP (véase el apartado 4.3.2).

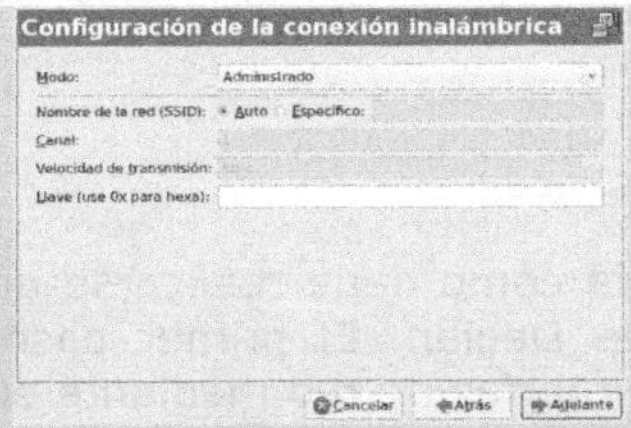

Figura 4.15. Configuración de los parámetros de la red inalámbrica en Fedora. En esta ventana se configura el tipo de red, el identificador (SSID),el canal de comunicación, la velocidad de transmisión (normalmente automática) y la clave de red (en hexadecimal)

EJEMPLO 4.5

Los pasos para instalar y configurar un adaptador inalámbrico en OpenSUSE son muy parecidos a instalar y configurar un adaptador Ethernet. En primer lugar, debemos acceder a YaST y seleccionar el icono de configuración del adaptador de red. Seguiremos los pasos sobre OpenSUSE Linux, teniendo en cuenta que versiones anteriores a la 8.2 no soportan correctamente los adaptadores inalámbricos. En otras versiones los pasos a seguir son muy parecidos.

Si todo va correctamente, encontraremos que YaST2 ha detectado el adaptador inalámbrico y está dispuesto a configurarlo, pulsando en el botón "Editar" (véase la figura 4.16). Si no se ha detectado el dispositivo es porque esta versión no es capaz de manejarlo o porque no está instalado el módulo necesario, aunque existe la posibilidad de intentar configurarlo manualmente seleccionando el botón "Añadir".

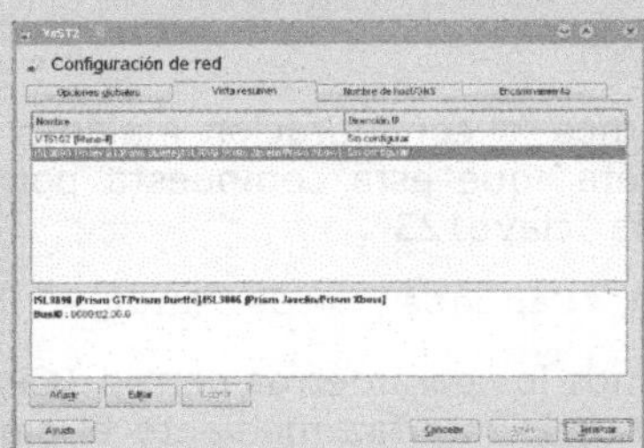

Figura 4.16. Detección de un adaptador de red en YaST2. Esta ventana muestra que Linux ha detectado un adaptador de red inalámbrico. Si no se ha detectado, se puede intentar su configuración manual seleccionando la opción "Añadir". En ese caso es necesario conocer el tipo de chip del adaptador

EJEMPLO 4.6

El siguiente ejemplo muestra cómo debe realizarse una configuración a alto nivel de la red inalámbrica sobre Debian. El primer paso consiste en acceder como usuario root y desactivar la interfaz de red mediante el siguiente comando:

```
# ifdown eth1
```

A continuación, editamos el archivo /etc/network/interfaces que contiene la configuración TCP/IP (véase el apartado 4.3.2), para añadir la siguiente información (los parámetros que comienzan con "wireless-" están relacionados con la red inalámbrica):

```
iface eth1 inet static
      [Parámetros TCP/IP]
      wireless-essid Mired
      wireless-key 12345ABCDE
```

Finalmente, activamos la interfaz de red mediante el comando *ifup*.

EJEMPLO 4.7

Veamos los pasos que hay que seguir para realizar la configuración completa de un adaptador inalámbrico a bajo nivel en Linux. Suponemos que la interfaz de red cuya configuración de red vamos a modificar está inactiva. Si no es así, tenemos que desactivarla con el comando siguiente:

```
# ip link set eth1 down
```

A continuación, establecemos la configuración inalámbrica de la interfaz, que se conectará a la red "Panceta" que está compuesta por puntos de acceso y está protegida por la contraseña "clave123":

```
# iwconfig eth1 essid "Panceta" mode Managed key s:clave123
```

Seguidamente, especificamos los parámetros de red TCP/IP de la interfaz (véase el apartado 4.3.2) y activamos la interfaz mediante el siguiente comando. Una vez ejecutado, hay que comprobar que la interfaz se ha conectado a esa red inalámbrica.

```
# ip link set eth1 up
```

4.3 INSTALACIÓN Y CONFIGURACIÓN DE PROTOCOLOS DE RED MÁS HABITUALES

Si en el apartado anterior se explicaba con detalle cómo instalar y configurar un adaptador de red, el siguiente paso consiste en establecer los parámetros relacionados con la arquitectura de red con la que vamos a trabajar. En los apartados siguientes se explica con detalle cómo configurar estos parámetros en los sistemas operativos Microsoft Windows y GNU/Linux.

4.3.1 Parámetros característicos

Además de los programas controladores necesarios para el funcionamiento de un adaptador de red, es necesario establecer una serie de parámetros que están asociados con la red de comunicación a la que se conecta. Estos parámetros dependen de la arquitectura de la red (es decir, del tipo de red y de los protocolos de comunicación que funcionan en ella). Habitualmente, un parámetro muy importante que hay que establecer es la dirección de red, que identifica a unos equipos con respecto a otros y además permite determinar de una forma rápida la ubicación de esos equipos y la ruta por donde llegar a ellos.

En la tabla 4.2 se incluyen los parámetros de configuración más importantes para que el protocolo TCP/IP funcione correctamente en cualquier red de comunicación.

Tabla 4.2. Parámetros de configuración de la arquitectura TCP/IP

Parámetro
Dirección IP.
Máscara de red o subred.
Puerta de enlace (pasarela por defecto).
Direcciones IP de servidores de nombres.

4.3.2 Configuración del protocolo TCP/IP

En los apartados siguientes se explica con detalle cómo realizar la configuración TCP/IP en los sistemas operativos Microsoft Windows y GNU/Linux.

4.3.2.1 CONFIGURACIÓN EN MICROSOFT WINDOWS

Cuando se accede a las conexiones de red de Microsoft Windows se muestra una serie de iconos que se corresponden con todos los adaptadores de red instalados en el equipo (véase la figura 4.4). Cada uno de estos adaptadores tiene asociada una configuración de red diferente, que es accesible haciendo doble clic sobre el icono correspondiente y pulsando el botón "Propiedades" o desde el menú contextual (pulsando con el botón derecho del ratón) en la opción "Propiedades" (véase la figura 4.17).

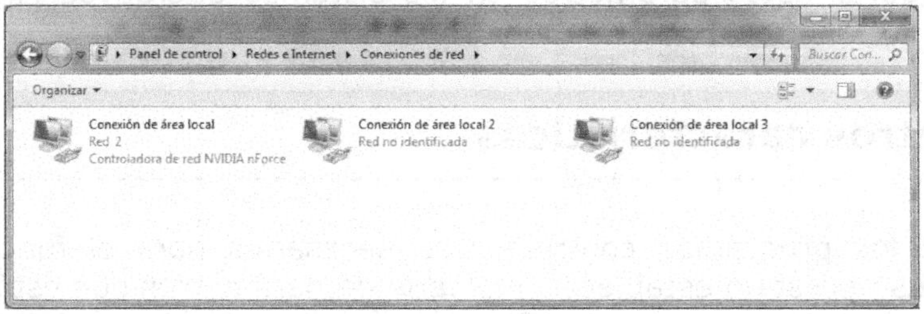

Figura 4.17. Ventana de conexiones de red en Windows 7. En esta ventana se muestran todas las conexiones de red disponibles en el equipo, que se corresponden con los diferentes adaptadores de red instalados

Hay que tener en cuenta que los sistemas Microsoft Windows utilizan la arquitectura de red de Microsoft para acceder a los servicios de la red de comunicación a la que se encuentran conectados. Esto quiere decir que necesitan una serie de parámetros de configuración relacionados con los protocolos TCP/IP (véase la figura 4.18) además de los parámetros relacionados con la red Microsoft (véase el apartado 4.3.2.7).

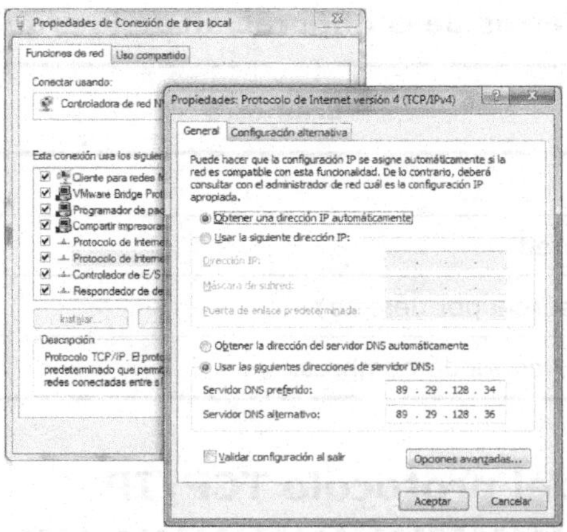

Figura 4.18. Ventana de propiedades de la conexión Ethernet cableada en Windows 7. Aquí aparece la configuración de todos los parámetros de la red Microsoft, incluyendo los protocolos TCP/IP

La configuración de los parámetros de TCP/IP es accesible desde la ventana de la figura 4.18 seleccionando "Protocolo de Internet versión 4 (TCP/IPv4)" o "Protocolo de Internet versión 6 (TCP/IPv6)" y pulsando en el botón "Propiedades". Por simplicidad, podemos establecer las direcciones IPv4, teniendo en cuenta que éstas van a funcionar sobre IPv6, a no ser que queramos establecer directamente este nuevo formato de direcciones. En cualquier caso, nos aparecerá una ventana de propiedades como la de la figura 4.18. La página "General" se utiliza para establecer la dirección IP del equipo, máscara de red, puerta de enlace predeterminada y direcciones de los servidores de nombres. Esta configuración se puede realizar manualmente o de forma automática (a través del protocolo DHCP). Por su parte, la pestaña "Configuración alternativa" se utiliza en versiones XP/Vista/2003/2008 para especificar una dirección IP en caso de que no esté disponible la configuración automática por DHCP y no se desee una asignación usando APIPA. También resulta muy útil para establecer diferentes configuraciones del protocolo TCP/IP dependiendo de las circunstancias. Esta característica permite que equipos móviles (portátiles) puedan utilizar diferentes configuraciones dependiendo de las redes en las que se encuentren conectados.

4.3.2.2 CONFIGURACIÓN EN GNU/LINUX

La configuración de red en los sistemas Linux se puede realizar, dependiendo de la distribución utilizada, de tres formas posibles:

- **Configuración de bajo nivel**: consiste en utilizar una serie de órdenes para establecer los parámetros de la red y de la arquitectura TCP/IP. Estas órdenes pueden ser *ifconfig* y *route*, que tradicionalmente han sido utilizadas desde los inicios de Linux. También se puede utilizar el comando *ip*, que es mucho más completo y potente, aunque solamente funciona con versiones del núcleo 2.2 o superior.

- **Configuración de alto nivel**: consiste en emplear un archivo de configuración de texto que almacena todos los parámetros de la red con un formato definido. Este archivo de configuración puede cambiar en nombre y ubicación dependiendo de la distribución y versión de Linux (por ejemplo, en Debian es */etc/network/interfaces*, mientras que en OpenSUSE 10.3 es */etc/sysconfig/network/config*). El archivo de configuración de la red establece los parámetros de un adaptador "virtual" o "lógico", es decir, que no existe físicamente. Posteriormente, ese adaptador lógico debe ser asociado con el adaptador físico correspondiente (*eth0*, *eth1*, etc.). Para establecer la configuración de red a alto nivel, se usa el comando *ifdown* para desactivar la interfaz, se modifica el archivo de configuración y finalmente se usa el comando *ifup* para activarlo.

- **Herramientas de entorno gráfico**: algunas distribuciones de Linux permiten instalar herramientas gestionadas desde el entorno gráfico que sirven para realizar una configuración de la red. De esta forma, los usuarios que están más acostumbrados a trabajar con estos sistemas pueden cambiar a Linux sin sufrir un cambio brusco. Estas herramientas pueden ser YaST (OpenSUSE), Control de dispositivos de red (Fedora), Webmin, Linuxconf, etc.

La configuración de red en Linux también requiere el uso de una cuenta de usuario que disponga de los privilegios necesarios para realizar las operaciones necesarias. Normalmente, cuando se realiza una instalación típica de Linux, se crea la cuenta *root*, que tiene privilegios para realizar cualquier operación sobre el sistema.

El paso siguiente en la configuración del adaptador de red consiste en establecer los parámetros de la conexión (en el apartado 4.3.1 se enumeran todos los parámetros TCP/IP que son necesarios establecer para que la conexión de red funcione correctamente). Esta configuración se realiza a través de órdenes, modificando determinados archivos de configuración o con herramientas gráficas. En los ejemplos 4.8, 4.9, 4.10 y 4.11 se muestran algunos casos concretos para las distribuciones Debian, OpenSUSE y Fedora, en configuraciones de bajo nivel, alto nivel y con herramientas gráficas.

EJEMPLO 4.8

Veamos cómo se realiza la configuración de un adaptador de red en la distribución Fedora, usando las herramientas de entorno gráfico. Una vez que el adaptador ha sido instalado y configurado (véase el apartado 4.2), sólo hay que especificar los parámetros de TCP/IP (dirección de red y máscara, dirección de la puerta de enlace, direcciones de los servidores de nombres, etc.). Todo ello se puede configurar desde las opciones disponibles en el entorno gráfico, en Gnome es "Sistema || Administración || Red" (véase la figura 4.18).

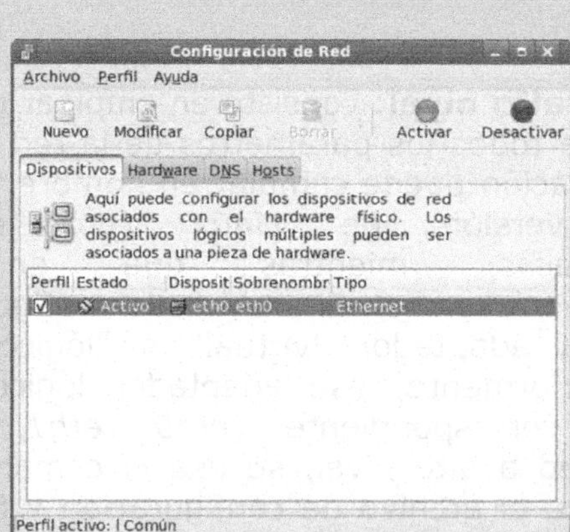

Figura 4.19. Ventana principal de configuración de un adaptador de red en Fedora. Utilizando el botón "Modificar" es posible establecer los parámetros TCP/IP del dispositivo

La dirección IP, máscara y la dirección de la pasarela por defecto se configura accediendo a la página "Dispositivos", seleccionando el elemento de la lista y pulsando el botón "Modificar".

EJEMPLO 4.9

En el caso de los sistemas OpenSUSE, la idea básica de configuración del adaptador es la misma que en Fedora, pero los programas gráficos son diferentes. Si se dispone de YaST, la configuración resulta bastante sencilla ya que estos programas ofrecen un entorno centralizado con todas las opciones necesarias.

Desde YaST, la configuración es similar, aunque el acceso a las ventanas es distinto. Un vez que el adaptador ha sido instalado y configurado, hay que establecer los parámetros TCP/IP accediendo desde "Dispositivos de red || Tarjeta de red" y, en la ventana que aparece, seleccionar el adaptador de red, pulsar el botón "Configure" (configurar) y después la pestaña "Dirección" (figura 4.19). Hay que pulsar en el botón de opción "Statically assigned IP Address" (dirección IP asignada de forma estática) para introducir valores fijos (en los campos "Dirección IP", "Máscara de subred" y "Hostname").También se pueden definir nuevos alias para la misma tarjeta de red, de forma que puede tener varias direcciones IP asignadas al mismo tiempo.

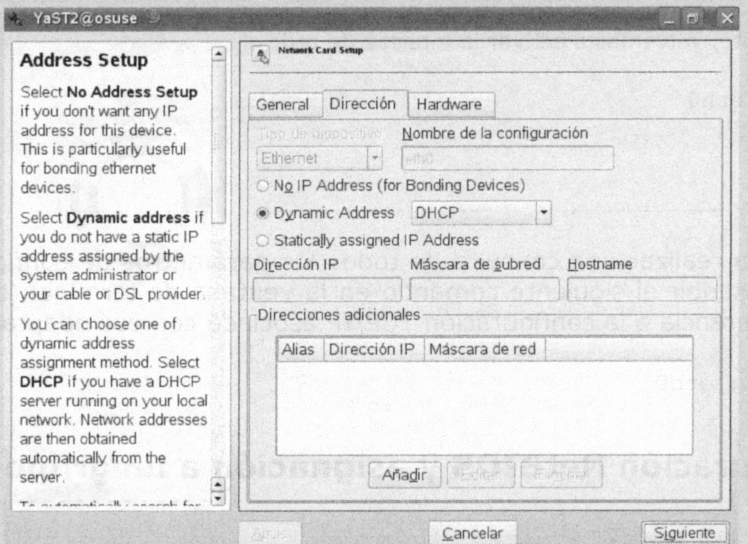

Figura 4.20. Configuración de los parámetros TCP/IP en YaST. Las opciones de asignación de dirección IP son tres: no configurar, configurar de forma automática o configurar manualmente

EJEMPLO 4.10

El siguiente ejemplo muestra cómo debe realizarse una configuración a alto nivel de la red sobre Debian. Suponemos que el equipo debe tener la dirección IP 192.168.1.100 y la puerta de enlace es 192.168.1.1. En primer lugar, accedemos como usuario root y desactivamos la interfaz de red:

```
# ifdown eth0
```

A continuación, editamos el archivo /etc/network/interfaces para que contenga la siguiente información:

```
iface eth0 inet static
      address 192.168.1.100
      netmask 255.255.255.0
      network 192.168.1.0
      broadcast 192.168.1.255
      gateway 192.168.1.1
      dns-nameservers 199.0.0.1 199.0.0.2
```

Finalmente, volvemos a activar la interfaz de red:

```
# ifup eth0
```

Si se desea realizar una consulta de todos los parámetros de configuración TCP/IP en Linux, se puede escribir el siguiente comando en la ventana de terminal (teniendo en cuenta que *eth0* hace referencia a la configuración TCP/IP asociada con ese adaptador):

```
$ ifconfig eth0
```

4.3.3 Configuración NetBIOS y asignación a un grupo de trabajo

Si queremos que nuestro equipo Microsoft Windows pueda acceder a los recursos compartidos de la red Microsoft, entonces tenemos que configurar los parámetros de esta arquitectura de red (además de los parámetros TCP/IP, como se explica en el apartado anterior). En la ventana de propiedades del adaptador de red (véase la figura 4.21) aparecen los componentes "Cliente para redes Microsoft" y "Compartir impresoras y archivos para redes Microsoft" que se utilizan para compartir o acceder a carpetas e impresoras que se encuentran en otros equipos de la red. En caso de que estos componentes no se encuentren instalados, hay que realizar esta operación a través del botón "Instalar..." de la figura 4.21.

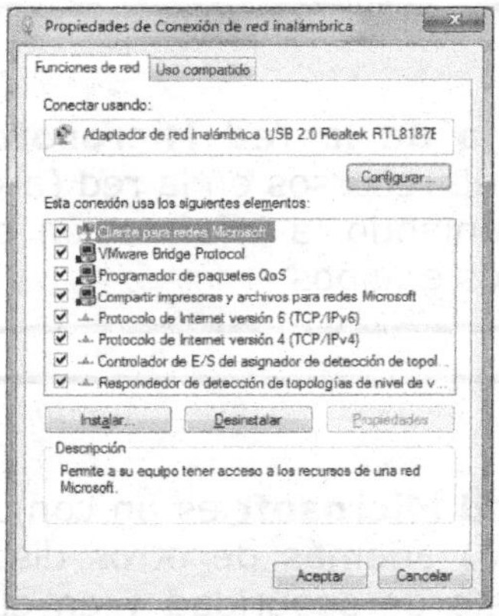

Figura 4.21. Componentes asociados con el adaptador de red

El acceso a los recursos compartidos de la red Microsoft requiere la configuración de los parámetros del protocolo NetBIOS. La configuración de estos parámetros se realiza accediendo a las propiedades del icono "Mi PC" y seleccionando la pestaña "Nombre de equipo" o en las propiedades del icono "Equipo", pulsando el enlace "Configuración avanzada del sistema" y seleccionando la pestaña "Nombre del equipo" (véase la figura 4.21). Estos parámetros son:

- **Nombre del equipo**: nombre que identifica al equipo en la red Microsoft. Este nombre debe ser único en la red.

- **Nombre de grupo de trabajo o dominio**: es el identificador del grupo de trabajo o dominio al que pertenece el equipo. Este nombre hace referencia a todos los equipos que comparten sus recursos a través de un modelo de seguridad común.

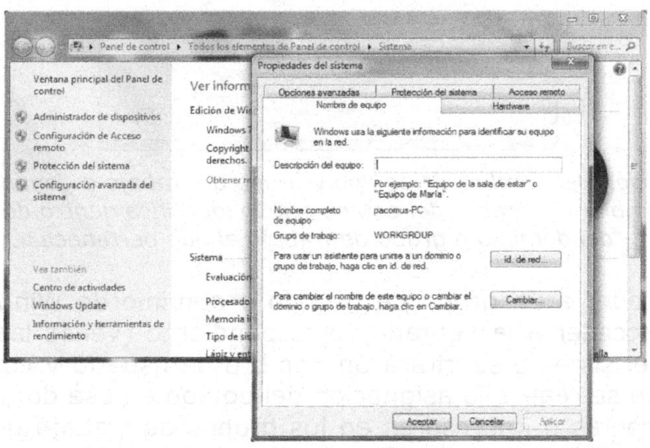

Figura 4.22. Ventana de configuración del nombre del equipo en Windows 7. Esta información se utiliza para identificar al equipo dentro de la red Microsoft. Para cambiar el nombre del equipo y el dominio o el grupo de trabajo al que pertenece, hay que pulsar el botón "Cambiar..."

NOTA 4.2:

Un **grupo de trabajo de la red Microsoft** es un conjunto de equipos que comparten una serie de recursos en la red (archivos, impresoras, etc.) de forma independiente, manteniendo la información sobre los usuarios y los permisos distribuida en todos los equipos.

NOTA 4.3:

Un **dominio de la red Microsoft** es un conjunto de ordenadores (servidores y estaciones de trabajo) además de otros dispositivos (como impresoras, etc.) que forman un modelo de seguridad y en el que se definen unas cuentas de usuario. Todos esos elementos que forman parte de esa estructura se gestionan como una única entidad dentro del ámbito de la red local.

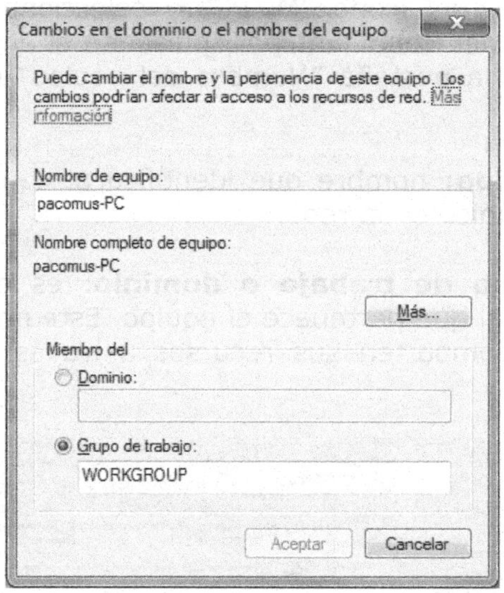

Figura 4.23. Especificación del nombre de equipo y grupo de trabajo o dominio en Windows 7. Esta ventana se utiliza para cambiar el nombre del equipo que lo identifica dentro de la red Microsoft, además del dominio o grupo de trabajo al que pertenece

Si se desea acceder a un grupo de trabajo o dominio de Windows 2000/2003/2008, solamente habrá que acceder a la ventana correspondiente (véase las figuras 4.22 y 4.23). Hay que recordar que el sistema solicitará un nombre de usuario y contraseña con permisos sobre el dominio cuando se realice la asignación del equipo en ese dominio. En el caso de que se desee compartir carpetas o impresoras en los grupos de trabajo de la red Microsoft, hay que instalar también el servicio **Compartir impresoras y archivos para redes Microsoft.** Sin este servicio, se podrán acceder a los recursos compartidos remotos, pero el usuario no podrá compartir los suyos.

En los sistemas GNU/Linux también se puede acceder a los servicios de la red Microsoft y se instala y configura convenientemente los servicios de los paquetes *Samba*, uno de cliente (para acceder a los recursos compartidos de otros equipos) y otro de servidor (para que otros equipos puedan acceder a los recursos de nuestro equipo.

4.3.4 Procedimiento de configuración de IPX

Los sistemas operativos Microsoft Windows disponen de soporte para el uso de los protocolos de la red Novell NetWare. Sin embargo, estos protocolos no están instalados por defecto, por lo que hay que acceder a la configuración de red del adaptador para instalarlos (véase la figura 4.24). A esta configuración se accede desde la ventana que muestra los iconos de los adaptadores de red instalados, pulsando con el botón derecho del ratón en el que nos interese y seleccionando la opción "Propiedades" de su menú contextual.

Una vez instalado el cliente para redes NetWare, se nos pide que reiniciemos el equipo y, al hacerlo, la primera ventana que aparecerá nos pedirá que nos conectemos a un servidor o a un árbol NetWare ya definido en la red (véase la figura 4.25).

En principio, si el equipo cliente que se va a conectar a los servicios NetWare se encuentra en la misma red, no es necesario realizar ninguna configuración del protocolo IPX. Sin embargo, si la red local utiliza encaminadores intermedios, entonces puede ser necesario configurar algunos parámetros de este protocolo (véase la figura 4.26).

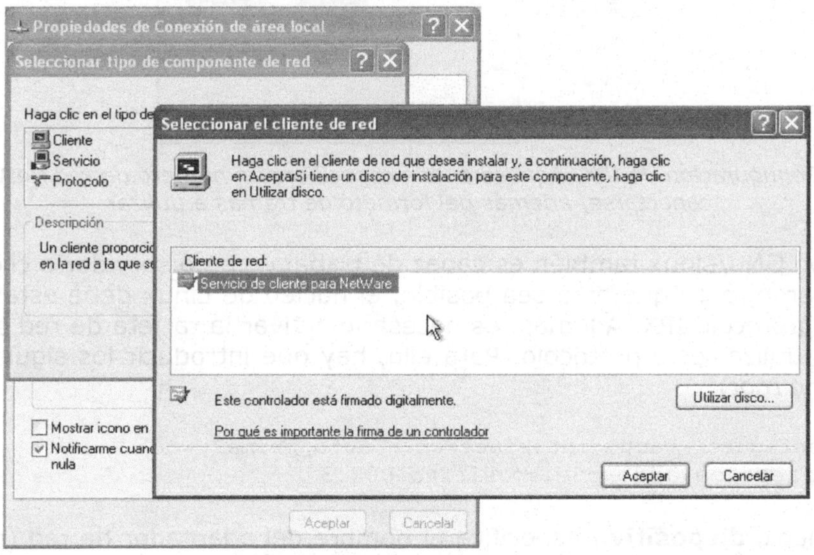

Figura 4.24. Instalación del cliente para redes NetWare en Windows XP. En otras versiones puede ser necesario descargar el cliente antes de instalarlo, ya que no está disponible en los paquetes de instalación del sistema

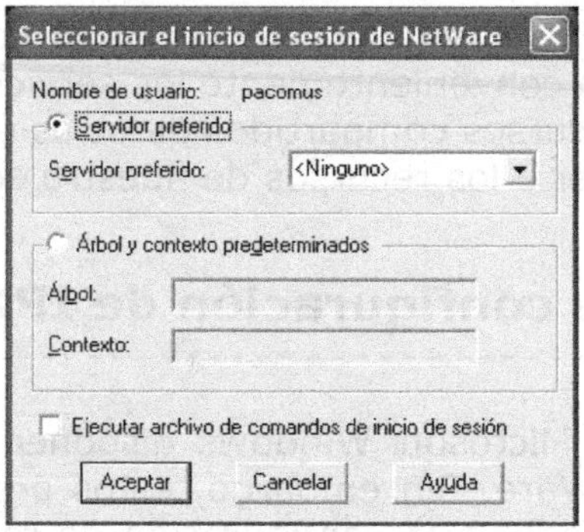

Figura 4.25. Inicio de sesión en Novell NetWare. Aquí se nos pide que especifiquemos un servidor o un árbol NetWare al que este equipo se va a conectar

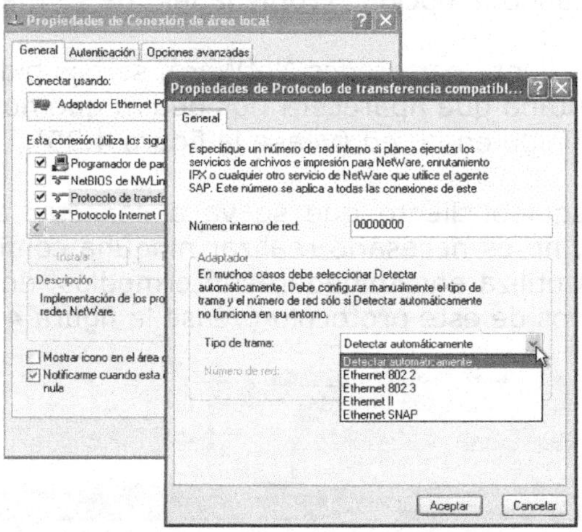

Figura 4.26. Configuración de IPX. Aquí se puede especificar un número de red NetWare a la que conectarse, además del formato de tramas a utilizar

Un equipo GNU/Linux también es capaz de trabajar como servidor o cliente en una red Novell. Sin embargo, para que esto sea posible, el núcleo de Linux debe estar compilado con soporte para el protocolo IPX. Además, es necesario activar la tarjeta de red del equipo Linux para que pueda utilizar este protocolo. Para ello, hay que introducir los siguientes comandos (trabajando como *root*):

```
# ipx_configure --auto_interface=on --auto_primary=on
# ipx_interface add -p dispositivo 802.3
```

El parámetro **dispositivo** especifica el nombre del adaptador de red (normalmente es *eth0*). Si el adaptador ya estaba configurado convenientemente, se indicará en los mensajes que se muestren después de ejecutar los comandos anteriores (no habrá ningún problema por volverlos a introducir).

Los paquetes que debemos instalar para dar soporte a Novell en Linux son:

- **ncpfs**: paquete que contiene todas las utilidades y comandos necesarios para que el equipo Linux se comporte como un cliente y acceda a un servidor Novell.
- **marsnwe**: paquete que convierte al servidor Linux en un servidor de archivos Novell.

4.3.5 Configuración de la seguridad

En este apartado se explican algunas técnicas de configuración que permiten aumentar la seguridad en los equipos conectados a la red local.

4.3.5.1 AUTENTICACIÓN DE IDENTIDAD

En las redes Microsoft se pueden definir mecanismos de autenticación de los usuarios dentro de un dominio. Esto se hace configurando las cuentas de usuario en el dominio y permitiendo que los equipos se puedan conectar a él a través de esas cuentas.

Por su parte, en los sistemas GNU/Linux, la autenticación de la identidad se puede realizar de forma centralizada a través de servidores NIS o también de forma autónoma con las cuentas de usuario definidas en los equipos locales.

4.3.5.2 CIFRADO DE DATOS

En las redes locales es recomendable utilizar servicios cifrados si la información que se transmite es de carácter confidencial. Muchos servicios de la red local e Internet pueden configurarse de forma segura a través de los protocolos correspondientes.

Por ejemplo, los servicios HTTP, FTP, terminal remoto, etc., tienen su contrapartida en servicios cifrados, como HTTPS, SFTP, SSH, etc.

4.3.6 Procedimientos sistemáticos de configuración

En general, para configurar los parámetros de red de un equipo hay que seguir estos pasos:

1. Comprobar que los protocolos de comunicación están instalados.
2. Realizar la configuración de red, ya sea IP o IPX.

3. Realizar la configuración de los servicios de acceso a los recursos compartidos (red Microsoft, Novell NetWare, etc.).
4. Comprobar que la configuración establecida funciona correctamente.

4.4 INSTALACIÓN Y CONFIGURACIÓN DE SERVICIOS DE RED

En este apartado se explica cómo realizar la configuración de los equipos que acceden a determinados servicios y recursos compartidos de la red local.

4.4.1 Servicios de acceso a la red

En una red de comunicaciones que utiliza la arquitectura TCP/IP, los servicios de acceso a la red más importantes son:

- **DHCP** (*Dynamic Host Configuration Protocol* o Protocolo de Configuración Dinámica de Equipo): permite que los equipos puedan configurar sus parámetros de red de forma automática. Esta configuración de red la obtienen desde otro equipo que funciona como servidor DHCP. Gracias a este protocolo, los administradores pueden realizar las tareas de configuración de los equipos de una forma mucho más fácil y cómoda.

- **DNS** (*Domain Name System* o Sistema de Nombres de Dominio): se usa para convertir las farragosas direcciones IP en direcciones de dominio que son más fáciles de usar y recordar. Para que esta configuración se pueda llevar a cabo en una red local, es necesario que exista un servidor DNS que se encargue de resolver estas direcciones. En Internet funcionan multitud de servidores de este tipo que son propiedad de las compañías propietarias de las líneas o que dan acceso a esta red. Es recomendable incluir todas las direcciones IP de servidores que se conozcan, por si alguno de ellos deja de funcionar en un momento dado (lo que dejaría al equipo sin posibilidad de resolver las direcciones de dominio). Todos los sistemas operativos permiten incluir en su configuración más de una dirección IP de servidor DNS para resolver direcciones.

Para establecer la configuración automática de un equipo mediante DHCP basta con acceder a la configuración TCP/IP del adaptador (véase el apartado 4.3.2) y, en vez de especificar una dirección IP, máscara y puerta de enlace estáticas, se marcará la opción correspondiente (puede llamarse "Configuración automática", "Configuración por DHCP", etc.). Por su parte, en los ejemplos 4.11, 4.12 y 4.13 se muestra cómo se realiza la configuración DNS en Microsoft Windows y GNU/Linux.

EJEMPLO 4.11

Para configurar el cliente DNS en Windows, lo primero que hay que hacer es acceder a la ventana que muestra los iconos de los adaptadores de red instalados (véase el apartado 4.2). A continuación, pulsamos con el botón derecho del ratón sobre el adaptador que nos interese y, en el menú contextual que aparece seleccionamos la opción "Propiedades". Seguidamente, seleccionamos el protocolo a configurar (IPv4 o IPv6) y pulsamos en el botón "Propiedades". Esto mostrará una ventana como la de la figura 4.27, donde se pueden especificar las direcciones IP de los servidores DNS que nuestro equipo va a utilizar para resolver las direcciones (puede ser las direcciones IP de servidores DNS de la red local, las direcciones de servidores DNS de Internet o ambas.

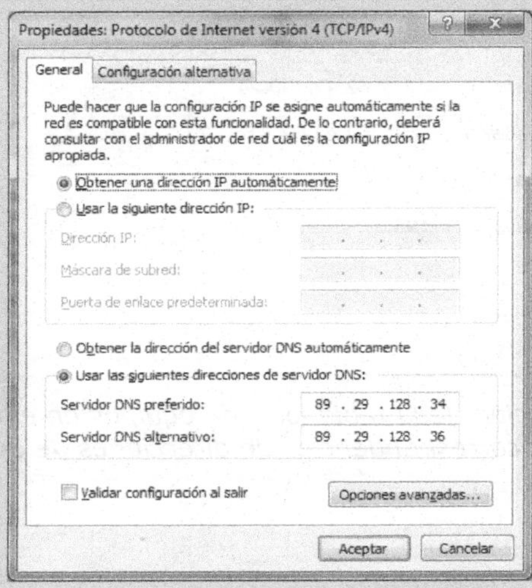

Figura 4.27. Configuración DNS en Windows 7

EJEMPLO 4.12

Veamos cómo se realiza la configuración automática por DHCP y la configuración DNS de un adaptador de red en Fedora, usando las herramientas de entorno gráfico. Una vez que el adaptador ha sido instalado y configurado (véase el apartado 4.2), hay que seleccionar el Gnome "Sistema || Administración || Red". Para acceder a la configuración del adaptador por DHCP hay que ir a la página "Dispositivos", seleccionando el elemento de la lista y pulsando el botón "Modificar".

La configuración del servicio DNS en la estación se realiza dentro de las páginas "Hosts" (tabla estática) y "DNS" (véase la figura 4.28). En la configuración DNS se especifica el nombre de dominio del equipo, algunos nombres de dominio y direcciones IP de equipos conocidos (tabla de hosts local) y las direcciones IP de servidores DNS de la red.

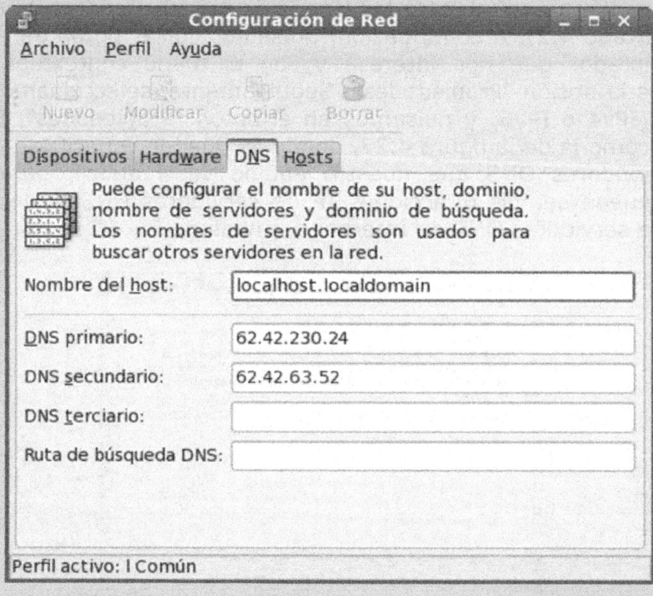

Figura 4.28. Configuración de la tabla local de equipos en el cliente DNS de Fedora. Aquí se establecen las correspondencias de direcciones de dominio y direcciones IP

EJEMPLO 4.13

El siguiente ejemplo muestra cómo debe realizarse una configuración automática por DHCP a alto nivel sobre Debian, además de la configuración DNS. En primer lugar, accedemos como usuario root y desactivamos la interfaz de red:

```
# ifdown eth0
```

La línea "dns-nameservers" del archivo */etc/network/interfaces* permite establecer las direcciones de los servidores DNS para la resolución de nombres. Además de esta configuración, para que el sistema de red funcione a la perfección, es necesario incluir las direcciones IP de los servidores de nombres en el archivo */etc/resolv.conf*.

Si queremos configurar el equipo para que obtenga la configuración de red de forma automática a través del protocolo DHCP, tenemos que incluir la siguiente información en el archivo */etc/network/interfaces* en vez de la anterior. Hay que tener en cuenta que en la red deberá existir algún equipo que funcione como servidor DHCP (el *router* de acceso a Internet, otro equipo Linux, etc.):

```
iface eth0 inet dhcp
```

4.4.2 Servicio de ficheros

Los sistemas operativos Microsoft Windows y GNU/Linux ya disponen, en sus instalaciones por defecto, de programas para el acceso a los archivos que se distribuyen por la red. Habitualmente, utilizan servicios de tipo FTP (*File Transfer Protocol* o Protocolo de Transferencia de Archivos). Sin embargo, también se pueden utilizar otros tipos de servicios o versiones más seguras, como SFTP o SSH, aunque estos se deben instalar ya que no se suelen incluir en las instalaciones por defecto de los sistemas operativos.

Los servicios de transferencia de archivos trabajan con los protocolos de la red de comunicación, por lo que no es necesario configurarlos. Sin embargo, como se basan en un modelo cliente-servidor, requieren que uno de los equipos funcione como servidor, por lo que debe instalar programas adicionales. Actualmente, existen multitud de programas que funcionan como servidores de archivos, como Filezilla Server, Microsoft IIS, *wu-ftpd*, etc.

4.4.3 Servicios de impresión

Los sistemas operativos Microsoft Windows y GNU/Linux ya disponen, en sus instalaciones por defecto de programas cliente que permiten acceder a impresoras conectadas a otros equipos o impresoras de red. En los sistemas Microsoft Windows se puede acceder a impresoras conectadas a otros equipos Windows o impresoras que incorporan su propio adaptador de red (impresoras TCP/IP). Si se trabaja con otro tipo de impresoras, es posible que sea necesario instalar y configurar otros protocolos propietarios.

Por su parte, los sistemas GNU/Linux utilizan el sistema de impresión **CUPS** (*Common Unix Print System* o Sistema de Impresión Común de Unix), que permite acceder a cualquier tipo de impresora, ya sea local, conectada a un equipo (con Windows o Linux), con su propio adaptador de red, etc. La configuración de CUPS es accesible a través de un navegador de Internet, especificando la dirección del equipo local (habitualmente *localhost*) y el puerto *631*.

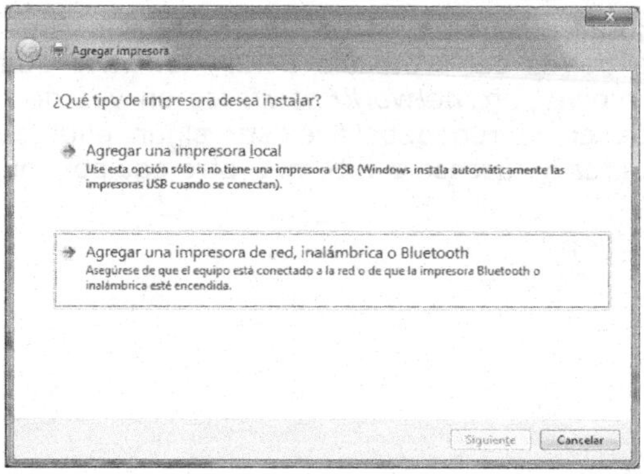

Figura 4.29. Añadir nueva impresora en Windows 7. Aquí se indica si la impresora está directamente conectada al equipo local o es una impresora conectada a otro equipo

4.4.4 Servicio de correo

La configuración del cliente de servicio de correo electrónico se realiza a través del programa de cliente de correo que se utilice. En los sistemas Microsoft Windows y GNU/Linux se pueden utilizar programas clientes de correo electrónico como Microsoft Outlook, KMail o Epiphany. También es posible acceder al sistema de transmisión de correo electrónico utilizando los navegadores de Internet, lo que evita tener que configurar un cliente de correo, a la vez que éste se puede consultar desde cualquier equipo.

4.5 PROCEDIMIENTO DE APLICACIÓN DE CONFIGURACIONES A *ROUTERS* Y *SWITCHES*

Al igual que cualquier ordenador y estación de trabajo, muchos dispositivos de interconexión de red, como conmutadores o encaminadores, requieren que se realice sobre ellos la configuración de los parámetros de las redes a los que están conectados. Para poder realizar esta configuración, los dispositivos de interconexión ofrecen diferentes formas, las más habituales son la emulación de terminal y la interfaz basada en los navegadores web.

En el primer caso, la configuración se realiza mediante comandos que se envían a través de un programa emulador de terminal. Este programa recibe los comandos que el administrador escribe desde su ordenador y los envía a través de la red para que se ejecuten en el dispositivo de interconexión. A su vez, éste devuelve información indicando si el comando se ha ejecutado correctamente. Así, el administrador tiene la impresión de que está trabajando directamente con el dispositivo, cuando éste puede estar ubicado a muchos kilómetros de distancia.

Una configuración web consiste en utilizar un programa navegador de Internet para enviar los parámetros de configuración a través de la red. La ventaja de este mecanismo de configuración es que evita que los administradores tengan que aprender la sintaxis de complicados comandos y hace que la interacción sea mucho más amigable, a través de formularios (véase la figura 4.30).

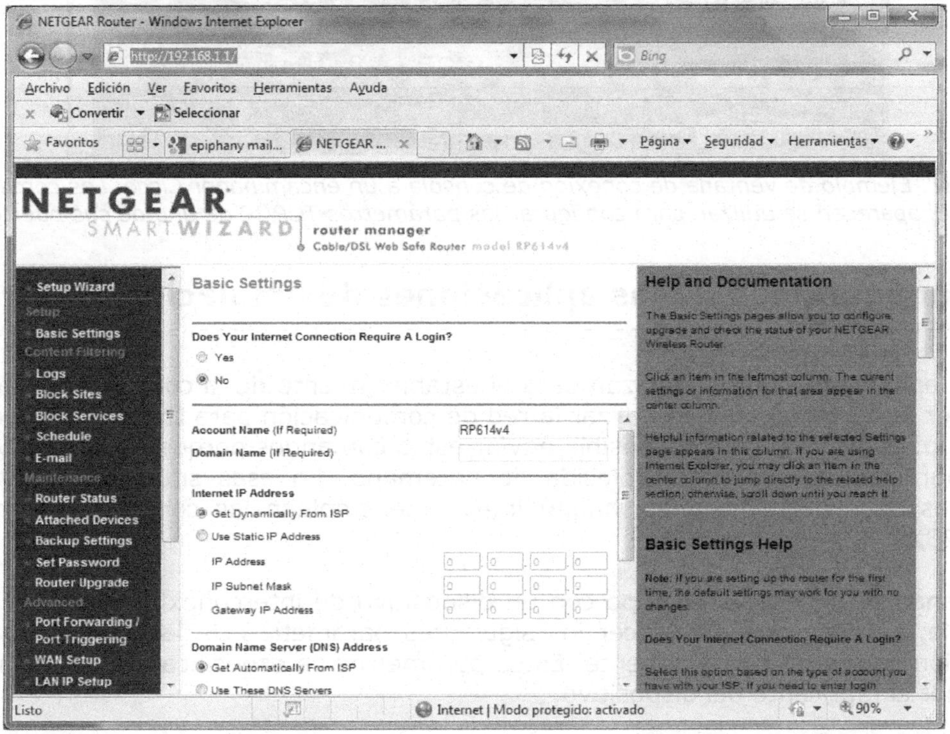

Figura 4.30. Ejemplo de página de configuración de un encaminador. Al especificar la dirección del dispositivo, aparece esta ventana donde se pueden establecer todos sus parámetros de configuración

4.5.1 Las aplicaciones de emulación de terminal

Una aplicación de emulador de terminal muestra una ventana con los comandos que introduce el administrador y la respuesta a esos comandos. Habitualmente, el resultado de ejecutar ese comando se muestra una vez que éste ha sido introducido, con un mensaje que indica si se ha completado o si se han producido errores. Cada fabricante puede definir su propio juego de comandos disponibles, aunque actualmente muchos de ellos definen juegos de comandos muy parecidos o compatibles con los utilizados por el fabricante Cisco Systems en sus equipos. La figura 4.31 muestra un ejemplo de inicio de sesión de terminal donde se han introducido los comandos para configurar los parámetros TCP/IP en el dispositivo.

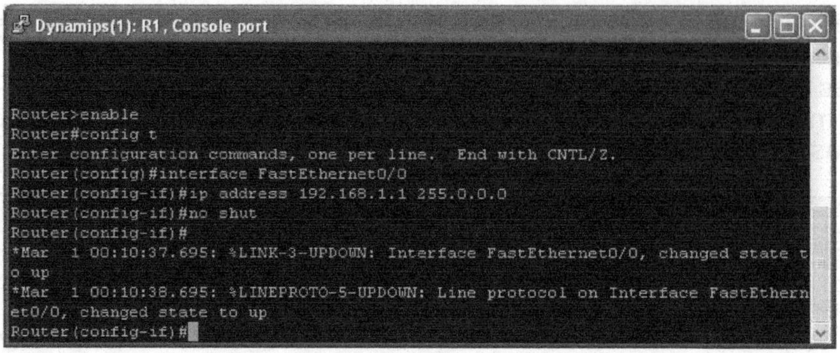

Figura 4.31. Ejemplo de ventana de conexión de consola a un encaminador Cisco. Los comandos que aquí aparecen se utilizan para configurar los parámetros TCP/IP de uno de sus puertos

4.5.2 Configuración de las aplicaciones de emulación de terminal

Las aplicaciones que se utilizan para el establecimiento de la configuración a través de un emulador de terminal pueden utilizar la red de comunicación para transmitir los comandos. Sin embargo, en ocasiones no es posible enviar estos comandos porque el dispositivo no tiene una configuración de red preestablecida de antemano. En esas situaciones, es necesario utilizar otros tipos de conexiones, habitualmente se emplean las conexiones por el puerto serie (RS-232).

Cuando se conecta un equipo con un dispositivo de interconexión de red a través del puerto serie, es necesario establecer los siguientes parámetros de la conexión para que la comunicación se realice correctamente. Estos parámetros se especifican en la documentación facilitada por el fabricante del dispositivo:

- **Velocidad de transmisión**: valores habituales son 9600 bps, 19200 bps, 38400 bps, etc.
- **Número de bits de datos**.
- **Número de bits de paridad**.
- **Número de bits de parada** (para el control de flujo).

4.5.3 Aplicación de configuraciones a *routers* y *switches*

La configuración de los parámetros TCP/IP en los dispositivos de interconexión que utilizan los comandos Cisco se realiza en varias fases:

- Conectar con el dispositivo, ya sea por la red o por un puerto serie.

- Acceder al modo de configuración del dispositivo, que se hace con los comandos:

```
enable
configure terminal
```

- Seleccionar el puerto que queremos configurar, mediante el siguiente comando (el nombre del puerto puede ser *ethernet0*, *ethernet1*, *fastethernet0*, *gigabitethernet0*, *gigabitethernet1*, etc.):

```
interface nombe_puerto
```

- Establecer la configuración de red mediante este comando:

```
ip address dirección máscara
```

TEST DE CONOCIMIENTOS

1. Un armario de comunicaciones es:

a) Un dispositivo que sirve para conectar todos los equipos en red.

b) Un equipo que sirve para fijar y facilitar la identificación de los extremos de todos los cables.

c) Es el conjunto de todos los cables de una planta.

d) Ninguna es cierta.

2. Para fijar, conectar y ayudar a identificar todos los cables que llegan a un armario se usa:

a) Un panel de distribución.

b) Un *rack*.

c) Un conmutador.

d) El cableado horizontal.

3. La opción "despertar en red" se usa para:

a) Que el equipo cargue los protocolos de comunicación de la red en el inicio.

b) Indicar al ordenador, mediante un mensaje enviado por la red, que se inicie.

c) Establecer la velocidad de transmisión de la red.

d) Ninguna es cierta.

4. El SSID es:

a) El servicio de seguridad de la red.

b) El identificador de la red inalámbrica.

c) El canal utilizado por la red inalámbrica.

d) El modo de operación de la red inalámbrica.

5. El filtrado de direcciones MAC en una red inalámbrica se usa para:

a) Localizar las direcciones MAC de todos los equipos en la red.

b) Identificar los equipos que pueden conectarse a la red.

c) Controlar el acceso al medio.

d) Ninguna es cierta.

6. La lista de adaptadores de red instalados en Windows se puede ver en:

a) La ventana de conexiones de red.

b) La ventana de administración de redes inalámbricas.

c) La ventana de dispositivos del sistema.

d) Esta información no está disponible en Windows.

7. Un módulo cargable del núcleo es:

a) Un programa que hace las operaciones básicas del sistema operativo.

b) Un programa que controla el funcionamiento de un dispositivo.

c) Un programa que gestiona los recursos de la red.

d) Un protocolo de comunicación.

8. La opción "Obtener una dirección IP automáticamente" de Windows sirve para:

a) Que el equipo pueda establecer una dirección IP al azar.

b) Que el equipo obtenga una dirección por DHCP.

c) Que el equipo no necesite tener asignada ninguna dirección IP.

d) Ninguna es cierta.

9. La configuración de red de alto nivel en GNU/Linux se realiza a través de:

a) Archivos de configuración en formato texto.

b) Comandos.

c) Ventanas.

d) Páginas web.

10. La configuración NetBIOS de un equipo contiene los siguientes parámetros:

a) Nombre del equipo.

b) Nombre del dominio al que pertenece.

c) Nombre del grupo de trabajo al que pertenece.

d) Todas son ciertas.

Capítulo

5

VERIFICACIÓN Y PRUEBA DE ELEMENTOS DE CONECTIVIDAD DE REDES DE ÁREA LOCAL

En los capítulos anteriores se explica cómo realizar la instalación de los diferentes elementos que componen una red local, su interconexión entre sí y la configuración de los diferentes parámetros de red para conseguir que los protocolos de comunicaciones puedan trabajar de forma óptima.

Este capítulo está dedicado a explicar las diferentes herramientas que se utilizan para poder verificar y probar la red una vez instalada y configurada. Gracias a estas pruebas, podemos verificar que la red de comunicación está preparada para su trabajo en un entorno productivo.

5.1 HERRAMIENTAS DE VERIFICACIÓN Y PRUEBA

Este apartado está dedicado a explicar las diferentes herramientas que se pueden utilizar para verificar que la red de comunicación funciona correctamente.

5.1.1 Herramientas de verificación y prueba de los sistemas operativos

Todas las funciones que ofrece un sistema operativo están disponibles gracias a que en el equipo se están ejecutando una serie de programas que las implementan, habitualmente atendiendo las peticiones que les llegan de los usuarios, bien desde el propio equipo o bien desde otros equipos a través de la red. Estos programas están normalmente ejecutándose durante todo el tiempo que el ordenador está activo o permanecen latentes o con una actividad mínima hasta que se activan cuando son necesarios.

En los sistemas operativos modernos, las funciones que se llevan a cabo se realizan a través de programas en ejecución denominados procesos. El sistema operativo debe ser capaz de ejecutar parte del código de un proceso, dejarlo en espera y continuar con la ejecución de otro. Esta operación, realizada a una gran velocidad y con una gran cantidad de procesos, da al usuario la percepción de que todas esas tareas se están realizando a la vez. En caso de que alguno de los procesos deje de funcionar o se termine, entonces la tarea que desempeña ya no se realizará, por lo menos hasta que vuelva a ejecutarse de nuevo.

Las tareas que tienen que ver con la red de comunicación a la que está conectada el equipo, en general, la transmisión y la recepción de la información, también se gestionan a través de determinados procesos que están en ejecución. Si alguno de estos procesos se interrumpe, entonces no se podrá transmitir o recibir esa información.

Los procesos pueden ser finalizados por los usuarios, pero también pueden terminar inesperadamente debido a algún fallo o a algún error en la configuración. Muchos de ellos también pueden causar graves problemas de funcionamiento al equipo o incluso hacer que éste no responda. Esto es debido a que muchos servicios trabajan con programas controladores de dispositivos, que son muy sensibles a los fallos y a los errores en las configuraciones.

La mayoría de los sistemas operativos modernos ofrece la posibilidad de arrancar con un determinado número de procesos en ejecución, lo que hace que pueda ser capaz de desempeñar determinadas tareas y trabajar con diferentes configuraciones. Esto le permite probar algunas de esas funciones e incluso recuperar el sistema de algunos fallos producidos. El ejemplo 5.1 muestra un caso genérico (sin entrar todavía en detalles de un sistema operativo concreto) donde ocurre un fallo de este tipo.

EJEMPLO 5.1

Un ejemplo bastante común en el que es necesario el arranque del sistema con una configuración diferente a la utilizada normalmente se produce cuando se instalan en el sistema determinados programas controladores de dispositivo (*drivers*) que no funcionan correctamente.

En ese caso, puesto que el programa controlador es capaz de ejecutar operaciones privilegiadas sobre el sistema, puede ocurrir que su mal funcionamiento pueda tener como resultado el bloqueo del sistema. Este bloqueo se puede producir incluso en el momento de carga de este programa controlador, es decir, ¡en el arranque del sistema!

Como consecuencia de esta situación, nos encontramos con que es imposible recuperar el problema porque para eso es necesario acceder a la configuración del equipo y eliminar el controlador dañado, pero eso no es posible ya que el equipo se bloquea en el arranque.

Para solucionar esta situación, algunos sistemas operativos incluyen la opción de arranque sin la carga de algunos programas controladores. De esta forma, es posible iniciar el equipo en este modo, eliminar el programa controlador dañado y reiniciar normalmente con el sistema recuperado y con la posibilidad de solucionar el problema o volver a una configuración anterior.

5.1.1.1 MODOS DE ARRANQUE EN MICROSOFT WINDOWS

El **modo a prueba de errores** que incorporan los sistemas Microsoft Windows permite iniciar el sistema operativo con diferentes configuraciones. Estas configuraciones cargan unos determinados controladores de dispositivos y servicios. Los modos de arranque del sistema no servirán de nada si el daño se encuentra en los archivos del sistema o en el disco duro.

Para poder seleccionar los diferentes modos a prueba de errores hay que pulsar la tecla F8 en el inicio del proceso de arranque del sistema, antes de que comience la carga del sistema operativo. De esta forma, podemos hacer un arranque del sistema operativo con los servicios que nos sean de utilidad o eliminando aquellos que nos causan problemas. Los diferentes modos a prueba de errores que incluyen las distintas versiones de Microsoft Windows se resumen en la tabla 5.1.

Tabla 5.1. Modos a prueba de errores de Windows 2000/2003/XP

Nombre	Descripción
Modo seguro	Inicia el sistema con los controladores básicos: ratón, monitor con pantalla a baja resolución (VGA), teclado, unidades de disco y servicios predeterminados del sistema.
Modo seguro con funciones de red	Es igual que el anterior, además de que inicia todos los servicios de red para que el equipo tenga conexión.
Modo seguro con símbolo de sistema	Es igual que el modo seguro pero no arranca el entorno gráfico, sino una línea de comandos.
Habilitar el registro de inicio	Se usa para indicar si se activa el registro (*log*) de todo lo que ocurre cuando se arranca el sistema. Este registro se guarda en el archivo *NTBTLOG.TXT* de la carpeta de instalación de Windows (normalmente *C:\WINDOWS*).
Habilitar el modo VGA	Inicia el sistema con todos los servicios pero con el modo de pantalla VGA. Se utiliza cuando hay problemas con el controlador de tarjeta gráfica instalado.
La última configuración válida conocida	Se usa para iniciar el sistema con los parámetros de configuración del registro anteriores a los últimos cambios realizados en él. De esta forma, se puede iniciar el sistema cuando se ha modificado por error algún valor del registro que impide el arranque.

Modo de restauración de SD	Se utiliza solamente en Windows Server 2003 cuando el equipo es controlador de dominio y se desea realizar una restauración del directorio activo con la última copia de seguridad.
Modo de depuración	Permite iniciar el sistema y enviar información sobre el proceso de arranque paso a paso a otro equipo por un cable serie.

5.1.1.2 MODOS DE ARRANQUE EN GNU/LINUX

Los sistemas GNU/Linux también disponen de mecanismos que permiten iniciar el sistema con diferentes configuraciones, dependiendo de las necesidades de los usuarios. Estas configuraciones están basadas en los procesos que se activan en el arranque. Si se modifican los programas que se inician en el arranque (muchos de ellos no son imprescindibles para el funcionamiento básico del sistema), entonces podemos conseguir que Linux trabaje de forma distinta, ofreciendo un conjunto diferente de servicios o permitiendo a los usuarios que puedan probar nuevas configuraciones.

Cuando se inicia un sistema Linux o Unix, el control recae sobre un proceso especial llamado *init*, que es el primero que comienza su ejecución. Por esta razón, también se le conoce como "el padre de todos los procesos". *Init* es un proceso especial sin el cual no se iniciará nunca Linux y que controla el inicio de otros procesos. Por lo tanto, si el usuario desea establecer qué procesos se iniciarán en el arranque, entonces deberá configurar *init* para que se inicien solamente los procesos que nos interesan.

El proceso *init* permite que el usuario pueda definir diferentes configuraciones, cada una de ellas iniciará un conjunto distinto de procesos. A estas configuraciones se les conoce como **niveles de ejecución**. Cada nivel de ejecución hace que el sistema se comporte de forma distinta, ya que, como hemos dicho, inicia un conjunto de procesos distintos. De esta forma, el usuario puede seleccionar sobre qué configuración o nivel de ejecución va a iniciar el sistema.

La configuración de los distintos niveles de ejecución se puede realizar de dos formas:

- A través del entorno gráfico utilizando una herramienta especial, que en el caso de OpenSUSE se llama "Editor de niveles de ejecución" y se encuentra en el grupo de utilidades "Sistema" dentro de *YaST*. En el caso de Fedora, hay que acceder a la herramienta "Configuración de servicios" (*redhat-config-services*) del **panel de control** o la opción "Configuración || Servicios misceláneos" de *Linuxconf*. También se pueden utilizar otras herramientas como la opción "Sistema || Configuración Init de SysV" de *Webmin*.
- A través del archivo de configuración *inittab* que se encuentra dentro de la carpeta */etc*. Este es el archivo de configuración principal del proceso *init* y todas las herramientas gráficas de configuración acceden a él para realizar los cambios. Cuando se edita manualmente este archivo, hay que tener mucho cuidado para no cometer errores de sintaxis, ya que puede ocurrir que no arranque Linux.

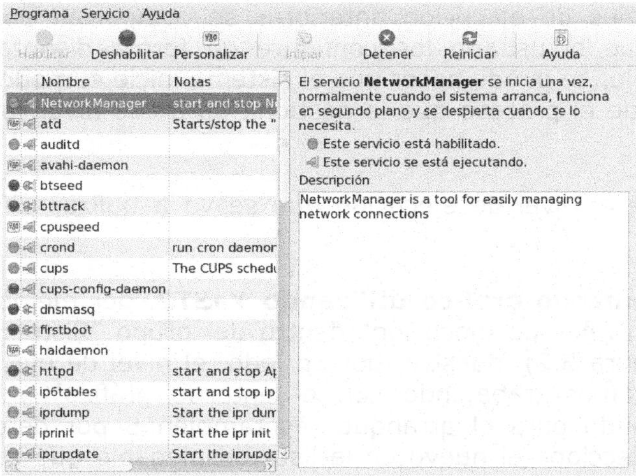

Figura 5.1. Ventana principal de la utilidad Configuración de servicios de Fedora. Al igual que ocurre con otras utilidades de administración de niveles de ejecución en entorno gráfico, en ésta podemos consultar cuál es el nivel de ejecución actual y los procesos que se encuentran activos (en ejecución)

En el archivo de configuración */etc/inittab* se establecen los procesos que se van a iniciar para un determinado nivel de ejecución. Los niveles de ejecución predefinidos en la mayoría de las versiones de Linux son los siguientes:

- **0 (Parada de sistema)**: se utiliza para apagar el equipo.
- **1 (Modo monousuario)**: se accede al sistema en modo monousuario (es decir, solamente puede entrar un único usuario al sistema en un momento dado) sobre un intérprete de órdenes y sin servicios de red.
- **S (Modo monousuario)**: igual que el modo 1 pero con el teclado configurado en idioma Inglés.
- **2 (Modo multiusuario local sin red)**: se accede al sistema sobre una consola de línea de órdenes y sin servicios de red. Varios usuarios pueden acceder al mismo tiempo al sistema.
- **3 (Modo multiusuario completo con red)**: se accede al sistema sobre una consola de línea de órdenes con todos los servicios.
- **4** (libre, es decir, no utilizado): este nivel no está configurado, así que puede definirse a gusto del usuario.
- **5 (Modo multiusuario completo con red y entorno gráfico)**: éste es el nivel por defecto que inicia el sistema con todos los servicios y en modo gráfico.
- **6 (Reiniciar el sistema)**: se utiliza para reiniciar el equipo.

Aunque los niveles de ejecución anteriores se comportan por defecto como se ha indicado, es posible que el usuario los configure de forma distinta de acuerdo con sus necesidades. Por ejemplo, se puede hacer que el sistema inicie el modo gráfico en el nivel 3 si se indica a *init* que inicie el proceso que lo gestiona para ese nivel (por ejemplo, el proceso *kdm*).

Para seleccionar el nivel de ejecución que se va a utilizar en el arranque se puede hacer de tres formas:

- **Desde el entorno gráfico utilizando *YaST2***, por ejemplo, se accede al icono "Editor de niveles de ejecución" dentro del grupo "Sistema". En la ventana que aparece (figura 5.2) muestra, por un lado, el nivel de ejecución actual (será el 5 ya que estamos trabajando con el entorno gráfico) y el nivel de ejecución predeterminado para el arranque (es también 5 por defecto). Para cambiar el nivel, se selecciona el nuevo en la lista desplegable que está titulada "Establecer nivel de ejecución predeterminado en el arranque a:". La próxima vez que se inicie Linux arrancará en ese nivel de ejecución.

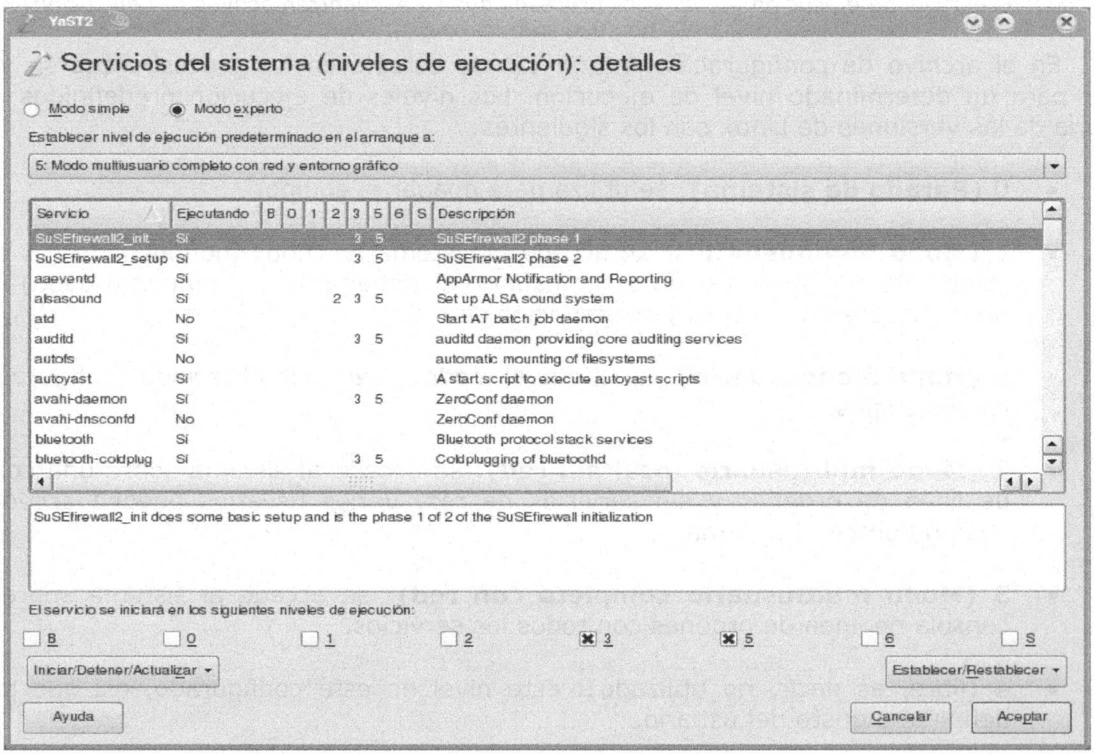

Figura 5.2. Ventana principal de configuración de los niveles de ejecución en YaST2. En esta ventana se indica el nivel actual y el nivel por defecto

- **Editando el archivo */etc/inittab***, buscar una línea con el texto "id:5:initdefault:" y sustituir el número 5 por el nivel de ejecución que deseamos sea el nuevo nivel por defecto. La próxima vez que se inicie Linux arrancará en ese nivel de ejecución.
- **Especificando el nivel en el menú de arranque del sistema** (ya sea el gestor *Lilo* o *Grub*). Este método no cambia el nivel de ejecución por defecto, aunque nos permite especificar cualquier nivel sin tener que arrancar para luego reiniciar. Para ello, hay que seleccionar el arranque con Linux y escribir "*init n*" donde *n* es el nivel deseado.

Es posible cambiar en cualquier momento de un nivel de ejecución a otro, utilizando la orden *init*, pero para ello hay que disponer de privilegios de *root*. Hay que utilizar la orden *init* especificando el nivel de ejecución al que se desea cambiar (si no se especifica ningún nivel, la orden *init* nos devuelve el número de nivel de ejecución en el que nos encontramos en ese momento). Por ejemplo, la siguiente orden cambia el nivel de ejecución actual al 3:

```
# init 3
```

Para establecer qué procesos deseamos que se inicien en un determinado nivel de ejecución en OpenSUSE debemos acceder a la herramienta "Editor de niveles de ejecución" dentro del grupo "Sistema" de *YaST*. En la ventana principal que aparece debemos pulsar en el botón "Editar los detalles", lo que muestra una ventana como la de la figura 5.2.

En la ventana de configuración de la figura 5.2 podemos observar que aparece una tabla en la que cada fila es un proceso. En cada columna se muestra información sobre ese proceso, como si están activos en este momento y el nivel de ejecución en el que se van a iniciar (0, 1, 2, 3, 5 ó 6). Se puede marcar o desmarcar un proceso para un nivel de ejecución, lo que hará que se inicie o no en ese nivel. El nivel de ejecución 4 permanece libre para que el usuario pueda realizar una configuración personalizada.

Los procesos cuyo nombre comienza por "boot" son aquellos que se inician en el arranque pero finalizan su ejecución una vez que el sistema ha completado esta operación. Todos ellos se inician en el nivel "B" que no es un nivel de ejecución como tal, sino más bien indica el proceso de arranque que es común para todos los niveles. Esto quiere decir que los procesos que se inician en el nivel B lo hacen para todos los niveles de ejecución. Por ejemplo, el proceso *boot.sysctl* se usa para establecer los parámetros por defecto que va a utilizar el sistema una vez que ha arrancado. Estos parámetros se establecen en el archivo de configuración */etc/sysctl.conf*.

Existen otras muchas herramientas gráficas que permiten la configuración de los procesos que se van a iniciar en el arranque, además de otras como *ktsysv* que se puede iniciar desde la línea de órdenes. Este tipo de utilidades no suelen instalarse por defecto en las distintas distribuciones de Linux, aunque normalmente se incluyen con ellas.

5.1.1.3 VISOR DE SUCESOS Y REGISTRO DEL SISTEMA

Aunque algunas aplicaciones pueden registrar los eventos y sucesos producidos durante su arranque o su ejecución en Windows, la mayoría los registra a través del **visor de sucesos** (orden *EVENTVWR.MSC*). Gracias a esta herramienta, se puede consultar en cualquier momento todos los mensajes producidos en el sistema local o en otro sistema remoto. Examinando estos mensajes se puede verificar el funcionamiento de determinados servicios que se encuentran en ejecución en el equipo. La figura 5.3 muestra la ventana principal de esta herramienta con algunos sucesos registrados.

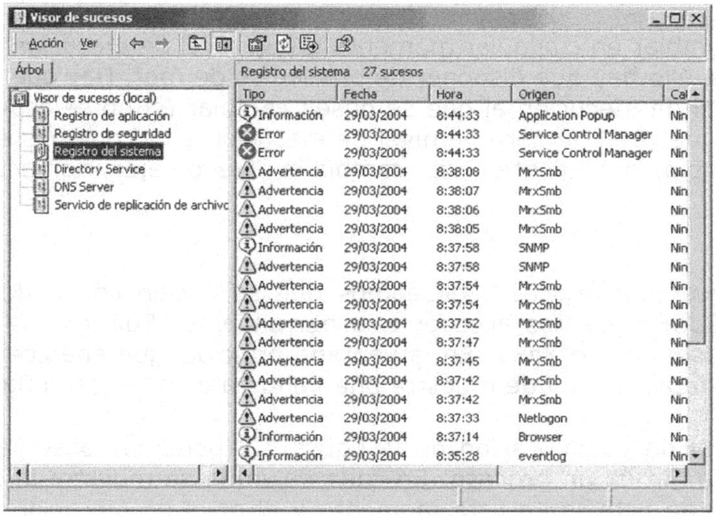

Figura 5.3. Ventana principal de la herramienta Visor de sucesos en Microsoft Windows. Los tipos de eventos se agrupan en un árbol que aparece en la parte izquierda de la ventana. En la parte de la derecha se muestra cada suceso o evento, y si se hace doble clic en ellos se puede obtener una descripción más detallada del mensaje producido

Los sucesos o eventos que se registran en Microsoft Windows pueden ser de cinco tipos:

- **Error**: se trata de un problema importante, como una pérdida de datos o el fallo de un servicio del sistema.
- **Advertencia**: no es un problema importante, pero puede generar problemas importantes en el futuro.
- **Información**: describe el funcionamiento correcto de un programa, aplicación, controlador, servicio, etc.
- **Acceso correcto auditado**: se trata de un acceso de seguridad que se ha realizado correctamente, como un inicio de sesión, el acceso a un recurso compartido, etc.

- **Acceso erróneo auditado**: se trata de un acceso de seguridad erróneo, como, por ejemplo, un intento fallido de inicio de sesión.

Los eventos producidos en el equipo Microsoft Windows se agrupan en varios tipos. Los más importantes son los siguientes:

- **Registro de aplicación**: contiene los eventos producidos por programas de aplicación. A este tipo de eventos pertenecen diferentes situaciones, por ejemplo, que un programa no pueda abrir un archivo de configuración, que se produzca un error en un acceso a una base de datos, etc.

- **Registro de sistema**: guarda los eventos producidos por componentes que forman parte de Windows. A este grupo pertenecen los errores al cargar un programa durante el arranque, una notificación de conexión de un dispositivo USB, problemas al imprimir documentos, etc.

- **Registro de seguridad**: a este grupo pertenecen los eventos producidos durante el inicio de sesión, el acceso a recursos compartidos, etc. Dentro de este tipo de eventos podemos encontrar intentos fallidos para iniciar una sesión en el equipo, conexiones denegadas o satisfactorias con recursos compartidos, etc. Por defecto, estos eventos solamente pueden ser consultados por los administradores del sistema y no se registran, a no ser que se configuren las directivas de seguridad.

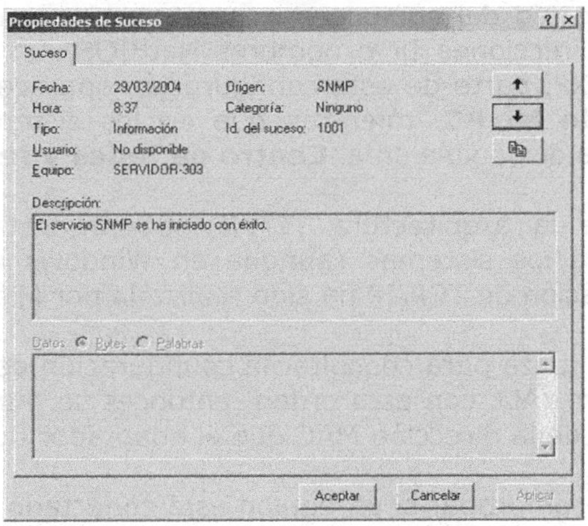

Figura 5.4. Ventana de inspección de un evento de la herramienta Visor de sucesos en Microsoft Windows. La información que se muestra de cada evento es: fecha y hora en que se ha producido, servicio o aplicación que lo ha generado, el usuario que ejecuta ese servicio o programa, el equipo donde se ha producido, un texto descriptivo del suceso y cierta información adicional asociada a él

En cuanto a los archivos de registro, Linux mantiene una carpeta llamada */var/log* donde se encuentran la mayoría de ellos. Dependiendo del tipo de aplicación o servicio, el archivo de registro puede variar. Sin embargo, los más utilizados por la mayoría de servicios son */var/log/localmessages* y */var/log/messages*.

5.1.2 Comandos TCP/IP

Para poder comprobar el funcionamiento de un equipo al que se le han configurado los parámetros de red, disponemos de un conjunto de comandos que utilizan los protocolos de comunicación. Muchos de estos comandos están disponibles en la instalación del sistema operativo, aunque algunos puede que no se instalen por defecto. Habitualmente, encontramos que los comandos son los mismos independientemente del sistema operativo utilizado, pero es probable que su sintaxis y su forma de uso puedan variar sensiblemente.

5.1.2.1 COMANDOS EN MICROSOFT WINDOWS

El sistema operativo Microsoft Windows dispone de un conjunto de herramientas que permiten realizar un diagnóstico del funcionamiento de la arquitectura de red. Para la arquitectura de red Microsoft existen varias utilidades, las más importantes son las siguientes:

- **NET**: esta orden permite realizar un diagnóstico de funcionamiento de la red Microsoft en varios aspectos. También se utiliza para el acceso a recursos compartidos.
- **Propiedades de red**: esta ventana resulta muy útil para comprobar la configuración de red del equipo en general y así encontrar posibles conflictos en asignación de direcciones IP o nombres NetBIOS. En las versiones de Microsoft Windows 2000/XP, parte de esta configuración aparece también en la ventana de **propiedades de Mi PC**, mientras que en los sistemas Windows Vista/7 esta información está disponible en el **Centro de redes y recursos compartidos**.

Por su parte, para la arquitectura TCP/IP se han instalado varias herramientas comunes en la mayoría de los sistemas (aunque en Windows las órdenes pueden variar debido a que la implementación de TCP/IP ha sido realizada por Microsoft):

- **IPCONFIG**: se utiliza para consultar la configuración de TCP/IP en el equipo. Si se usa el parámetro /ALL con esta orden, entonces se muestra toda la configuración de red, además de la dirección MAC que el adaptador tiene asignada.
- **PING**: permite comprobar si un equipo está conectado a la red y tiene activada la pila TCP/IP. También permite comprobar si hay una ruta establecida para un equipo o no es accesible. Utiliza las notificaciones del protocolo ICMP para notificar los errores detectados.
- **TRACERT**: esta orden es parecida a *PING*, aunque se utiliza para obtener la lista de direcciones IP de equipos y encaminadores que tiene que atravesar un mensaje hasta llegar a su destino. Es muy útil porque muestra el tiempo que tarda cada mensaje en alcanzar todos los equipos intermedios hasta su destino.

- **NSLOOKUP**: se utiliza para realizar consultas directas o inversas a los servidores DNS que se han establecido en la configuración del equipo. Con esta orden se puede saber si el problema de funcionamiento es debido a que los servidores DNS no resuelven correctamente las direcciones. En caso de que los servidores DNS especificados en la configuración no contesten, habrá que especificar otros.

- **PATHPING**: funciona igual que la orden *PING*, pero en este caso también se muestran las direcciones de los equipos intermedios por donde circulan los mensajes hasta el destino, además del porcentaje que son filtrados en cada uno de ellos.

El comando *PING* tiene la siguiente sintaxis:

```
PING [-a] [-n número] [-w tiempo] dirección_IP_destino
```

donde:

- ***-a***: resuelve direcciones a nombres DNS de equipos.

- ***-n número***: número de paquetes a enviar antes de finalizar este programa.

- ***-w tiempo***: indicación del tiempo de espera máximo para las respuestas en milisegundos.

- ***dirección_IP_destino***: especifica la dirección IP del equipo al que se van a enviar los paquetes. Si la máquina está accesible, entonces es ésta la que contesta con otros paquetes de confirmación.

Las direcciones IP que se pueden utilizar con el comando *PING* pueden ser: 127.0.0.1 para especificar la propia estación (si se usa ésta, el paquete no llega a enviarse por la red, ya que es la propia tarjeta la que contesta en caso de que funcione correctamente), la dirección IP asignada al equipo (al usar esta dirección, el paquete sí que es enviado por la red, y es la propia estación la que contesta enviando otro paquete) y cualquier otra dirección IP de una estación de la red que esté encendida y funcione correctamente.

5.1.2.2 COMANDOS EN GNU/LINUX

En todas las versiones del sistema operativo Linux existen un conjunto de órdenes y utilidades que permiten realizar un diagnóstico del funcionamiento de la arquitectura de red TCP/IP. Algunas de las más importantes son:

- **ifconfig**: se utiliza para consultar la configuración de red del adaptador, aunque también permite su modificación a bajo nivel. Se puede utilizar esta orden para comprobar que no hay ningún otro equipo que tiene asignada la misma dirección IP o para consultar si está activo el adaptador.

- **ip**: se puede utilizar para consultar la configuración de los parámetros TCP/IP y de encaminamiento del equipo y también para modificarlos a bajo nivel.
- **route**: se usa para consultar o establecer los parámetros de encaminamiento del equipo a bajo nivel.
- **ping**: se utiliza para comprobar si el equipo puede enviar mensajes a la red o alcanzar a otros equipos. Utiliza las notificaciones del protocolo ICMP para notificar los errores detectados.
- **nslookup**: se utiliza para comprobar si los servidores DNS están realizando la resolución correctamente.
- **dig**: también se utiliza para realizar consultas a los servidores DNS que hemos especificado en nuestra configuración de red.
- **iptables**: se puede utilizar para mostrar la configuración de filtrado de paquetes en el sistema. En este caso, se puede utilizar esta orden de la siguiente forma: "iptables -L -n | less".
- **nmap**: se usa para comprobar los puertos que están abiertos en el equipo local o en un equipo remoto. Gracias a esta orden, podemos saber si un determinado servicio está activo en un servidor o cliente.
- **netstat**: puede ser utilizada también para consultar los puertos abiertos o a la escucha en el equipo. Esta información resulta muy útil sobre todo cuando configuramos determinados servicios de red en los servidores.

Para realizar la instalación del adaptador de red se puede utilizar la orden *modprobe*, que permite realizar la carga de un módulo controlador de dispositivo para manejar el adaptador. Esta orden resulta muy útil ya que se basa en la configuración del sistema y comprueba si el módulo funciona correctamente para el dispositivo instalado. En caso de que el módulo no funcione correctamente, éste es descargado para evitar que pueda dañar el equipo. Cuando no estamos seguros del módulo a utilizar, esta orden permite probar distintos módulos hasta dar con el que funcione correctamente.

5.1.3 Obtención de la configuración IP

Para consultar la configuración TCP/IP en Windows, no es necesario acceder a todas las ventanas donde se establecen los parámetros relacionados. En su lugar, se puede utilizar el comando *IPCONFIG /ALL* o la utilidad *WINIPCFG* (sólo para versiones Windows 9x) para consultar de forma resumida los parámetros actuales de la red en el equipo. Hay que tener en cuenta que esta utilidad solamente sirve de consulta rápida y no permite realizar modificaciones en la configuración de la red.

La herramienta **panel de control** que va incluida en todas las versiones de Microsoft Windows también resulta muy útil para diagnosticar averías del adaptador de red. Gracias a esta herramienta, se puede consultar el valor de interrupción asignado al dispositivo y así comprobar si entra en conflicto con algún otro dispositivo instalado (es decir, utilizan la misma interrupción).

Por su parte, en los sistemas GNU/Linux, la forma más sencilla y directa de obtener la configuración de red de los adaptadores instalados es a través del comando *ifconfig*. Si se indica sin parámetros, muestra la configuración de red de todos los adaptadores instalados. Por el contrario, si se indica el nombre de un adaptador de red, entonces mostrará la configuración de éste exclusivamente.

5.1.4 Realización de pruebas de conexión

La forma más sencilla de comprobar si la configuración de red de un equipo funciona correctamente es enviando mensajes hacia otros equipos para comprobar si estos llegan correctamente. Una forma de conseguir esto consiste en enviar mensajes de tipo *ICMP eco* y esperar a recibir un mensaje de respuesta. Estos mensajes se pueden enviar con el comando *ping*, aunque hay que tener en cuenta que por seguridad algunos equipos o dispositivos de interconexión pueden tener desactivada la opción de responder a este tipo de mensajes.

Cuando se utiliza una herramienta de envío de mensajes de eco como *ping* se pueden utilizar como direcciones de destino las del propio equipo (la dirección 127.0.0.1 o la dirección IP asignada) o la de otro equipo o dispositivo de la red. Sin embargo, hay que tener en cuenta que utilizar las direcciones asignadas al propio equipo no asegura que el eco enviado vaya a ser transmitido por la red. En la mayoría de las ocasiones, al enviar un eco a la dirección 127.0.0.1 o a la del propio equipo se recibe un mensaje de respuesta independientemente de si el adaptador está conectado a la red o no. Por esta razón, se recomienda que el envío de mensajes de eco se realice a otros equipos de la red, situación que nos asegura la comprobación de la línea.

Para probar el funcionamiento del enlace también se pueden enviar otros tipos de mensajes de otros protocolos de comunicación. Algunos de ellos permiten incluso obtener estadísticas sobre el tiempo que tardan en alcanzar el destino.

5.1.5 Interpretación de respuestas

Cuando se envían mensajes ICMP eco a otro equipo a través del comando *ping*, éste muestra en pantalla información que puede ayudar a determinar si el enlace está operativo o no. Los tipos de errores que pueden aparecer son los siguientes:

- **Destino no alcanzable**: se notifica cuando no se encuentra el destino. El destino puede ser una red, un equipo, un protocolo o un puerto.

- **Problema de parámetro**: se envía cuando se detecta que existe un valor ilegal en un campo de la cabecera del mensaje.
- **Redireccionamiento**: se notifica cuando un encaminador detecta que el mensaje que ha recibido no debería haber llegado por esa ruta.
- **Tiempo excedido**: se envía cuando un mensaje ha sobrepasado su tiempo de vida máximo y ha sido descartado. Puede deberse a bucles, congestionamientos en la red o a la inadecuada configuración del tiempo de espera en las respuestas.
- **Supresión de origen**: se utilizaba en versiones antiguas del protocolo para indicar a un equipo que no envíe más mensajes, lo que permitía realizar control de flujo. Los protocolos actuales que realizan control de flujo en TCP/IP están definidos a nivel de transporte.
- **Petición de encaminador**: es un mensaje enviado a la dirección de difusión 255.255.255.255 cuando el equipo comprueba que no existe el encaminador cuya dirección ha sido establecida en la ruta por defecto (*default*).
- **Descubrimiento de encaminador**: es un mensaje que envían los equipos cuando no disponen de una ruta definida por defecto (*default*) o ésta no existe. Los equipos que están en esta situación envían un mensaje ICMP a la dirección de difusión 224.0.0.2 para intentar que algún encaminador conteste y establecerlo como ruta por defecto.

Además de estos tipos de errores, el comando *ping* muestra información sobre el tiempo que tarda el destino en devolver una respuesta al mensaje enviado. Si este tiempo es excesivamente elevado, entonces es posible que la instalación o configuración de la red o de los equipos no se haya realizado correctamente.

EJEMPLO 5.2

Supongamos que utilizamos el comando TRACERT para verificar el funcionamiento de la conexión a Internet de nuestra red local. Veamos un ejemplo de la salida que puede mostrar este comando cuando intentamos alcanzar un equipo destino en Internet:

```
C:\Users\pacomus>pathping www.google.es

Traza  a  www.l.google.com[74.125.230.116]  sobre  caminos  de  30
saltos como máximo:

  0  pacomus-PC.bcs [192.168.1.114]
  1  192.168.1.1
```

```
  2  1.net-89-29-148.tvalmansa.es [89.29.148.1]
  3  not-assigned.tvalmansa.es [89.29.128.1]
  4  192.168.205.5
  5  gi9-18.mpd01.mad05.atlas.cogentco.com [149.6.38.29]
  6  xe-9-2-0.mil20.ip4.tinet.net [89.149.184.213]
  7  te0-2-0-1.mpd21.par01.atlas.cogentco.com [130.117.0.178]
  8  209.85.249.54
  9  209.85.251.113
 10  64.233.175.27
 11  72.14.233.62
 12  74.125.230.116

Procesamiento de estadísticas durante 300 segundos...
Origen    hasta    aquí        Este    Nodo/VínculoSalto    RTT
Perdido/Enviado=Pct Perdido/Enviado=Pct Dirección
  0 pacomus-PC.bcs [192.168.1.114]  0/100= 0%   |
  1 2ms  0/100= 0%   0/100= 0%  192.168.1.1  0/100= 0%   |
  2  137ms    2/100=  2%      2/100=  2%    1.net-89-29-148.tv.es
     [89.29.148.1] 0/100= 0%   |
  3  149ms    1/100=  1%    1/100=  1%    not-assigned.tv.es
     [89.29.128.1]  0/100= 0%   |
  4  153ms  1/100= 1%   1/100= 1%  192.168.205.5   0/100= 0%   |
  5  170ms     1/100=  1%      1/100=  1%     gi9-18.mpd01.com
     [149.6.38.29]  0/100= 0%  |
  6  199ms    0/100=  0%     0/100=  0%    xe-9-2-0.mil20.com
     [89.149.184.213] 0/100= 0%   |
  7  192ms    0/100=  0%     0/100=  0%    te0-2-0-1.mpd2.com
     [130.117.0.178] 0/100= 0%   |
  8 147ms 58/100= 8%  58/100=58%  209.85.249.54   0/100= 0%   |
  9 206ms  0/100= 0%   0/100= 0%  209.85.251.113   0/100= 0%   |
 10 213ms  0/100= 0%   0/100= 0%  64.233.175.27   46/100=46%   |
 11 209ms 54/100= 4%   8/100= 8%  72.14.233.62   0/100= 0%   |
 12 203ms 46/100= 6%   0/100= 0%  74.125.230.116

       Traza completa.

       C:\Users\pacomus>
```

Como se puede observar de los resultados mostrados, es muy significativo que, desde el encaminador de acceso a Internet (dirección 192.168.1.1) hasta el siguiente nodo (dirección 89.29.148.1), los mensajes tardan 135 ms en alcanzarlo, cuando el tiempo total en alcanzar el destino *www.google.es* (dirección 74.125.230.116) es de 203 ms. Esto significa que al mensaje le lleva más de la mitad del tiempo alcanzar el segundo nodo que en recorrer toda la distancia hasta el destino. Aquí podemos encontrar que existe algún problema de configuración del encaminador. Puede ser debido a que no se hayan configurado correctamente los protocolos de calidad del servicio y la línea ascendente está saturada (los mensajes que van desde nuestro encaminador hacia el nodo externo).

5.2 PROCEDIMIENTOS SISTEMÁTICOS DE VERIFICACIÓN Y PRUEBA DE ELEMENTOS DE CONECTIVIDAD DE REDES LOCALES

Cuando se instala y configura un equipo o un dispositivo de interconexión de red, las comprobaciones que hay que realizar para verificar su funcionamiento son las siguientes:

- **Controlador**: comprobar que éste es adecuado al adaptador de red instalado y ha sido cargado por el núcleo del sistema de forma correcta.
- **Posibles conflictos entre el adaptador de red y el ordenador**: dirección de memoria, interrupciones, etc.
- **Conexión física del adaptador con la red** (cableada o inalámbrica): velocidad de transmisión, control de flujo, cifrado, etc.
- **Configuración de los parámetros de la arquitectura de red**: dirección, máscara, puerta de enlace, etc.
- **Pruebas de envío de mensajes entre los equipos**: envío de mensajes ICMP eco para verificar el envío de mensajes entre los equipos.

TEST DE CONOCIMIENTOS

1. **Los diferentes modos de arranque de Windows permiten**:

   a) Iniciar diferentes servicios en el arranque.
   b) Iniciar el sistema con diferentes configuraciones.
   c) Cargar diferentes controladores de dispositivos en el arranque.
   d) Todas son ciertas.

2. **El proceso init en GNU/Linux**:

   a) Sirve para especificar los procesos que se inician en el arranque.

b) Es el primer proceso que se inicia en el arranque del equipo.

c) a y b son ciertas.

d) Ninguna es cierta.

3. Las órdenes *IPCONFIG* e *ifconfig* son equivalentes salvo en:

a) La orden *ifconfig* permite cambiar la configuración del adaptador.

b) La orden *IPCONFIG* permite cambiar la configuración del adaptador.

c) La orden *ifconfig* no muestra los parámetros de configuración del adaptador.

d) Estas dos órdenes son equivalentes en todos los aspectos.

4. Para realizar una consulta al DNS para que resuelva una dirección se usa la orden:

a) *NSLOOKUP*.

b) *DNS*.

c) *PING*.

d) *TRACERT*.

5. Para establecer los parámetros de configuración de un adaptador en GNU/Linux se usan los comandos:

a) *ifconfig*.

b) *ip*.

c) *route*.

d) Todas son ciertas.

6. Para realizar una consulta al DNS para que resuelva una dirección se usa la orden:

a) *nslookup*.

b) *dig*.

c) Las respuestas *a* y *b* son ciertas.

d) Ninguna es cierta.

7. Para consultar o establecer los parámetros de encaminamiento de un adaptador se usa la orden:

a) *ifconfig*.

b) *ip*.

c) *route*.

d) *router*.

8. Para realizar pruebas de conexión a la red de un equipo se puede usar la orden:

a) *PING*.

b) *TRACERT*.

c) *NSLOOKUP*.

d) Todas son ciertas.

9. Cuando se envía un mensaje ICMP eco con PING a un equipo apagado se muestra el mensaje:

a) Destino no alcanzable.

b) Problema de parámetro.

c) Tiempo excedido.

d) Supresión de origen.

10. Con la orden TRACERT se puede comprobar:

a) La conexión a la red del equipo.

b) El tiempo para alcanzar el destino.

c) El tiempo para alcanzar cada equipo intermedio.

d) Todas son ciertas.

Capítulo

6

TIPOS DE INCIDENCIAS QUE SE PUEDEN PRODUCIR EN UNA RED DE ÁREA LOCAL

Si en los capítulos anteriores se explica cómo realizar la instalación y configuración de todos los elementos de la red local, lo que trata este capítulo es de identificar los problemas que se pueden producir cuando la red se encuentra en pleno funcionamiento.

Cuando se trabaja como administrador de una red local, el conocimiento de los protocolos de comunicación y los parámetros de configuración de los equipos es muy importante. Sin embargo, igual de importante es la experiencia que se obtiene a la hora de abordar los problemas que puedan surgir. Dada la complejidad tecnológica que puede tener una red local y la cantidad de dispositivos de diferentes fabricantes que interactúan entre sí, podemos afirmar que las posibles incidencias que se pueden producir abarcan un amplio abanico de posibilidades.

Este capítulo se centra en explicar algunas incidencias comunes que se pueden producir en redes locales. Estas incidencias se concentran en dos grandes grupos: las incidencias que afectan a los protocolos de nivel de enlace y las incidencias relacionadas con el nivel de red de la arquitectura de comunicaciones. También se explican las causas que pudieran haberlas producido.

6.1 INCIDENCIAS A NIVEL DE CONECTIVIDAD DEL ENLACE

En este apartado se explican algunos problemas comunes que se pueden producir en la red local y que afectan fundamentalmente a la comunicación a nivel de enlace de datos.

6.1.1 No hay comunicación con la red

Habitualmente, nos podemos encontrar con que un equipo no es capaz de enviar o recibir mensajes de la red local a la que está conectado. Antes de comprobar si los parámetros de configuración a nivel de red son correctos, es recomendable comenzar con la configuración a nivel de enlace de datos. A este nivel, se establecen una serie de parámetros que tienen que ver con las características del enlace, como son la velocidad de transmisión, el modo, el control de flujo, etc. Se recomienda siempre utilizar valores automáticos o consultar la documentación de la red para determinar los parámetros que necesita.

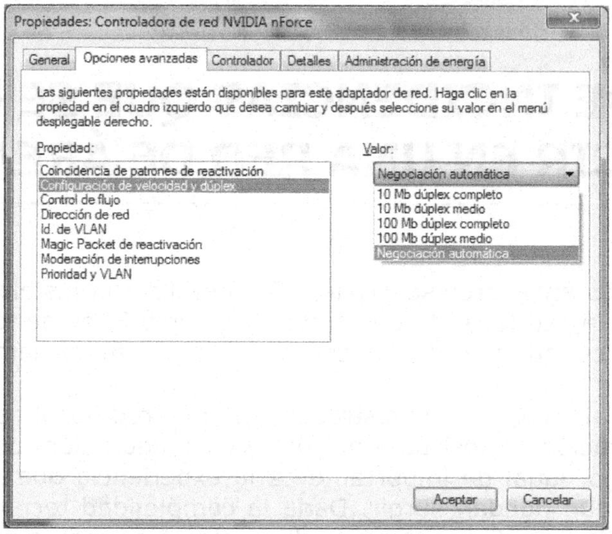

Figura 6.1. Configuración a nivel de enlace de un adaptador en Windows 7. Aquí se recomienda utilizar siempre los valores automáticos o que se hayan determinado en la instalación del adaptador

En algunos casos, es posible determinar la causa del problema gracias a las utilidades incluidas por el fabricante en el adaptador de red. Estas herramientas permiten realizar un diagnóstico del funcionamiento a nivel físico, nivel de enlace de datos y nivel de comunicación del dispositivo con el ordenador. La figura 6.2 muestra un ejemplo de este tipo de herramientas.

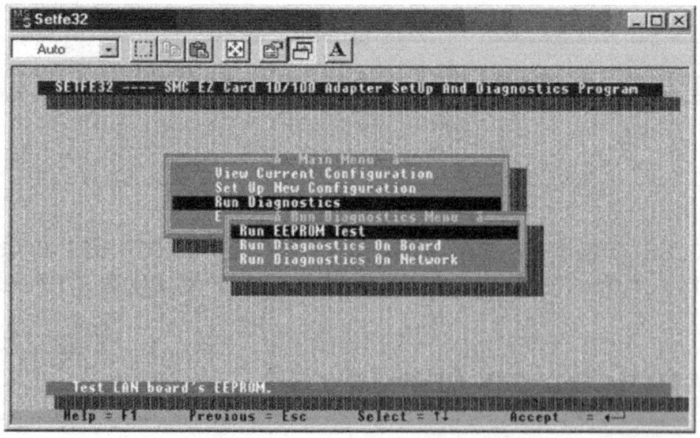

Figura 6.2. Ejemplo de herramienta de comprobación de un adaptador de red. Esta herramienta corresponde al fabricante SMC e incluye opciones para diagnosticar el funcionamiento de la memoria ROM (si tiene), de la comunicación con el ordenador o del acceso a la red

6.1.2 Los equipos nuevos no tienen comunicación

Habitualmente, cuando se conectan nuevos equipos a una red local o se realizan cambios en las conexiones, es posible que los equipos pierdan temporalmente la capacidad de comunicarse. Si se ha comprobado que la configuración a nivel de enlace y nivel de red son correctas, es posible que el problema se encuentre en los dispositivos de interconexión, habitualmente en los conmutadores.

Como se explica en el apartado 2.5.3 del capítulo 2, un conmutador envía los mensajes solamente por los puertos donde están conectados los equipos destinatarios. Para poder hacer esto, el conmutador necesita mantener unas tablas donde se asocian los puertos con las direcciones MAC de los equipos. Para que el encaminador pueda disponer de estas tablas, primero debe crearlas y eso lo hace inspeccionando los mensajes que circulan por la red. Por esta razón, si se conectan nuevos equipos a la red o si estos se cambian de unos puertos a otros, es muy probable que el conmutador necesite un tiempo para actualizar sus tablas de correspondencias entre puertos y direcciones MAC. Si pasado un tiempo de funcionamiento el problema persiste, entonces habrá que revisar la configuración del equipo para intentar solucionar el problema.

6.1.3 La red local funciona con lentitud

El problema de una red local que funciona con lentitud es bastante subjetivo, ya que depende en gran medida de la percepción que tengan los usuarios en un momento dado y ésta, a su vez, depende en gran medida del nivel de estrés al que pueden estar sometidos en su trabajo. Por lo tanto, antes de intentar buscar las causas que pueden provocar un funcionamiento lento de la red de comunicación, es recomendable evaluar su rendimiento para comprobar si realmente es bajo. Para ello, se pueden realizar transferencias de archivos grandes entre equipos y determinar si la velocidad de transmisión realmente se desvía considerablemente de los valores normales.

Si se comprueba que la red de comunicación realmente está funcionando con lentitud, entonces el siguiente paso consiste en establecer si existen problemas con algunos enlaces individuales (véase el capítulo 8) o si el problema se encuentra en una elevada cantidad de tráfico. Si el problema es que el tráfico satura la red o se producen demasiadas colisiones, entonces la solución al problema puede pasar por sustituir algunos concentradores de cableado por conmutadores. También puede ser necesario sustituir dispositivos de interconexión por otros que dispongan de puertos de mayor velocidad (como Gigabit Ethernet).

6.1.4 El punto de acceso inalámbrico sufre interferencias

En una red donde existen muchos puntos de acceso inalámbricos o donde existen puntos de acceso de redes cercanas, hay que tener mucho cuidado a la hora de seleccionar las frecuencias (canales) en los que van a funcionar. Habitualmente, podemos encontrar que muchos de estos puntos de acceso no funcionan correctamente debido a que pueden sufrir interferencias con otros puntos cercanos que trabajan en las mismas frecuencias o en frecuencias próximas entre sí.

Muchos puntos de acceso inalámbricos disponen de herramientas para determinar si un canal concreto puede ser utilizado o tiene interferencias. Habitualmente, los puntos de acceso también pueden notificar estos problemas mediante avisos o mensajes de error que se muestran en sus páginas de configuración. En el caso de los puntos de acceso del fabricante Cisco, estos problemas se suelen indicar mediante el siguiente mensaje de error:

```
DOT11-4-MAXRETRIES: Packet to client [characters] reached max retries,
removing the client
```

6.1.5 La conexión inalámbrica es limitada o nula

Puede ocurrir que una conexión inalámbrica no funciona correctamente en determinadas condiciones. Las conexiones inalámbricas dependen de muchos factores además de los parámetros de configuración, como puede ser la calidad de la señal o el tipo de cifrado utilizado.

Cuando una conexión inalámbrica no funciona correctamente puede deberse a:

- **La calidad de la señal es insuficiente**: las comunicaciones inalámbricas dependen de una señal que se envía por el aire a través de ondas electromagnéticas. La calidad de la señal depende de la distancia que exista entre el equipo y el punto de acceso, además de los obstáculos que puedan existir entre ellos y la potencia de transmisión de las antenas inalámbricas que se utilicen. Por regla general, una conexión inalámbrica será de mejor calidad cuanto más cercanos estén los equipos del punto de acceso, menos obstáculos existan y mayor sea la potencia de las antenas. Si la señal no llega con la suficiente potencia, es posible que las transmisiones no se realicen correctamente.

- **El método de cifrado utilizado por el equipo no es válido**: es recomendable revisar la configuración establecida para el método de cifrado usado por la red. Establecer un método de cifrado incorrecto va a impedir que el equipo se pueda conectar con la red.

- **La clave WEP o WPA no es válida**: cuando se especifica una clave de red incorrecta, es posible que el equipo no muestre ningún mensaje de advertencia o de error. Simplemente, éste no es capaz de conectarse con la red para enviar o recibir información. En los puntos de acceso inalámbricos de Cisco, esta circunstancia se notifica mediante el siguiente mensaje de error:

```
DOT11-4-ENCRYPT_MISMATCH: Possible encryption key mismatch between
interface [interface] and station [mac-address]
```

Muchos puntos de acceso inalámbricos permiten establecer que los equipos pueden realizar un máximo número de intentos a la hora de especificar la contraseña de cifrado de la conexión. Si el equipo sobrepasa este número de intentos, entonces el punto de acceso inalámbrico bloqueará el acceso a ese equipo. En los dispositivos Cisco, esta circunstancia se notifica mediante el siguiente mensaje de error:

```
RADSRV-4-BLOCKED: Client blocked due to repeated failed authentications
```

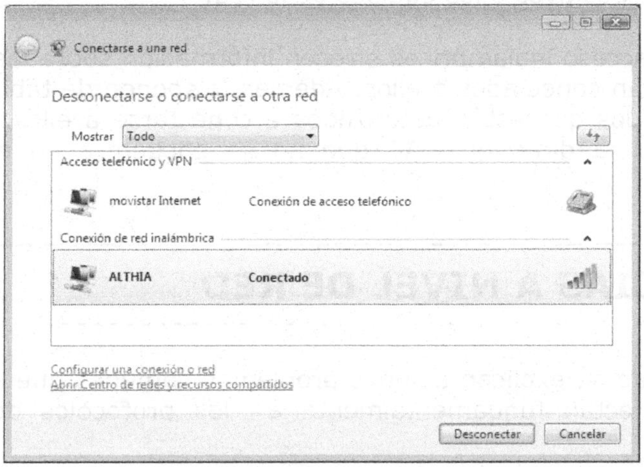

Figura 6.3. Potencia de la señal recibida en Windows Vista. Esta ventana muestra de forma gráfica la calidad de la señal recibida desde el punto de acceso inalámbrico

6.1.6 La conexión inalámbrica funciona con lentitud

Como se explica en apartados anteriores, el problema de una red local que funciona con lentitud es bastante subjetivo, ya que depende en gran medida de la percepción que tengan los usuarios en un momento dado. Por esta razón es recomendable evaluar el rendimiento de la red para comprobar si realmente es bajo.

Una red inalámbrica puede sufrir problemas de rendimiento por las siguientes causas:

- **Tráfico excesivo**: en estas situaciones habrá que determinar el grado de congestión de la red para identificar las zonas donde es recomendable instalar puntos de acceso adicionales o segmentar la red con nuevos conmutadores.

- **La calidad de la señal es pobre**: esta calidad depende de la distancia que exista entre el equipo y el punto de acceso, además de los obstáculos que puedan existir entre ellos y la potencia de transmisión de las antenas inalámbricas que se utilicen. Por regla general, una conexión inalámbrica será de mejor calidad cuanto más cercanos estén los equipos del punto de acceso, menos obstáculos existan y mayor sea la potencia de las antenas.

- **Algún intruso está utilizando nuestra red inalámbrica**: las redes inalámbricas son potencialmente inseguras debido a que cualquier equipo que se encuentre dentro del radio de acción puede acceder a la red, sobre todo si ésta no utiliza ningún método de cifrado o éste es débil. Si uno o varios intrusos consiguen acceder a la red inalámbrica, ésta puede ver reducido su rendimiento si aumenta el tráfico que circula por ella o si estas personas no autorizadas realizan ataques sobre los dispositivos o los equipos de la red.

Los puntos de acceso inalámbricos ofrecen información sobre las direcciones MAC e IP de los equipos que están conectados a ellos. Además, disponen de tablas de direcciones MAC para registrar los equipos que están autorizados a conectarse a ellos. Cualquier equipo que esté identificado por una dirección MAC que no se encuentre en esas tablas, no podrá conectarse a la red.

6.2 INCIDENCIAS A NIVEL DE RED

En este apartado se explican algunos problemas comunes que se pueden producir en la red local y que afectan fundamentalmente a los protocolos de nivel de red de la arquitectura utilizada.

6.2.1 La configuración de red es incorrecta

Una de las causas más comunes que hacen que los equipos no puedan enviar y recibir mensajes a través de la red tiene que ver con una configuración incorrecta de sus parámetros a nivel de red. A este nivel de la arquitectura se determina la ruta que van a seguir los mensajes hasta el destino, por lo que es muy importante que los parámetros estén perfectamente configurados. Cuando estos parámetros se configuran en un equipo, hay que tener siempre en cuenta lo siguiente:

- **La dirección asignada debe corresponderse con la dirección de la red**: el protocolo IP determina que una dirección está formada por un identificador de red y un identificador de equipo. Todos los equipos conectados a la misma red (sin encaminadores intermedios) deben tener asignada una dirección cuyo identificador de red debe ser idéntico. Cualquier equipo que tenga un identificador de red diferente, no podrá enviar ni recibir mensajes de otros equipos.

- **La dirección asignada es única**: en una dirección IP también se especifica un identificador de número de equipo que debe ser único. Si varios equipos tienen asignada la misma dirección de red, entonces se producirán problemas en la transmisión de los mensajes, ya que estos pueden llegar a destinos incorrectos (véase la figura 6.4).

- **La máscara de red debe ser igual en todos los equipos**: la máscara determina el número de bits que identifican la red y los equipos. Todos los equipos que están conectados a la misma red (sin encaminadores intermedios) deben tener asignada la misma máscara de red.

- **La dirección de la puerta de enlace debe ser correcta**: la puerta de enlace determina la dirección del encaminador que se utiliza para enviar los mensajes que van destinados a equipos que están fuera de la red local. Si esta dirección es incorrecta, el equipo no podrá enviar mensajes fuera de la red local.

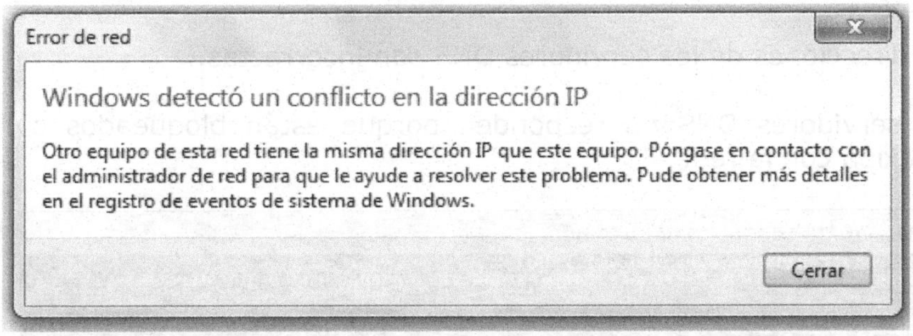

Figura 6.4. Mensaje de notificación de direcciones IP duplicadas. Este mensaje es mostrado por un equipo que tiene la misma dirección que otro dentro de la misma red local

6.2.2 El equipo no puede obtener la configuración de red

Los equipos pueden obtener su configuración de red de forma automática a través del protocolo DHCP. En ocasiones, un fallo puede hacer que el equipo no pueda obtener esta configuración, lo que hace que no pueda acceder a la red.

Para consultar cuál es la dirección que se le ha asignado al equipo por DHCP, se utilizan los comandos *IPCONFIG* (Windows) e *ifconfig* (Linux). Si la dirección que tiene asignada el equipo comienza por "169.254", significa que éste no ha podido obtener la configuración desde un servidor DHCP, por varias causas posibles:

- **El equipo no tiene conexión con la red**: hay que revisar la configuración y la conexión a nivel de enlace (véase el apartado 6.1).

- **El servidor DHCP no responde**: puede estar bloqueado o ha perdido su conexión con la red.

6.2.3 Los servidores DNS no responden

Cualquier usuario que quiera utilizar direcciones de dominio en vez de direcciones IP, necesita que su equipo tenga configurada, al menos, una dirección IP de un servidor de nombres para que le resuelva estas direcciones. Si las direcciones no pueden ser resueltas, entonces el usuario se puede encontrar con que no puede acceder a los recursos especificados con esas direcciones. Seguramente pensará en ese caso que la red no funciona simplemente porque no funciona la resolución de direcciones.

La resolución de direcciones puede fallar por:

- El equipo no tiene acceso a la red o parte de ella y por lo tanto no se puede comunicar con los servidores DNS.
- Las direcciones de los servidores DNS son incorrectas.
- Los servidores DNS no responden porque están bloqueados o han perdido su conexión con la red.

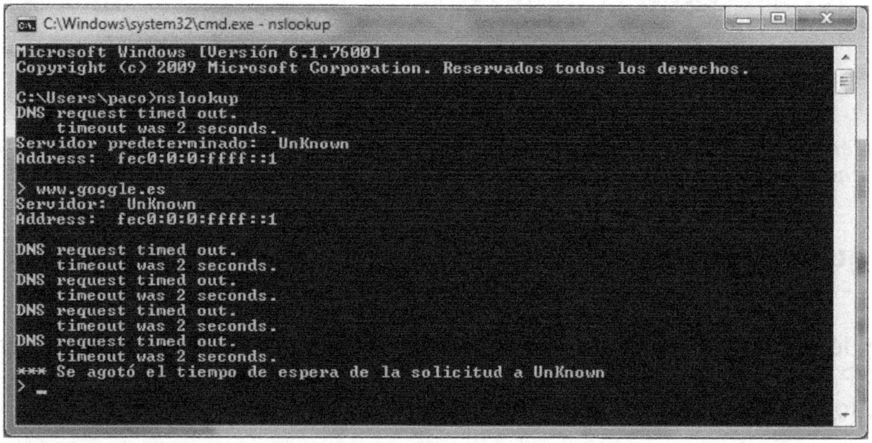

Figura 6.5. Ejemplo de errores DNS. Cuando el equipo intenta conectarse a sus servidores DNS definidos para resolver una dirección, se mostrarán mensajes de este tipo si el servidor no contesta

6.2.4 Problemas al compartir carpetas entre Windows 7 y Windows XP

En general, cuando existen problemas de acceso a recursos compartidos de la red Microsoft, la primera causa puede deberse a errores en la configuración de los parámetros de red. Una vez descartados estos errores, es necesario determinar si la configuración NetBIOS es correcta, tanto del equipo que accede al recurso como del equipo que lo comparte:

- El nombre del equipo.
- El grupo de trabajo o dominio al que pertenece.
- La cuenta de usuario con la que se está accediendo a ese recurso.
- Los permisos de acceso a ese recurso.

Las diferentes versiones de Microsoft Windows también pueden generar problemas de acceso a recursos compartidos ya que los protocolos que utilizan pueden variar sensiblemente. Por ejemplo, los sistemas Windows 7 utilizan mecanismos de cifrado de 128 bits frente a versiones anteriores, que usan cifrados menos robustos de 40 o 56 bits. En este caso, hay que establecer un mecanismo que sea común para todos los equipos de la red (véase la figura 6.6). Los problemas de acceso también se pueden producir cuando algunos equipos utilicen cifrado en la comunicación y otros no.

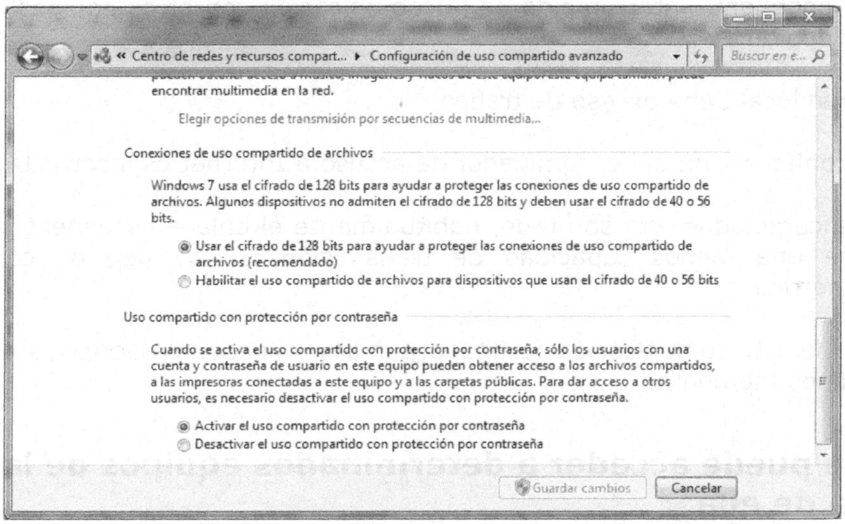

Figura 6.6. Opciones avanzadas de uso compartido en Windows 7. A esta ventana se accede desde el Centro de redes y recursos compartidos, pulsando en el enlace "Cambiar configuración de uso compartido avanzado"

6.2.5 No hay conexión a Internet

Existen muchas causas que hacen que los equipos no puedan comunicarse con otros fuera del ámbito de su red local:

- El equipo no tiene conexión con la red.
- La configuración de red es incorrecta (dirección, máscara o puerta de enlace).

- La red local tiene exceso de tráfico.
- La configuración del encaminador de acceso a Internet es incorrecta.
- El encaminador está saturado, habitualmente el enlace ascendente, que es el que tiene una menos capacidad de transmisión, si la línea de comunicación es asimétrica.
- Los servidores DNS no responden o las direcciones de estos son incorrectas.
- La línea de comunicación facilitada por el proveedor de servicios no responde.

6.2.6 La conexión a Internet funciona esporádicamente

Un funcionamiento interrumpido de la comunicación con otros equipos fuera de la red local puede ser debido a:

- La red local tiene exceso de tráfico.
- La configuración del encaminador de acceso a Internet es incorrecta.
- El encaminador está saturado, habitualmente el enlace ascendente, que es el que tiene una menos capacidad de transmisión, si la línea de comunicación es asimétrica.
- La línea de comunicación facilitada por el proveedor de servicios no responde en algunos momentos.

6.2.7 No se puede acceder a determinados equipos de la red o fuera de ella

El hecho de que un equipo pueda comunicarse con otros pero no pueda hacerlo con alguno puede ser un síntoma de que los protocolos de encaminamiento no funcionan correctamente porque no redirigen los mensajes correctamente hasta el destino.

En los sistemas GNU/Linux, el problema puede estar relacionado con **ECN** (*Explicit Congestion Notification* o Notificación Explícita de Congestión), un mecanismo que utilizan los encaminadores para notificar situaciones de congestión en la red. Los núcleos de Linux modernos activan el control de ECN por defecto, lo que puede hacer que no podamos navegar por algunos sitios web cuyos encaminadores no tienen configurado correctamente este protocolo.

Para consultar el estado de ECN en nuestro Linux tenemos que ejecutar una de las siguientes órdenes:

```
# cat /proc/sys/net/ipv4/tcp_ecn
# sysctl net.ipv4.tcp_ecn
```

Para desactivar el uso de ECN en nuestro equipo tenemos que ejecutar una de las siguientes órdenes como usuario *root*:

```
# echo "0" > /proc/sys/net/ipv4/tcp_ecn
# sysctl -w net.ipv4.tcp_ecn=0
```

En vez de desactivar ECN en el equipo, se pueden indicar las direcciones IP de los servidores de Internet para los que no se utilice ECN, usando la siguiente orden (donde *dir* especifica la dirección IP problemática):

```
# iptables -t mangle -p tcp -A OUTPUT -d dir -j ECN \\
--enc-tcp-remove
```

TEST DE CONOCIMIENTOS

1. Si una red local funciona con lentitud, puede ser debido a:

a) Excesivo tráfico.

b) Demasiados equipos conectados al mismo medio de difusión.

c) Demasiadas colisiones.

d) Todas son ciertas.

2. Un funcionamiento anómalo de la red inalámbrica puede ser debido a:

a) La potencia de la señal es insuficiente o el punto de acceso está demasiado lejos.

b) Hay interferencias en el canal con puntos cercanos.

c) Las respuestas *a* y *b* son ciertas.

d) Ninguna es cierta.

3. Una red inalámbrica puede sufrir problemas de rendimiento (velocidad) debido a:

- **a)** La clave de cifrado es incorrecta.
- **b)** Algún intruso está haciendo uso de la red.
- **c)** El método de cifrado utilizado no es correcto.
- **d)** Todas son ciertas.

4. Cuando un equipo obtiene su configuración de red por DHCP hay que comprobar que:

- **a)** La dirección asignada debe corresponder con la dirección de la red.
- **b)** La máscara de red debe ser distinta al resto de equipos de la red.
- **c)** La dirección de la puerta de enlace debe ser distinta al resto de equipos de la red.
- **d)** Todas son ciertas.

5. Se sabe cuándo un equipo no puede obtener la configuración por DHCP:

- **a)** Si la dirección IP que tiene es incorrecta.
- **b)** Si la dirección IP que tiene es 0.0.0.0.
- **c)** Si la dirección IP que tiene comienza por 192.168.
- **d)** Si la dirección IP que tiene comienza por 169.254.

6. Si el servicio DNS falla:

- **a)** No se puede acceder a la red.
- **b)** No puede haber comunicación con ningún equipo.
- **c)** No se puede obtener la configuración por DHCP.
- **d)** Ninguna es cierta.

7. No poder acceder a una carpeta compartida de la red Microsoft NO es debido a:

- **a)** La configuración DNS.
- **b)** El nombre del equipo.
- **c)** Los permisos de acceso.
- **d)** Ninguna de las anteriores.

8. Si el equipo no puede acceder a Internet podrá ser debido a:

a) La configuración de red.

b) El encaminamiento.

c) La saturación del encaminador.

d) Todas son ciertas.

9. El protocolo ECN se usa para:

a) Notificar congestión.

b) Notificar sitios de Internet prohibidos.

c) Evitar el exceso de colisiones.

d) Ninguna es cierta.

10. La dirección de la puerta de enlace por defecto especifica:

a) El encaminador que se conecta a otras redes.

b) El encaminador que se usa por defecto cuando otros fallan.

c) El puente para conectar con otra red local.

d) Ninguna es cierta.

Capítulo

7

DETECCIÓN Y DIAGNÓSTICO DE INCIDENCIAS EN REDES DE ÁREA LOCAL

Cuando un equipo falla y pierde su conexión con la red hay que seguir un orden en el diagnóstico de la avería, ya que esto nos permitirá llegar a una solución de una forma mucho más sencilla y rápida. El orden de comprobaciones que se deberá seguir es el mismo que se establece en la arquitectura de red, comenzando por los niveles más bajos (físico y enlace de datos) y acabando en el nivel de red:

- **Posibles conflictos entre el adaptador de red y el equipo**.
- **Conexión física del adaptador con la red**.
- **Configuración de los parámetros de la arquitectura de red**.

7.1 HERRAMIENTAS DE DIAGNÓSTICO DE DISPOSITIVOS DE COMUNICACIONES EN REDES LOCALES

Cuando un equipo falla y deja de funcionar correctamente, el primer paso antes de solucionar el problema es detectar la causa que lo ha producido. Esta causa puede ser producida por un hecho externo (fallo de corriente, ataque intencionado, etc.) o por un problema interno (un error en la configuración del sistema, un fallo en un componente, etc.).

Para detectar un problema y así poder solucionarlo podemos trabajar con:

- **Archivos de configuración del sistema**: contienen los parámetros de configuración de los distintos servicios del sistema. En los sistemas Microsoft Windows se usa una gran base de datos que guarda toda la configuración del sistema y los programas instalados llamada Registro. Para acceder a esta base de datos se utiliza la orden *REGEDT32.EXE*, teniendo en cuenta que la información que contiene es muy sensible y es necesario hacer copias de seguridad antes de manipularla (en la tabla 5.1 se muestra un resumen de las categorías principales del registro de Windows). Para los sistemas GNU/Linux se utiliza un conjunto de archivos de configuración (algunos de ellos se explican en el capítulo 4) que también son bastante sensibles a las modificaciones.

- **Archivos de registro del sistema** (*log file*): además de las aplicaciones, comandos y archivos de configuración disponibles para realizar diagnóstico de averías en los distintos sistemas operativos de red, son también muy útiles los archivos de registro (*log file*). Un **archivo de registro** es utilizado por el sistema para guardar todos los sucesos que se producen en la ejecución de las aplicaciones y servicios en él. El administrador del sistema puede inspeccionar estos archivos para comprobar qué errores se han producido durante la carga o la ejecución de esos servicios.

- **Herramientas para el diagnóstico y recuperación**: se trata de un conjunto de programas y aplicaciones que facilitan la búsqueda de las causas de los fallos e incluso intentan subsanarlas lo mejor posible.

- **Indicadores de estado de los puertos**: en general, los dispositivos de interconexión y los adaptadores de red disponen de indicadores luminosos de estado que permiten determinar, además de otros parámetros, si hay conexión con la red. Esto ayuda a identificar muchos de los problemas que se producen (véanse los apartados siguientes).

7.1.1 Indicadores de estado de los puertos

Los dispositivos de interconexión de redes disponen de una serie de indicadores luminosos, situados en la parte frontal (para que resulte más fácil verlos), que muestran el estado actual de funcionamiento. También existen una serie de indicadores luminosos, por cada uno de los puertos del equipo, que informan también de su estado.

Figura 7.1. Indicadores luminosos en el panel frontal de un conmutador Cisco Catalyst. Se puede observar el botón "Mode" en la parte inferior izquierda del equipo

El significado de los indicadores luminosos puede variar de unos modelos y fabricantes a otros aunque, por norma general, suelen tener los siguientes significados:

- **Verde**: el funcionamiento del puerto es correcto.
- **Naranja**: el funcionamiento del puerto es incorrecto o lo hace por debajo de sus capacidades de transmisión.
- **Parpadeo**: existe algún problema de funcionamiento o lo hace de forma deficiente.

En general, un conmutador puede contar con los siguientes indicadores luminosos:

- **Sistema**: es un indicador que muestra el estado general del equipo, si está encendido, recibe corriente eléctrica de alimentación o está ejecutando los programas de arranque y diagnóstico.
- **Suministro remoto de energía**: muestra si el equipo está funcionando porque otro equipo le está suministrando energía eléctrica de forma remota.
- **Modo de puerto**: indica qué tipo de información muestran los indicadores luminosos de los puertos. La información que pueden mostrar es: **estado**, **utilización**, **modo de transmisión o velocidad de transmisión**. Este indicador cambia cuando se pulsa en el botón etiquetado "Modo".
- **Estado de los puertos**: son los indicadores luminosos que están ubicados en cada uno de los puertos del equipo. Estos indicadores muestran el estado del puerto dependiendo del modo seleccionado. Los indicadores pueden mostrar la siguiente información:
  - *Estado*: indica si el puerto está conectado, activado y transmitiendo datos.
  - *Utilización*: muestra el grado de utilización del ancho de banda disponible.
  - *Modo de transmisión*: indica si la transmisión es dúplex o no.
  - *Velocidad de transmisión*: muestra la velocidad de transmisión del puerto (en las redes Ethernet cableadas puede ser 10 Mbps, 100 Mbps, 1 Gbps o 10 Gbps).

En general, un encaminador puede contar con los siguientes indicadores luminosos:

- **Sistema o *PWR***: es un indicador que muestra el estado general del equipo, si está encendido, recibe corriente eléctrica de alimentación o está ejecutando los programas de arranque y diagnóstico.
- **Actividad**: muestra si el equipo está recibiendo o enviando mensajes.

- **Memoria flash**: se ilumina cuando la memoria *flash* del equipo está en uso, en ese momento no debe extraerse la tarjeta de memoria CompactFlash.

- **Estado de los puertos**: son los indicadores luminosos que están ubicados en cada uno de los puertos del equipo. Estos indicadores muestran el estado del puerto dependiendo del modo seleccionado. Los indicadores pueden mostrar la siguiente información:

  - *Estado*: indica si el puerto está conectado, activado y transmitiendo datos.

  - *Modo de transmisión*: indica si la transmisión es dúplex o no.

  - *Velocidad de transmisión*: muestra la velocidad de transmisión del puerto (en las redes Ethernet cableadas puede ser 10 Mbps, 100 Mbps, 1 Gbps o 10 Gbps).

Gracias a que los dispositivos de interconexión de redes disponen de estos indicadores luminosos de estado, es posible realizar tareas de comprobación de las diferentes conexiones, de forma que se pueden localizar aquellas que no funcionan correctamente o que no han sido instaladas como es debido.

7.1.2 Indicadores de estado de los adaptadores de red

La mayoría de adaptadores de red disponibles en el mercado, tanto cableados como inalámbricos, disponen de una serie de indicadores luminosos que informan del estado actual de la conexión, de la misma forma que los dispositivos de interconexión de red. Gracias a estos indicadores luminosos, es posible identificar la causa de algunos de los problemas que pueden afectar a las redes de comunicaciones. Los indicadores luminosos que más comúnmente existen en los diferentes tipos de adaptadores de red son los siguientes:

- **Conexión**: suele nombrarse como *LNK* o *PWR* y se enciende si hay conexión con la red. En el caso de una tarjeta inalámbrica, lo normal es que el indicador deje de parpadear cuando hay conexión.

- **Actividad**: suele nombrarse como *ACT* o *TX/RX* y luce si la tarjeta está enviando o recibiendo datos.

- **Colisión**: se nombra como *COL* o *FUDUP* e indica si se ha producido una colisión (varias estaciones transmiten a la vez). Si este indicador luminoso se enciende con mucha frecuencia, puede ser síntoma de que hay demasiados equipos transmitiendo a la vez y la red está saturada.

- **Velocidad**: el fabricante puede incluir otro indicador para mostrar la velocidad de transmisión que está utilizando esa tarjeta (el color naranja suele indicar 10 Mbps y el verde, 100 Mbps o 1 Gbps).

7.1.3 Comprobación de conexiones inalámbricas

Todos los sistemas operativos modernos disponen de herramientas que permiten gestionar las conexiones inalámbricas e informar de su estado (véase la figura 7.2). Gracias a estas herramientas, es posible detectar la causa de un mal funcionamiento de la conexión. En el mercado existen también herramientas mucho más precisas que son capaces de medir las diferentes intensidades de las señales inalámbricas emitidas en distintas longitudes de onda, aunque esos instrumentos resultan bastante costosos.

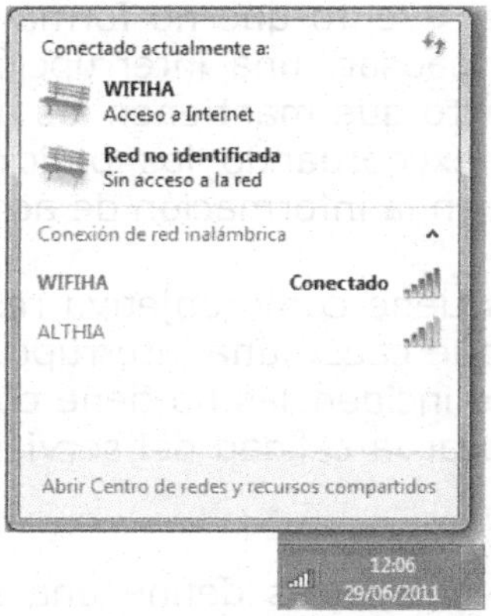

Figura 7.2. Ventana de estado de la conexión inalámbrica en Windows 7. Aquí se muestra una lista de las redes inalámbricas disponibles, el estado de la conexión y la intensidad de la señal recibida

7.1.4 Herramientas de monitorización de red

Las herramientas para la monitorización de una red de comunicación pueden ser muy variadas: desde dispositivos que analizan la señal que circula por un cable a programas que monitorizan todo el tráfico de los enlaces. Estas herramientas tienen la ventaja de que son menos intrusivas, ya que evitan que los dispositivos de interconexión tengan que realizar trabajo adicional. En el capítulo 9 se explican estas herramientas, que pueden ser o bien simples comprobadores de continuidad o bien complejos dispositivos o programas que son capaces de analizar el tráfico que circula por la red.

El análisis del tráfico resulta muy sencillo para una red de comunicación que utiliza un medio compartido (como las redes *Ethernet*) ya que un equipo puede obtener todos los mensajes en circulación si su adaptador de red funciona en modo promiscuo. Si complementamos esta captación del tráfico con una herramienta avanzada, podemos realizar un análisis completo del funcionamiento de la red.

Uno de los objetivos que se pueden perseguir a la hora de realizar un análisis del tráfico de la red consiste en determinar la calidad de servicio ofrecida. La calidad de servicio define el rendimiento que ofrece la red de comunicación, en cuanto a tres parámetros: el retardo (tiempo que tardan los mensajes desde el origen al destino), la variación del retardo (diferencia de retardo entre los distintos mensajes) y la pérdida de mensajes (cantidad de mensajes que se pierden por alguna razón).

7.2 PROCESOS DE GESTIÓN DE INCIDENCIAS EN REDES LOCALES

Una **incidencia** es cualquier evento que no forma parte de la operación estándar de un servicio y que causa, o puede causar, una interrupción o una reducción de calidad del mismo. En general, cualquier contacto que mantienen los usuarios con los administradores se puede considerar una incidencia, exceptuando las peticiones de licencias para el uso de determinados servicios o el cambio en la información de acceso.

La **gestión de incidencias** tiene como objetivo resolver, de la manera más rápida y eficaz posible, cualquier incidente que cause una interrupción en los servicios ofrecidos por la red local. Por lo tanto, la gestión de incidencias no tiene como objetivo buscar las causas que han producido un incidente ni mejorar la calidad del servicio, simplemente persigue restaurar los servicios lo antes posible.

Un proceso de gestión de incidencias define una serie de pasos que se tienen que llevar a cabo para resolver el problema. En general, los pasos que se siguen en la gestión de incidencias son:

- Detectar las alteraciones en los servicios ofrecidos por la red local.
- Registrar y clasificar estas alteraciones.
- Asignar el personal encargado de resolver el problema y restaurar el servicio.

La figura 7.3 muestra de forma gráfica los pasos detallados que se siguen en el proceso de gestión de incidencias.

Las principales ventajas de una correcta gestión de incidencias son:

- Mejorar la productividad de los usuarios que trabajan con la red.
- Cumplimiento de los niveles de servicio acordados en el diseño e instalación de la red.
- Mayor control de los procesos y monitorización del servicio.
- Optimización de los recursos disponibles.
- Mejorar la satisfacción general de los usuarios que utilizan la red.

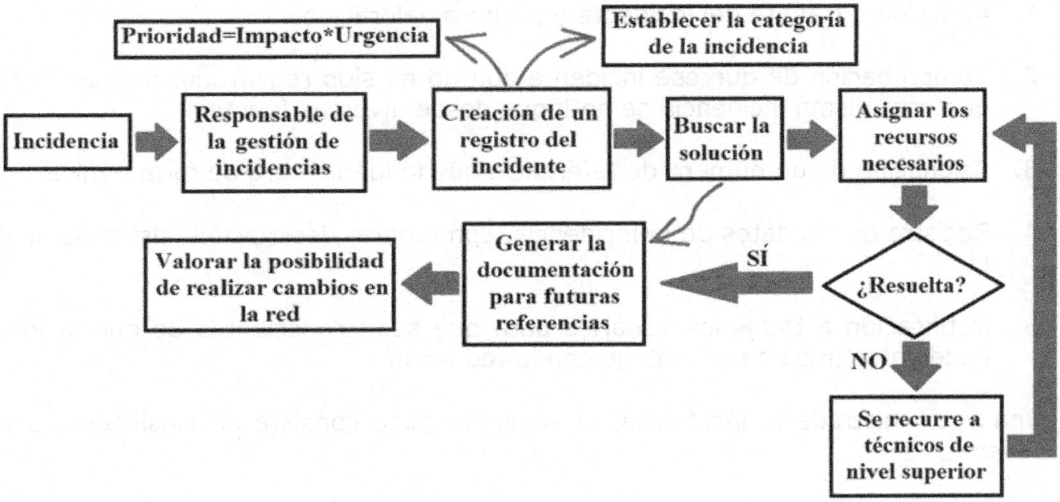

Figura 7.3. Pasos en la gestión de incidencias

Por su parte, los inconvenientes de llevar a cabo una incorrecta gestión de incidencias son:

- Reducción de los niveles de servicio.
- Gestión ineficiente de los recursos.
- Pérdida de información sobre los procedimientos de resolución de futuras incidencias.
- Aparición de usuarios insatisfechos.

Los principales escollos a la hora de realizar una correcta gestión de incidencias son:

- No se siguen los procedimientos establecidos.
- Se resuelven las incidencias sin registrarlas.
- Se recurre a técnicos de nivel superior innecesariamente.
- No existe un margen operativo para gestionar grandes volúmenes de incidencias.

La aceptación y el registro de la incidencia es el primer paso hacia su resolución. Las incidencias pueden provenir desde diversas fuentes, como los propios usuarios, la monitorización de la red por parte de los administradores, etc. El registro de la incidencia debe realizarse inmediatamente o se correrá el riesgo de no hacerlo en el futuro ante una eventual aparición de nuevas incidencias. El registro se realiza en estos pasos:

1. Admisión a trámite del incidente y primera valoración.

2. Comprobación de que ese incidente aún no ha sido registrado, porque es habitual que una misma incidencia se notifique desde diversas fuentes.

3. Asignación de un número de referencia que la identificará de forma única.

4. Registro de los datos de la incidencia, como hora, descripción, sistemas afectados, etc.

5. Notificación a todos los usuarios para que sean conscientes de que la incidencia puede afectarles en su trabajo con la red local.

Una vez registrada la incidencia, el siguiente paso consiste en clasificarla, siguiendo estos pasos:

- Asignar una categoría de incidencia que se relaciona con los servicios afectados.

- Establecer un nivel de prioridad.

- Asignar los recursos necesarios, ya sean de la propia organización o de proveedores externos.

- Asociar un estado a la incidencia y estimar el tiempo necesario para resolverla.

Es habitual que se produzcan varias incidencias a la vez, por lo que es necesario determinar un nivel de prioridad para la resolución de las mismas. La priorización se basa esencialmente en dos parámetros:

- **Impacto**: determina la importancia de la incidencia dependiendo de cómo ésta afecta al trabajo y a la cantidad de usuarios.

- **Urgencia**: depende del tiempo máximo de demora aceptado por los usuarios para la resolución de la incidencia.

- **Tiempo de resolución**: por lo general, las incidencias simples se tramitarán antes porque se pueden resolver en poco tiempo.

Dependiendo de la prioridad de la incidencia, se podrán asignar más o menos recursos para resolverlas. De igual forma, las incidencias pueden cambiar de prioridad a lo largo del tiempo, ya que en algunos casos se pueden encontrar soluciones temporales que restauren la red o sus servicios a niveles de funcionamiento aceptables.

El análisis de la incidencia conlleva, en primer lugar, el examen de incidencias anteriormente registradas para valorar la posibilidad de utilizar procedimientos ya empleados con anterioridad. Suele ser habitual que determinadas incidencias no puedan ser resueltas por los administradores de la red, por lo que es necesario involucrar a algunos técnicos más especializados y personal superior que tome las decisiones necesarias. Dependiendo de la envergadura de la organización, el escalado puede abarcar más o menos niveles.

Durante el período de puesta en marcha de los procedimientos para resolver la incidencia, se debe actualizar la información de los registros de la incidencia para que los usuarios afectados dispongan de información precisa sobre el estado de la misma. Si fuera necesario, se puede realizar una petición de cambios en determinados parámetros o dispositivos de la red local.

Cuando la incidencia se haya resuelto, es necesario informar a los usuarios y preparar la documentación asociada para que pueda ser utilizada en futuras incidencias. Para el correcto seguimiento de todo el proceso, se aconseja la realización de encuestas que permitan evaluar objetivamente el funcionamiento del servicio y la satisfacción de los usuarios. Algunos de los aspectos importantes que se deben considerar en esta encuesta son:

- Número de incidentes clasificados temporalmente y por prioridades.
- Tiempos de resolución clasificados en función del impacto y la urgencia de los incidentes.
- Costes asociados.
- Uso de los recursos disponibles.
- Porcentaje de incidentes, clasificados por prioridades, resueltos en primera instancia.
- Grado de satisfacción de los usuarios.

7.2.1 Análisis de incidencias en redes locales

Los problemas de acceso a la red de un equipo se catalogan entre los más comunes a los que se enfrenta el administrador de red. Llamadas de los usuarios con argumentos como "no puedo acceder a Internet", "no puedo entrar a mi carpeta en el servidor" o "no puedo ver las carpetas compartidas en la red", son las que más horas consumen a los administradores.

Ante una situación de este tipo, lo primero que debe hacer el administrador es comprobar si el fallo es debido a una instalación incorrecta del adaptador, a que no hay conexión con la red o a que existe algún protocolo que no funciona correctamente. A partir de ahí, se puede centrar en cuestiones más específicas hasta que llegue a la causa o causas que han generado el problema.

Cuando un equipo falla y pierde su conexión con la red hay que seguir un orden en el diagnóstico de la avería, ya que esto nos permitirá llegar a una solución de una forma mucho más sencilla y rápida. El orden de comprobaciones que se deberá seguir es el siguiente:

1. Módulo (controlador) adecuado y cargado por el núcleo.
2. Posibles conflictos entre el adaptador de red y el ordenador.
3. Conexión física del adaptador con la red.
4. Configuración de los parámetros de la arquitectura de red.

Para poder realizar estas comprobaciones disponemos de un conjunto de herramientas en forma de comprobadores de cableado de red y herramientas que se incluyen en el sistema operativo de los equipos.

Una vez que estamos seguros que el adaptador de red está correctamente instalado y configurado en el equipo, debemos seguir los siguientes pasos para encontrar la causa del problema:

1. Consultar la configuración de red del equipo y compararla con la que figura en nuestra base de datos. Los parámetros que hay que consultar son los correspondientes a TCP/IP y a la red Microsoft (si es que el equipo lleva Windows instalado). En caso de que no coincidan, establecer los valores que correspondan.

2. En caso de que el equipo obtenga su configuración de red a través del protocolo DHCP, comprobar que esta asignación se realiza correctamente. En caso contrario, revisar la configuración del servidor DHCP.

3. Utilizar la orden *PING* para comprobar de una forma rápida si el equipo puede comunicarse con su encaminador o puerta de enlace por defecto (o servidor *proxy*). En caso de que la respuesta sea positiva, entonces descartaremos un problema de configuración del equipo o de acceso a la red. De lo contrario, nuestro trabajo deberá centrarse primero en el equipo con problemas. Cuando se utiliza esta herramienta, se pueden utilizar como direcciones de destino las del propio equipo (la dirección 127.0.0.1 o la dirección IP asignada) o la de otro equipo o dispositivo de la red. Sin embargo, hay que tener en cuenta que utilizar las direcciones asignadas al propio equipo no asegura que el eco enviado vaya a ser transmitido por la red. En la mayoría de las ocasiones, al enviar un eco a la dirección 127.0.0.1 o a la del propio equipo se recibe un mensaje de respuesta independientemente de si el adaptador está conectado a la red o no. Por esta razón, se recomienda que el envío de mensajes de eco se realice a otros equipos de la red, situación que nos asegura la comprobación de la línea.

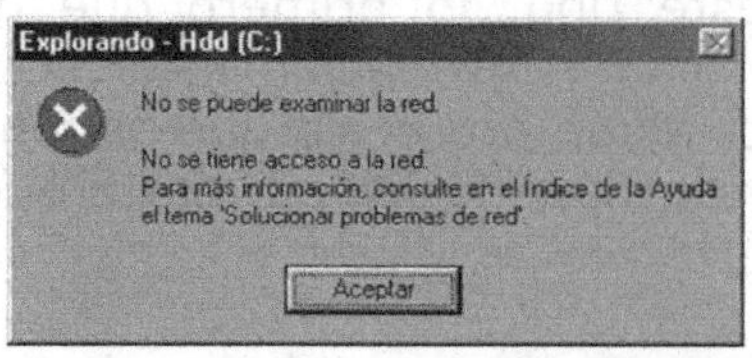

Figura 7.4. Ejemplo de ventana de error que se muestra cuando el usuario realiza una exploración de la red local. Este problema suele aparecer cuando el adaptador no está convenientemente instalado o cuando la configuración de los parámetros de la arquitectura no es correcta

Ahora vamos a detallar las dos posibles vías de investigación que se han abierto. Comenzamos primero con los pasos que debemos seguir cuando el equipo no recibe respuesta a los mensajes *PING* enviados:

1. Comprobar si el adaptador está correctamente instalado o si existe algún conflicto con otro dispositivo. En los sistemas Linux se puede consultar la lista de dispositivos instalados en el sistema (en el archivo */proc/pci*), la lista de módulos cargados (*/proc/modules*), las interrupciones utilizadas (*/proc/interrupts*) o los avisos y errores generados por el núcleo de Linux (con la orden *dmesg*).

2. Si se trata de una red cableada, comprobar si el cable de conexión está en perfectas condiciones. Para ello, seguir las indicaciones establecidas en el apartado siguiente.

3. Si se trata de una red inalámbrica, comprobar que se recibe señal suficiente desde el punto de acceso más cercano.

4. En último caso, la falta de conexión con la red puede ser debida a una cantidad de ruido excesivo en el cable o en el ambiente.

En caso de que el equipo tenga acceso a la red, deberemos seguir otras comprobaciones, que son:

1. Comprobar la configuración de encaminamiento en el encaminador por donde debe circular la información.

2. Realizar consultas a los servidores DNS para comprobar que la resolución de nombres funciona correctamente.

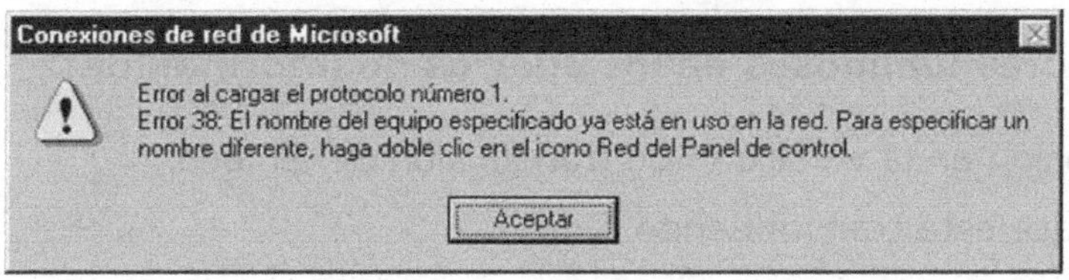

Figura 7.5. Mensaje de error producido por una estación con el mismo nombre NetBIOS. Este error aparece en la estación que arranca cuando encuentra en la red otra que ya tiene el mismo nombre

7.2.2 Análisis de incidencias en redes inalámbricas

A la hora de verificar el funcionamiento de una conexión inalámbrica, es recomendable seguir estos pasos:

1. Comprobar la intensidad de la señal recibida, asegurando que la calidad de la señal que llega al equipo es buena. En caso de que no lo sea, hay que estudiar la

posibilidad de ubicar el equipo en un lugar mejor o trasladar el punto de acceso inalámbrico.

2. Comprobar los parámetros de configuración de la conexión inalámbrica para asegurar que son correctos. Estos parámetros son el identificador de la red (SSID), tipo de red, tipo de cifrado, clave de cifrado, etc.
3. Comprobar los parámetros TCP/IP de la conexión (dirección IP, máscara de red, etc.), como se explica en el capítulo 4.

TEST DE CONOCIMIENTOS

1. Los indicadores luminosos de los puertos nos pueden informar de:

a) Tráfico excesivo.
b) Saturación del encaminador de Internet.
c) Velocidad de transmisión del enlace.
d) Todas son ciertas.

2. Los indicadores luminosos de los puertos no informan de:

a) La limitación en la velocidad de transmisión del enlace.
b) Si el enlace está transmitiendo o no.
c) Capacidad de transmisión utilizada.
d) Ninguna es cierta.

3. Una incidencia tiene que ver con:

a) La interrupción del servicio.
b) Reducción de la calidad del servicio.
c) Las respuestas *a* y *b* son ciertas.
d) Ninguna es cierta.

4. Si una incidencia no se puede resolver es recomendable:

a) Probar otras alternativas.

b) Recopilar más información del problema.

c) Recurrir a técnicos de nivel superior cuando sea posible.

d) Ninguna es cierta.

5. Para determinar el nivel de prioridad de una incidencia se tiene en cuenta:

a) La importancia y la urgencia.

b) La importancia, la urgencia y el tiempo de resolución.

c) La importancia, la urgencia y los recursos necesarios.

d) La importancia, los recursos necesarios y el tiempo de resolución.

6. Cuando un equipo no puede enviar mensajes por la red, lo primero que se comprueba es:

a) La configuración de los parámetros de red.

b) La configuración de los parámetros NetBIOS.

c) El estado del enlace.

d) La instalación correcta del controlador y su funcionamiento en el equipo.

7. En una misma red local no debe haber:

a) Dos equipos con la misma dirección IP.

b) Dos equipos con el mismo nombre NetBIOS.

c) Dos equipos con distintas máscaras de red.

d) Todas son ciertas.

8. Ante un problema de funcionamiento del enlace inalámbrico de un equipo, lo primero que hay que verificar es:

a) Configuración de los parámetros de red.

b) Estado del enlace e intensidad de la señal recibida.

c) Configuración de los parámetros del enlace inalámbrico.

d) Ninguna es cierta.

9. Si un equipo recibe correctamente los mensajes ICMP eco a través de un PING, hay que descartar:

a) Problemas de conectividad del enlace.

b) Problemas de funcionamiento del DNS.

c) Problemas con NetBIOS.

d) Todas son ciertas.

10. Cuando se envía un mensaje ICMP eco a 127.0.0.1:

a) Se envía directamente al propio equipo.

b) Se envía a través de la red y vuelve al propio equipo.

c) Se envía al encaminador por defecto.

d) Se envía al servidor DNS.

Capítulo

8

COMPROBACIÓN DE CABLES DE PAR TRENZADO Y COAXIAL

Como se explica en el apartado 2.8 del capítulo 2, un estándar de cableado estructurado define cómo se organiza y se instala el cableado en edificios. Seguir un estándar de este tipo facilitará en el futuro la comprobación del cableado, la detección de averías y las ampliaciones.

La comprobación de una instalación de cableado no solamente sirve para detectar posibles problemas de funcionamiento, sino que también se utiliza para realizar certificaciones. Una **certificación** de una instalación de cableado se utiliza para comprobar que ésta es adecuada para las necesidades de comunicación de la organización, es decir, que permite asegurar que el rendimiento que ofrece se corresponde con el proyectado y presupuestado. Esta certificación permite comprobar también que todas las conexiones se han realizado correctamente (pares sueltos, niveles de ruido, etc.) y que no existen cables mal instalados en los conductos (torsiones mínimas, radios de curvatura, empalmes, cortes, etc.). La certificación del cableado también permite obtener datos sobre la red de comunicación, como su capacidad máxima de transmisión o la velocidad de los enlaces, de forma que puedan ser utilizados en el futuro para detectar y corregir averías. Todos los estándares de cableado estructurado establecen una serie de normas a seguir a la hora de certificar una instalación de cableado.

La certificación del cableado se realiza utilizando aparatos portátiles que miden los parámetros más importantes del cableado: diafonía (influencia de señales cercanas), atenuación (disminución de la potencia de la señal con la distancia) y longitud. Estos aparatos se denominan genéricamente **comprobadores de red**. Los más sencillos sólo permiten verificar si los conectores se han engastado en el orden correcto (todos los hilos que componen el cable están unidos), mientras que los más sofisticados son capaces de medir radios de curvatura de los cables, longitudes, empalmes, etc.

Este capítulo está dedicado a explicar las herramientas y las técnicas más utilizadas para comprobar el cableado de una instalación de red local. La instalación del cableado de una red es fundamental a la hora de determinar su velocidad máxima de transmisión. Una buena instalación de éste limitará las posibles averías que se puedan producir en el futuro y facilitará aquellas que se puedan producir. Por el contrario, una instalación de cableado con deficiencias limitará la capacidad máxima de transmisión de datos de la red y requerirá en el futuro un mayor coste de mantenimiento.

8.1 CATEGORÍAS DE HERRAMIENTAS DE COMPROBACIÓN DE CABLEADO

Los dispositivos de comprobación de red están disponibles para cable de par trenzado con y sin apantallar, cable coaxial y fibra óptica. Existen tres tipos básicos de comprobadores, dependiendo de la función que realizan:

- **Comprobadores de continuidad**: se trata de dispositivos que se dedican a comprobar si los cables están bien montados o tienen algún corte. A este tipo pertenecen los voltímetros, los multímetros digitales y los comprobadores de continuidad. Son dispositivos muy sencillos y de un coste muy reducido, y se limitan a comprobar si cada uno de los hilos del cable ofrece continuidad o está cortado.

- **Comprobadores de cableado**: estos aparatos son más avanzados que los anteriores, ya que aparte de poder realizar comprobaciones de continuidad, son capaces de realizar comprobaciones de diafonía (proximidad del cableado), atenuación y ruido. Los más avanzados son capaces también de realizar monitorización del tráfico de la red, incluyendo estadísticas de utilización de la red o mensajes perdidos.

- **Reflector de Dominio del Tiempo** (*Time Domain Reflector* o TDR): son los dispositivos de comprobación de red más avanzados y de mayor coste, ya que pueden realizar comprobaciones avanzadas, como detección de empalmes, nudos, radios de curvatura del cable demasiado pronunciados, errores de impedancia, etc. También son capaces de medir la longitud y la tasa de propagación de los cables. Los comprobadores para fibra óptica, llamados **OTDR** (*Optical Time Domain Reflector* o Reflector Óptico de Dominio del Tiempo), pueden calcular la atenuación del fragmento de cable y las pérdidas en los conectores. A diferencia de los comprobadores normales, los comprobadores de dominio del tiempo detectan las anomalías e indican en qué punto de la línea se están produciendo.

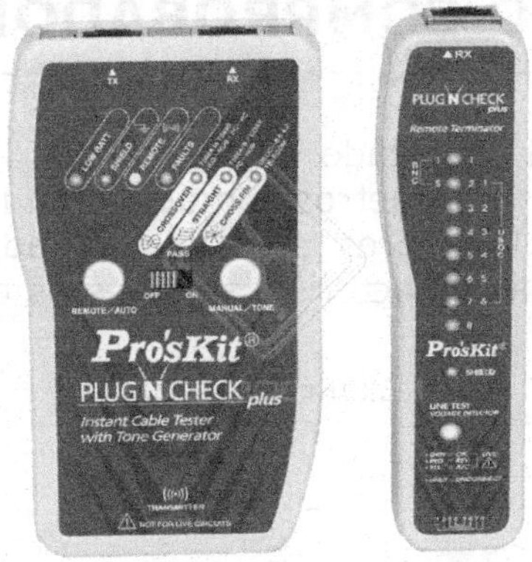

Figura 8.1. Comprobador de cableado. Este tipo de comprobadores se utilizan para verificar que existe continuidad entre los dos extremos de un cable. También pueden mostrar si los pares individuales están conectados en el orden correcto

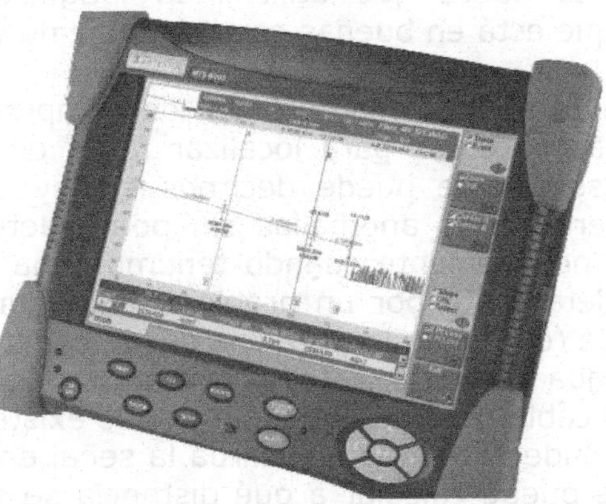

Figura 8.2. Ejemplo de comprobador OTDR disponible en el mercado. Este modelo lo distribuye el fabricante Siecor y permite la comprobación de cables monomodo y multimodo

Dependiendo del tipo de aplicación, categoría y velocidad máxima de transmisión de la instalación del cableado, los certificados que se realizan tienen en cuenta diferentes valores de diafonía, atenuación y longitud. Evidentemente, cuanto mayor sea la velocidad de transmisión y categoría a certificar, mayores serán también las exigencias de los valores indicados anteriormente.

Para facilitar en un futuro la localización de problemas o averías en la red, se recomienda que se anoten y se conserven todos los valores obtenidos durante la fase de certificación de la red.

8.2 ANALIZADORES O COMPROBADORES DE CABLE

Como se explica en el apartado anterior, los analizadores de cableado son herramientas que permiten medir parámetros complejos en los cables, no solamente si existe conexión en los extremos o si los pares se han montado en el orden correcto. En los apartados siguientes se explican las características de estos equipos y los parámetros que son capaces de medir.

8.2.1 Características

Como se explica en el apartado 8.1, para realizar la comprobación de un fragmento de cable hay que utilizar un comprobador de cableado, colocando el aparato en un extremo del cable y una **sonda** o **unidad remota** (incluida con el aparato) en el otro. En caso de que el equipo o la sonda lleven el mismo tipo de puerto que el dispositivo donde se desea conectar (macho o hembra), entonces habrá que utilizar un latiguillo de cable de las mismas características, asegurando que está en buenas condiciones y no va a interferir en la prueba.

La **prueba de reflectometría** que realizan los comprobadores TDR es una de las funciones de diagnóstico más potentes para localizar fallos en una instalación de red. Un comprobador convencional solamente puede decirnos si hay cortes en el cable o, como mucho, puede detectar determinadas anomalías sin poder determinar su localización a lo largo del cable. Esto es un inconveniente cuando tenemos una instalación de cableado que debe ser desmontada completamente por un problema. Sin embargo, un TDR es capaz de indicar en qué punto del cable (contando la distancia desde el extremo en el que se encuentra el comprobador) está localizada la avería. Esto se consigue gracias a que una pequeña parte de la señal que circula por el cable rebota en el lugar donde existe alguna anomalía y vuelve a su extremo de origen. Si se mide el tiempo que tarda la señal en volver al origen después de haber rebotado, entonces se puede calcular a qué distancia se encuentra esa anomalía. Los comprobadores de alta precisión no solamente son capaces de medir un problema en un punto del cable, sino que también pueden medir un parámetro determinado a lo largo de todo el cable, utilizando una representación gráfica (véase la figura 8.4).

Cuando se realiza una certificación de una instalación de cableado hay que medir una serie de parámetros. Estos parámetros se pueden medir en cualquiera de los dos extremos del cable. En el **extremo cercano** se coloca el comprobador, mientras que en el **extremo lejano** se coloca la sonda o unidad remota. Los parámetros más importantes son los siguientes:

- **Continuidad**: indica si existe alguna rotura en algún punto del cable, lo que hace que no llegue señal al otro extremo. Esta característica puede ser medida por un simple comprobador de continuidad, aunque si se utiliza un comprobador de tipo TDR se puede conocer en qué punto exacto del cable está la rotura.

- **Mapeado de hilos**: se usa para comprobar si los cables que forman el circuito desde un extremo al otro están montados correctamente o existen cortocircuitos en los cables (véase el apartado 2.8 del capítulo 2). Este error es muy grave porque impide que la información llegue de un extremo al otro, por lo que su corrección debe ser prioritaria. Este parámetro se puede medir con un simple comprobador de continuidad.

- **Resistencia**: se usa para medir el valor de la resistencia eléctrica a lo largo del cable. Un valor elevado puede producir una atenuación anormalmente alta y puede estar causado por un defecto en los cables o en el montaje de los conectores.

- **Longitud**: es la distancia que existe entre los dos extremos del cable. La longitud de las conexiones no debe exceder la establecida en el estándar, ya que esto puede causar retardos excesivos en las señales y los protocolos pueden fallar o atenuaciones que deterioren los mensajes. La medida de la longitud de los cables también puede ser útil para detectar posibles rollos en el interior de los conductos.

- **Atenuación** o **pérdida por inserción** (*Insertion Loss*): este fenómeno se produce por la pérdida de energía de la señal cuando ésta atraviesa un medio que tiene una determinada resistencia a su paso. Este valor se calcula dividiendo la energía de la señal de entrada entre la energía de la señal de salida y se mide en decibelios (dB). Por ejemplo, un valor de atenuación de 30 dB significa que la señal de entrada es 1.000 veces superior a la señal de salida. Por lo tanto, se recomienda que este valor sea lo más próximo posible a 1 dB. Un valor elevado puede ser debido a:

  - La longitud del enlace es excesiva.

  - Los conectores no se han montado correctamente.

  - La temperatura es elevada (puede influir en la atenuación de algún tipo de cableado, especialmente los que están compuestos de PVC).

- **Diafonía** (*Crosstalk*): en general, este fenómeno se produce debido a que la corriente eléctrica que circula por un medio crea un campo electromagnético a su alrededor, lo que puede interferir con la señal que circula por otro cable cercano. A consecuencia de ello, en la señal del cable cercano puede aparecer la otra señal, como pueden comprobar los usuarios de telefonía fija cuando escuchan otra conversación de fondo en sus llamadas. Cuanto mayor sea el valor de trenzado del cable, menor será el efecto de diafonía en él. Normalmente, los valores elevados de diafonía se producen porque el cable no se ha mantenido trenzado al máximo en los conectores o porque la pantalla protectora se ha deteriorado o es de mala calidad.

- **Diafonía del extremo cercano** (*Near End Crosstalk* o **NEXT**): se trata de un tipo de diafonía que se mide por la diferencia entre la cantidad de señal de un cable y la cantidad de señal que se acopla en otro cable y que vuelve en el sentido contrario al de circulación de la señal original (véase la figura 3.16). Este valor también se mide en decibelios y siempre se desea que sea alto (lo que quiere decir que hay poca diafonía). Para controlar este valor hay que mantener los cables trenzados hasta el máximo en los conectores.

- **Diafonía del extremo lejano** (*Far End Crosstalk* o **FEXT**): es un parámetro muy parecido a NEXT, salvo que el valor que se mide es la diferencia de la señal con la señal acoplada en otro cable que va en el mismo sentido (llega al otro extremo). Este valor se representa esquemáticamente en la figura 3.16 y también se desea que sea alto. Los problemas de valores de FEXT excesivos se derivan de problemas de atenuación y diafonía.

- **Igualdad de nivel de diafonía del extremo lejano** (*Equal Level Far End Crosstalk* o **ELFEXT**): no se trata de una medida, sino de un valor calculado, que se obtiene de la diferencia de la atenuación con FEXT. Para calcular este valor se inserta señal en un par y se mide otro par, por lo que para un cable de cuatro pares existen doce medidas distintas. Un valor bajo de ELFEXT indica una buena instalación.

- **Ratio de atenuación a diafonía** (*Attenuation to Crosstalk Ratio* o **ACR**): mide la diferencia entre el valor de NEXT y el valor de atenuación en esa línea. Este valor se mide en decibelios y establece si la potencia de la señal es más fuerte que la del ruido de fondo. Este parámetro debe ser lo más alto posible y un valor incorrecto puede ser debido a un valor excesivo de atenuación o NEXT.

- **Pérdida por retorno** (*Return Loss*): este fenómeno se produce debido a la diferencia de impedancia (o resistencia al paso de la corriente eléctrica) que existe en una línea. Esta diferencia puede aparecer varias veces y produce un efecto de rebote o reflejo de parte de la señal que vuelve al extremo de origen. El valor medido se expresa como la cantidad de señal que vuelve del cable, expresado en decibelios, y su nivel de aceptación depende del tipo de medio. Cuando existe un valor excesivo de pérdida por retorno suele ser porque las longitudes de destrenzado de los cables en los conectores son muy altas o no se ha mantenido hasta el extremo la pantalla protectora.

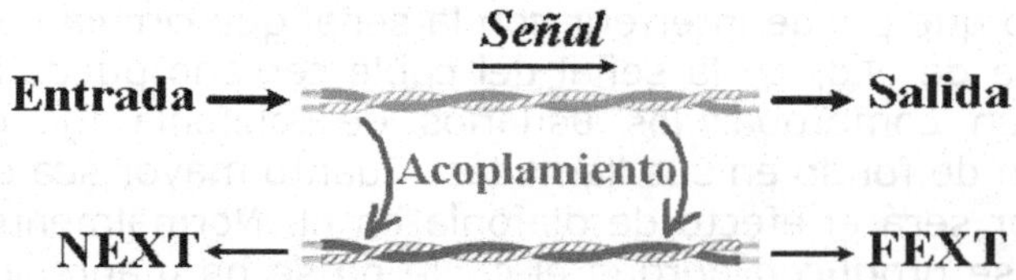

Figura 8.3. Representación de los valores NEXT y FEXT. Mientras que el valor NEXT se mide en el origen del cable (extremo cercano), el valor FEXT se mide en el destino (extremo lejano). Figura obtenida de la referencia bibliográfica www.cabletesting.com

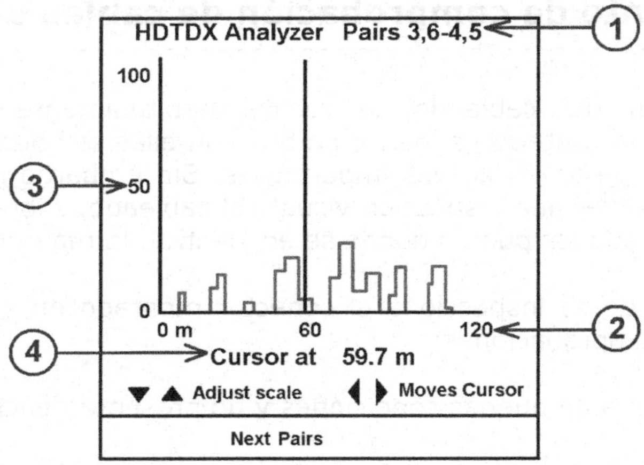

Figura 8.4. Ejemplo de gráfica de medida de ELFEXT sobre un par trenzado de un comprobador TDR. La gráfica que se muestra corresponde a la medida ELFEXT a lo largo del cable (el extremo cercano está a la izquierda). Se han numerado las distintas partes que muestra la pantalla del comprobador. La marca 1 indica los pares del cable sobre los que se está realizando la medida. La marca 2 indica la medida de la longitud del cable (de 0 a 120 metros). La marca 3 indica la magnitud de ELFEXT a medir. Finalmente, la marca 4 muestra la posición del cursor para medir el valor ELFEXT a 59,7 metros desde el extremo cercano. Este cursor se representa como una línea vertical y se utiliza para medir el valor concreto de ELFEXT sobre un punto determinado del cable (el texto "< > Moves cursor" indica que se usen los botones izquierdo y derecho del comprobador para mover el cursor a otra posición del cable)

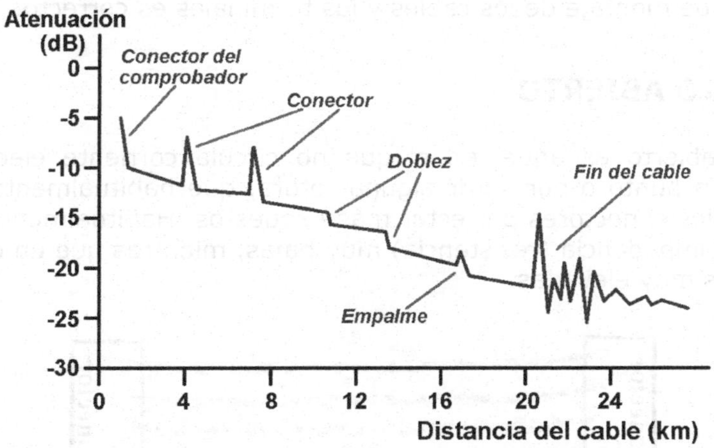

Figura 8.5. Ejemplo de gráfica de medida de atenuación de un comprobador OTDR. Esta medición se ha realizado sobre un cable de fibra óptica de 21 metros. Se puede observar los picos producidos por los conectores, los dobleces y los empalmes del cable. También se puede observar cómo la señal se va atenuando paulatinamente a lo largo del cable

8.2.2 Procedimiento de comprobación de cables de par trenzado

La comprobación del cableado se realiza habitualmente con las herramientas explicadas en los apartados anteriores, de forma que con ellas se obtiene información objetiva y cuantificada sobre los parámetros más importantes. Sin embargo, en algunas condiciones también es necesario realizar una inspección visual del cableado, sobre todo en los conectores de los extremos, ya que son los puntos donde se encuentran la mayoría de las deficiencias.

En general, cuando se inspecciona el conector montado en el extremo del cable, se realizan las siguientes comprobaciones:

- El conector está en buenas condiciones y no presenta deficiencias o roturas.
- El cable está en buenas condiciones, no presenta cortes ni deformaciones y no ha perdido su aislamiento.
- Los cables llegan hasta el fondo del conector y hacen contacto con los terminales.
- El cable se ha engastado completamente y no puede salir del conector, aunque se estire con fuerza de él.
- Los terminales del conector no presentan deficiencias, suciedad o corrosión.
- El orden de montaje de los cables y los terminales es correcto.

8.2.2.1 CIRCUITO ABIERTO

Un circuito abierto es aquel en el que no circula corriente eléctrica por no estar comunicado en algún punto o por sufrir alguna rotura, que habitualmente es más frecuente en los extremos de los conectores por estar más expuestos. Habitualmente, un cable cerrado muestra lecturas de impedancia (resistencia) muy bajas, mientras que un cable abierto puede mostrar impedancias muy elevadas.

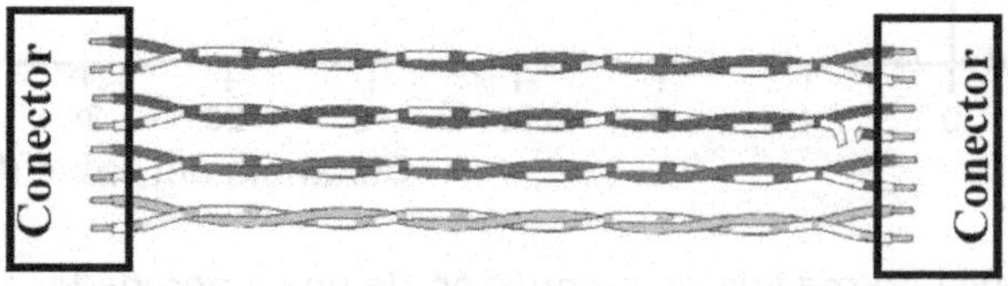

Figura 8.6. Ejemplo de par en circuito abierto. Por el par roto no circulará corriente eléctrica

Para comprobar si un cable tiene algún corte, hay que utilizar un comprobador de cableado o un multímetro. Si utilizamos un comprobador de cableado tenemos que seguir estos pasos:

1. Conectar la sonda del comprobador en un extremo del cable.

2. Conectar el comprobador en el otro extremo.

3. Iniciar el test de continuidad del comprobador. En los pares trenzados, el comprobador tiene un indicador luminoso para cada par que se enciende si ese par no tiene ningún corte.

4. Comprobar que todos los indicadores luminosos de todos los pares del cable se encienden en el comprobador y en la sonda.

5. Si algún indicador luminoso no se enciende, entonces el par asociado está abierto en algún punto.

Para encontrar el lugar donde se encuentra el circuito abierto es necesario realizar una inspección visual. Si con ella no se detecta o el cable está encerrado en algún conducto, entonces hay que utilizar un comprobador TDR para detectar el punto donde se encuentra la rotura.

8.2.2.2 CORTOCIRCUITO

Un cortocircuito se produce cuando dos cables que deberían estar aislados entre sí entran en contacto, haciendo que la corriente eléctrica circule por donde no debe. En redes de comunicaciones, un cortocircuito en un cable puede hacer que el enlace no funcione o que altere las comunicaciones si éste recibe mucho ruido o es interferido por otras comunicaciones.

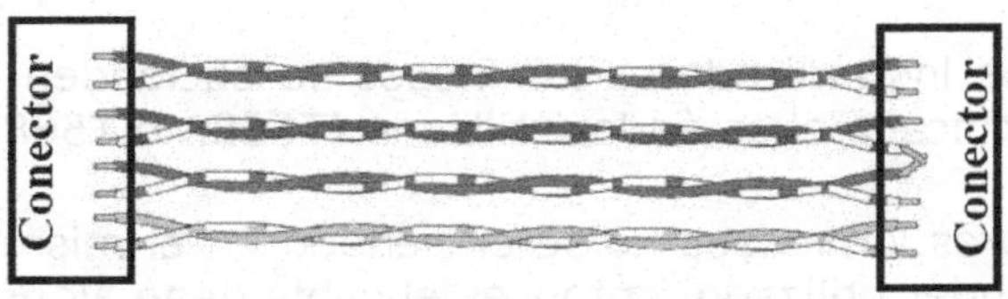

Figura 8.7. Ejemplo de cortocircuito. Éste se ha producido entre dos hilos de distintos pares

Para comprobar si un cable tiene algún cortocircuito, hay que utilizar un comprobador de cableado o un multímetro. Si utilizamos un comprobador de cableado tenemos que seguir los mismos pasos que para verificar si los pares están abiertos (véase el apartado anterior) pero en este caso se comprueba si en la sonda o en el comprobador se enciende más de un indicador luminoso a la vez, en cuyo caso, hay un cortocircuito.

Para encontrar el lugar donde se encuentra el cortocircuito es necesario realizar una inspección visual. Si con ella no se detecta o el cable está encerrado en algún conducto, entonces hay que utilizar un comprobador TDR para detectar el punto donde se encuentra este cortocircuito.

8.2.2.3 HILOS CRUZADOS

El problema de los **hilos cruzados** se produce cuando los hilos que componen el cable no están conectados en el mismo orden en los dos extremos del cable o, si lo están, no siguen el estándar establecido (véase el apartado 2.8 del capítulo 2). Habitualmente, esto es debido a un error a la hora de montar los cables.

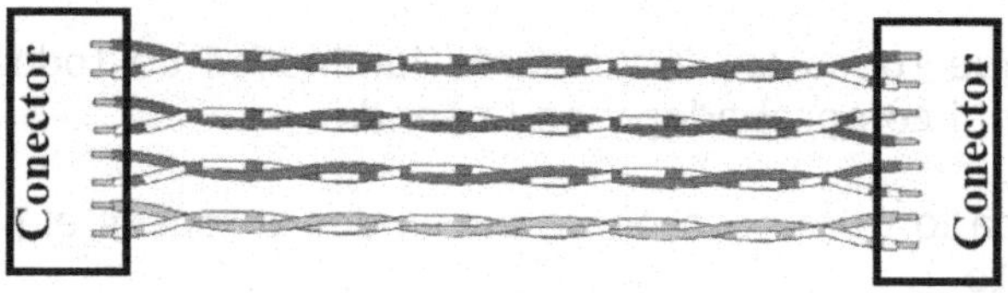

Figura 8.8. Ejemplo de hilos cruzados. Uno de los pares tiene los hilos invertidos en uno de los extremos

Para comprobar si un cable tiene sus hilos cruzados, hay que utilizar un comprobador de cableado o un multímetro. Si utilizamos un comprobador de cableado tenemos que seguir estos pasos:

1. Conectar la sonda del comprobador en un extremo del cable.
2. Conectar el comprobador en el otro extremo.
3. Iniciar el test de continuidad del comprobador.
4. Comprobar que todos los indicadores luminosos de todos los hilos del cable se encienden en el mismo orden en el comprobador y en la sonda.
5. Comprobar que los indicadores luminosos se encienden en el mismo orden en el que está especificado el estándar utilizado (T568A o T568B).
6. Si los indicadores luminosos no se encienden en el mismo orden o si no siguen el orden del estándar utilizado, entonces el cable tiene algún hilo cruzado.

Para encontrar el conector que tiene los hilos cruzados, basta con realizar una inspección visual de los extremos del cable y comparar el orden con el establecido en los estándares T568A y T568B (véase el apartado 2.8 del capítulo 2).

8.2.2.4 PARES CRUZADOS

El problema de los **pares cruzados** se produce cuando estos no están conectados en el mismo orden en los dos extremos del cable. Habitualmente, esto es debido a un error a la hora de montar los cables o también puede ser debido a que se han montado cables cruzados para conectar algunos tipos de dispositivos de interconexión de redes (véase el apartado 2.8 del capítulo 2).

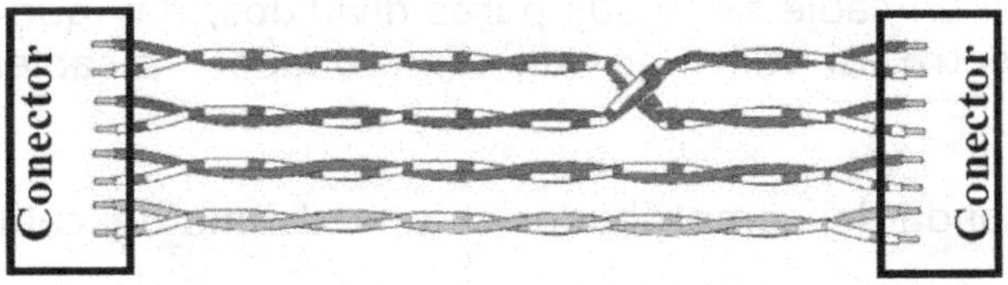

Figura 8.9. Ejemplo de pares cruzados

Para comprobar si un cable tiene sus pares cruzados, hay que utilizar un comprobador de cableado o un multímetro. Si utilizamos un comprobador de cableado tenemos que seguir estos pasos:

1. Conectar la sonda del comprobador en un extremo del cable.
2. Conectar el comprobador en el otro extremo.
3. Iniciar el test de continuidad del comprobador.
4. Comprobar que todos los indicadores luminosos de todos los pares del cable se encienden en el mismo orden en el comprobador y en la sonda.
5. Si los indicadores luminosos no se encienden en el mismo orden, entonces el cable tiene algún par cruzado.

Para encontrar el conector que tiene los pares cruzados, basta con realizar una inspección visual de los extremos del cable y comparar el orden con el establecido en los estándares T568A y T568B (véase el apartado 2.8 del capítulo 2).

8.2.2.5 PAR DIVIDIDO

El problema de los pares divididos puede ser difícil de detectar ya que suele producir problemas de funcionamiento de la red que son difíciles de detectar. Consiste en montar los hilos en el conector en un orden incorrecto, pero manteniendo el mismo orden en los dos extremos del cable. Así, la señal de transmisión y su masa no utilizan el mismo par trenzado, sino hilos de distintos pares. Esto hace que la señal sea mucho más propensa a recibir ruido e interferencias, por lo que el rendimiento de la red en ese enlace será mucho menor.

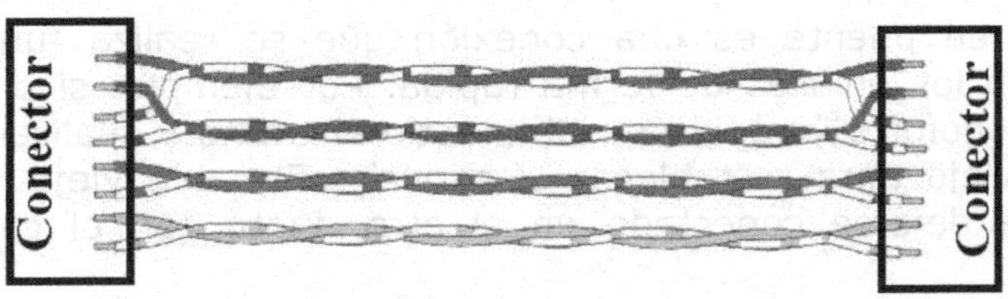

Figura 8.10. Ejemplo de par dividido. Aunque se conserva el orden de conexión de los hilos en los dos extremos, este montaje va a tener muchos problemas de diafonía y ruido

Para comprobar si un cable tiene sus pares divididos, hay que utilizar un comprobador de cableado o un multímetro. Si utilizamos un comprobador de cableado tenemos que seguir estos pasos:

1. Conectar la sonda del comprobador en un extremo del cable.

2. Conectar el comprobador en el otro extremo.

3. Iniciar el test de continuidad del comprobador.

4. Comprobar que los indicadores luminosos se encienden en el mismo orden en el que está especificado el estándar utilizado (T568A o T568B).

5. Si los indicadores luminosos no se encienden en el mismo orden que el estándar utilizado, entonces el cable tiene algún par cruzado.

Para encontrar el conector que tiene los pares divididos, basta con realizar una inspección visual de los extremos del cable y comparar el orden con el establecido en los estándares T568A y T568B (véase el apartado 2.8 del capítulo 2).

8.2.2.6 DETECCIÓN DE VOLTAJES TELEFÓNICOS

La prueba de detección de voltajes telefónicos resulta muy útil para saber si una línea telefónica funciona correctamente o si la señal telefónica está presente en un cable de red. Un cable conectado a una línea telefónica tiene, habitualmente, un voltaje residual que está en torno a los 40 V negativos. Cuando se realiza una llamada por esa línea o se mantiene una conversación, este voltaje suele cambiar a valores positivos.

Por lo tanto, para detectar señal telefónica en un cable de red, necesitamos un comprobador de cableado que sea capaz de medir estos voltajes. También podemos utilizar un multímetro que sea capaz de medir valores de voltaje en corriente continua. Para realizar estas mediciones con el multímetro, hay que poner las puntas del comprobador sobre todas las combinaciones posibles de los terminales del conector, ya que la señal de teléfono puede estar circulando por cualquier par e incluso repartida en hilos de diferentes pares.

8.2.2.7 DERIVACIÓN EN PUENTE

La derivación en puente es una conexión que se realiza fundamentalmente para resolver problemas en los enlaces de forma rápida. Por ejemplo, si un cable falla, muchas veces resulta más económico y rápido sustituir todo el tramo y realizar una unión del cable nuevo con el cable viejo para restablecer el servicio. El cable viejo se desconecta en un extremo, pero puede dejarse conectado en el otro, junto con el cable nuevo. En estas condiciones, es posible que se produzcan desajustes en el valor de la impedancia del cable, lo que resulta en errores en las mediciones de los valores de pérdida por retorno. Además, el viejo cable desconectado puede actuar como una antena, recogiendo el ruido del ambiente e introduciéndolo en la línea.

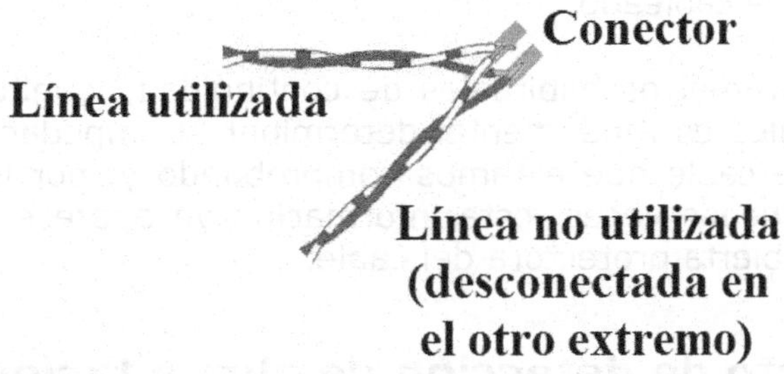

Figura 8.11. Ejemplo de derivación en puente

La detección de derivaciones en puente se realiza con comprobadores TDR que son capaces de detectar los valores anormales de pérdida por retorno del cable. Es bastante habitual encontrarnos con este tipo de problemas en líneas telefónicas y de acceso a conexiones de banda ancha (como las tecnologías xDSL), donde los operarios están presionados por resolver las incidencias lo antes posible.

8.2.2.8 DETECCIÓN DE PUERTOS ETHERNET

En muchas ocasiones es posible que el puerto de red de un equipo se vea dañado por diversos motivos. No se trata de un problema muy común, pero puede llevar de cabeza al administrador, ya que incluso los indicadores de estado del puerto y los programas controladores (*drivers*) del sistema operativo pueden funcionar en perfectas condiciones. Un puerto se puede averiar si se produce un fallo de alimentación en el equipo donde se encuentra o también por un problema de sobretensión del equipo conectado en el otro extremo del cable, que puede enviar corrientes eléctricas demasiado elevadas a través del cable de red.

Cuando se sospecha de un fallo de funcionamiento de un puerto de comunicaciones, puede ser necesario comprobar si éste es capaz de enviar las señales Ethernet necesarias para que la comunicación sea posible.

Existen muchos comprobadores de cableado que son capaces de detectar la señal Ethernet que circula por un cable para determinar si el puerto del equipo en el otro extremo está funcionando correctamente o no. En este caso, es necesario asegurarse de que el equipo está enviando información por ese puerto o, por lo menos, lo está intentando.

8.2.3 Procedimiento de comprobación de cables coaxiales

La comprobación del estado de los cables coaxiales se realiza de la misma forma que la comprobación de un cable de par trenzado, aunque en este caso el comprobador debe estar preparado para este tipo de cableado.

Además de los parámetros habituales de continuidad, longitud, atenuación, diafonía, etc., en los cables coaxiales es fundamental determinar su impedancia (resistencia), ya que ésta determina el tipo de cable que estamos comprobando y, por lo tanto, la capacidad de transmisión que tiene. Muchas veces, esta información ya aparece impresa con los códigos correspondientes en la cubierta protectora del cable.

8.2.4 Procedimiento de detección de alimentación por Ethernet

Muchas veces resulta difícil alimentar con la corriente necesaria a un dispositivo de red o de cualquier otro tipo que se va a instalar en un lugar desprovisto de tomas eléctricas (por ejemplo, a la hora de instalar una cámara de vigilancia o un punto de acceso inalámbrico). Este problema se puede resolver gracias al estándar Poe (*Power over Ethernet* o Alimentación sobre Ethernet) que permite que un dispositivo pueda enviar la alimentación eléctrica necesaria a otro a través del cable de red. Este estándar está definido en el IEEE 802.3af y funciona sobre cables de categoría 5e o superior.

Puesto que muchos dispositivos necesitan una tensión e intensidad de corriente elevadas para funcionar, es posible que otros dispositivos que no necesiten esta alimentación puedan dañarse si reciben tanta corriente por el cable de red. El estándar IEEE 802.3af establece una serie de comprobaciones que los dispositivos deben realizar antes de enviar una corriente elevada por el cable de red. Por lo tanto, un dispositivo nunca deberá enviar alimentación por el cable de red hasta que esté seguro de que el dispositivo conectado en el otro extremo la necesita. Por otra parte, si el dispositivo alimentado se conecta, el equipo que suministra la corriente deberá dejar de hacerlo para evitar dañar a un futuro equipo que se vaya a conectar en el otro extremo.

8.2.5 Procedimientos de localización de cables utilizando tonos

En muchas ocasiones, sobre todo cuando existe una gran densidad de cableado y éste no está etiquetado, puede ser bastante difícil y tedioso encontrar un cable en concreto. Para solucionar este problema, algunos comprobadores de cableado específicos son capaces de enviar por el cable pequeños tonos que producen una interferencia mínima con la señal de transmisión que se está enviando en ese momento por el cable. Utilizando una sonda auxiliar incluida con el comprobador, es posible detectar e identificar cuál es el cable por el que están circulando esos tonos de localización.

TEST DE CONOCIMIENTOS

1. Un comprobador de continuidad permite medir:

a) Si los cables tienen conexión o no.
b) Si existe diafonía.
c) La atenuación del cable.
d) Todas son ciertas.

2. Con un comprobador TDR se puede medir:

a) La longitud del cable.
b) La atenuación y la diafonía.
c) La continuidad de los cables.
d) Todas son ciertas.

3. Para comprobar el mapeado de hilos de un cable se puede usar:

a) Un comprobador de continuidad.
b) Un comprobador de cableado.
c) Un TDR.
d) Todas son ciertas.

4. La diafonía mide:

a) La pérdida por inserción de la señal.
b) La resistencia del cable.
c) La pérdida por retorno.
d) Ninguna es cierta.

5. El valor de NEXT se mide en:

a) Todo el cable.

b) El extremo cercano.

c) El extremo lejano.

d) Ninguna es cierta.

6. El problema de los hilos cruzados se debe a:

a) La colocación de los hilos es diferente en los extremos del cable.

b) Varios hilos están en cortocircuito.

c) Se está usando T568A en un extremo y T568B en el otro.

d) Ninguna es cierta.

7. Cuando un cable conectado a un equipo tiene algún par dividido:

a) El equipo no puede comunicarse con la red.

b) Hay riesgo de diafonía.

c) Los mensajes no llegarán nunca al destino y tampoco se podrán recibir.

d) Todas son ciertas.

8. Si se usa T568A en un extremo del cable y T568B en el otro:

a) No se puede utilizar para conectar un equipo a la red.

b) Se puede utilizar para conectar dos concentradores o conmutadores.

c) Se puede utilizar para conectar dos ordenadores directamente.

d) Todas son ciertas.

9. Un circuito abierto es aquel que:

a) No permite transmitir información.

b) Está ocupado transmitiendo información.

c) Los hilos están cruzados.

d) Ninguna es cierta.

10. Un comprobador OTDR se usa para:

a) Cable coaxial.

b) Par trenzado.

c) Fibra óptica.

d) Comunicaciones inalámbricas.

Capítulo

9

COMPROBACIÓN Y SOLUCIÓN DE INCIDENCIAS A NIVEL DE RED

Sólo cuando se han descartado problemas en los niveles más bajos de la arquitectura de la red es cuando se puede proceder a verificar el funcionamiento del nivel de red de la arquitectura. De esta forma, se puede alcanzar la solución del problema de una manera mucho más segura sin que se quede nada por comprobar. Este capítulo está dedicado a explicar la forma de solucionar muchos de los problemas que se pueden producir en los protocolos de nivel de red. En este capítulo se introducen algunos problemas comunes que afectan a redes de comunicaciones, las causas que los provocan y las acciones que hay que emprender para solucionarlos.

Las empresas que hacen uso hoy en día de servicios de redes de comunicaciones no pueden permitirse las situaciones de avería o mal funcionamiento, ya que esto puede suponer grandes pérdidas económicas o desconfianza por parte de los clientes. Por ello, las tareas de mantenimiento y resolución de averías son de vital importancia.

Otra característica que define a las redes de comunicaciones de hoy en día es su gran complejidad, debida a la gran cantidad de servicios que integran y al elevado número de usuarios a los que dan soporte. Por ello, las tareas de administración y localización de averías se vuelven muy complejas y deben recaer en equipos de administradores bien cualificados.

Las averías en una red de comunicación pueden aparecer de muchas formas. Pueden ser problemas que afecten a una gran cantidad de usuarios (por ejemplo, la caída de un servidor) o problemas más puntuales (por ejemplo, un usuario ha perdido su acceso a la red). Cada problema puede tener una o varias causas, lo que puede hacer difícil encontrarlas.

Una vez que se ha identificado la causa o causas que producen el problema, es necesario actuar mediante la realización de una o varias acciones. Estas acciones pueden involucrar varios departamentos de la empresa e incluso las acciones a emprender pueden suponer la parada momentánea de la red de comunicación.

Debido a la complejidad en la resolución de algunos problemas, resulta mucho más eficiente utilizar un método bien definido para actuar en vez de ponerse directamente a teclear comandos o conectar el comprobador de red en los enlaces. Un método estructurado permite aprovechar mejor el tiempo y evita que los problemas puedan complicarse más de lo que ya lo están.

Un método estructurado que puede facilitar la resolución de problemas puede ser el siguiente. Hay que tener en cuenta que cada sistema de comunicaciones tiene sus peculiaridades, por lo que este método tendrá que ser adaptado y concretado a la red sobre la que estamos trabajando. Los pasos básicos que se deberán seguir son los siguientes:

1. Establecer de una forma clara y general cuál es el problema y los síntomas del mismo. A partir de estos datos, describir todas las posibles causas que pueden haber producido esos síntomas.

2. Recopilar toda la información posible sobre la situación que se está produciendo. Para ello, hay que entrevistarse con todas las personas que trabajan en ese sistema, tanto usuarios como administradores. También hay que utilizar herramientas que nos permitan obtener información de cómo está funcionando el sistema, como analizadores de red, comprobadores, utilidades de verificación, etc.

3. De toda la información recopilada en el paso anterior, obtener una lista de los problemas que pueden producirse, eliminando aquellos que no guardan relación con esos hechos. De este modo, nos podemos centrar en los problemas que realmente tienen relevancia.

4. Establecer un plan de acción para afrontar los problemas que se han establecido en el paso anterior. Hay que comenzar tratando el problema que tenga más posibilidades de ser la causa del funcionamiento erróneo.

5. Realizar todas las acciones establecidas en el paso anterior, de forma ordenada y comprobando que los síntomas desaparecen.

6. En caso de que los síntomas no desaparecieran, habría que volver al paso 4 para elaborar otro plan de acción basado en el siguiente problema establecido.

Para facilitar las tareas de resolución de problemas, el administrador o administradores deberán estar preparados para ello. Se recomienda lo siguiente:

- Mantener un mapa actualizado de la red, donde se especifique la topología y las direcciones de los equipos y dispositivos de interconexión.

- Disponer de una lista de los protocolos que funcionan en la red, indicando aquellos que se incluyen en el encaminamiento.

- Mantener una lista de todas las direcciones y puertos que son accesibles desde el exterior, y si se encuentra algún equipo de la red interna en la lista del protocolo NAT.

- Guardar información sobre la configuración de los servidores de la red, los servicios que tienen instalados y los recursos compartidos.
- Mantener información sobre los problemas que han surgido en la red y los métodos que se han utilizado para solucionarlos. De este modo, se pueden solucionar problemas que ya han ocurrido de una forma mucho más rápida.

En una red informática es recomendable que exista un **NOC** (*Network Operations Center* o Centro de Operaciones de la Red). Este centro puede ser tan simple como un ordenador o tan complejo como una infraestructura completa de red y se encarga de monitorizar y gestionar la red. Este sistema mantiene información sobre:

- **Estado actual de la red**: contiene un inventario sobre la topología de la red, los elementos que están instalados, cómo están conectados, dónde están ubicados, su historial de cambios y problemas y su estado operacional.
- **Servicios**: incluye un registro de los servicios disponibles en la red y su ubicación.
- **Configuración de dispositivos**: se trata de información completa relativa a la configuración de los equipos de la red. Puede incluir también archivos que contienen la configuración de los dispositivos, que pueden ser volcados sobre ellos cuando hay problemas.
- **Estadísticas**: se guarda información estadística sobre el funcionamiento de la red, una información que se obtiene a través del uso de programas de monitorización.

9.1 HERRAMIENTAS DE COMPROBACIÓN

Hoy en día, muchos fabricantes de dispositivos de interconexión de redes ofrecen aplicaciones *software* de monitorización de red que distribuyen con sus productos. Aunque la mayoría de ellos difieren en la forma de utilizarlos o en las opciones que incluyen, todos comparten el mismo fin: ofrecer aplicaciones que muestren al administrador el estado de la red, estadísticas de actividad, configuración remota de dispositivos, etc.

La figura 9.1 muestra un ejemplo de este tipo de herramientas. Se trata del programa EliteView que se incluye en los productos del fabricante SMC. Gracias a él es posible realizar un diseño del mapa de la red y comprobar qué dispositivos están activos y cuáles no. Además, también incluye ventanas de configuración de los dispositivos cuando se hace doble clic con el ratón en ellos. Para facilitar la construcción del mapa de la red, esta herramienta dispone de una opción para obtener una lista de los equipos de la red.

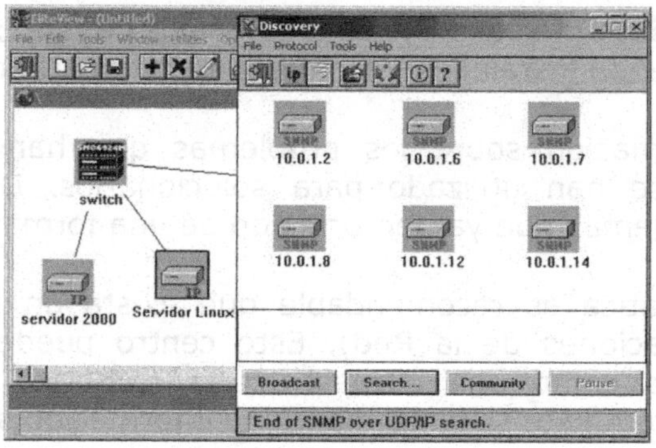

Figura 9.1. Ejemplo de herramienta de monitorización de red de SMC. Gracias a esta utilidad, se puede construir un mapa detallado de la red de comunicación, además de poder comprobar en cualquier momento qué equipos se encuentran activos y cuáles no

Una herramienta muy importante que se puede utilizar para analizar el tráfico en una red de comunicación para encontrar sobrecargas y tiempos de espera excesivos es *ntop*. Esta herramienta se instala en los sistemas Linux y se configura como un proceso residente. Para mostrar la información que obtiene este proceso, se utiliza un navegador *Web*. Gracias a esta herramienta, el administrador puede obtener información sobre la cantidad de tráfico que intercambian las estaciones, el tráfico pesado, los servicios más utilizados, etc. De esta forma, se puede obtener un mapa de tráfico que nos puede ayudar a comprender cuáles son las aplicaciones de comunicación más demandadas en nuestra red y actuar para redistribuir esas cargas.

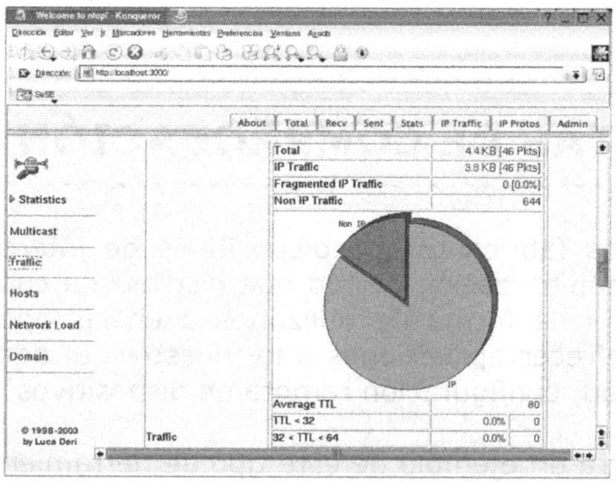

Figura 9.2. Estadísticas de tráfico obtenidas con ntop. Con este programa se pueden obtener estadísticas avanzadas sobre el uso de los recursos de la red

Todas estas herramientas no solamente sirven para monitorizar el estado de la red y localizar posibles averías, sino que también permiten elaborar una documentación detallada sobre nuestro sistema de comunicación. Gracias a ello, los administradores pueden facilitar su trabajo al disponer de información actualizada sobre el sistema que tienen que reparar.

EJEMPLO 9.1

Un ejemplo de herramienta de análisis de tráfico que se distribuye gratuitamente con las distribuciones GNU/Linux es Ethereal. La ventana principal de esta herramienta aparece en la figura 9.3.

Los pasos para iniciar una captura de mensajes en este programa son los siguientes:

- Iniciar el programa como usuario *root* y seleccionar la opción del menú principal "Capture || Start".

- En la ventana que aparece, seleccionar los siguientes parámetros:

  - **Interface**: *eth0* (es el adaptador desde el que se van a obtener los mensajes de la red).

  - **Capture packets in promiscuous mode** (capturar paquetes en modo promiscuo): significa que se obtendrán los mensajes independientemente de si van destinados a este equipo o no.

  - **Filter** (filtro): se pueden seleccionar los mensajes que contengan una cadena especificada.

- Finalmente, pulsar en el botón "OK", lo que iniciará la captura. Posteriormente aparecerá una ventana con las estadísticas de mensajes capturados, además de un botón "Stop" que permite finalizar la captura.

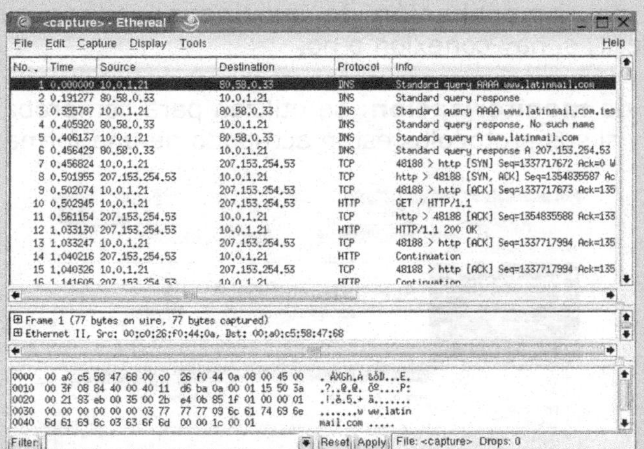

Figura 9.3. Ventana principal de la herramienta Ethereal. En la ventana superior se muestran los mensajes capturados, mientras que en la ventana central aparece el contenido de los campos de un mensaje seleccionado y en la ventana inferior, el contenido del campo de datos de ese mensaje

Una vez que se han capturado los mensajes, estos aparecen por orden de transmisión en la ventana superior del programa. En ella se muestra el momento en segundos en que se ha capturado el mensaje, las direcciones de origen y destino, el protocolo de transporte o aplicación utilizado y cierta información adicional del mensaje. Por su parte, en la ventana central se pueden inspeccionar los campos de los distintos mensajes que van encapsulados y en la ventana inferior aparece el contenido del campo de datos del mensaje al nivel seleccionado (en la ventana central).

Hay que tener en cuenta que toda la información que se captura con este tipo de programas se puede inspeccionar cuando se transmite a través de un protocolo no cifrado. También hay que considerar que estas capturas solamente pueden realizarse para los mensajes que circulan dentro del mismo dominio de colisión.

En los sistemas GNU/Linux está disponible una herramienta de captura de tráfico de paquetes TCP/IP denominada *tcpdump*. La sintaxis y uso de este programa se puede consultar en la bibliografía recomendada o en las páginas de la orden *man*.

Los dispositivos encaminadores también pueden disponer de algunas herramientas de comprobación de estado y diagnóstico, dependiendo del modelo y fabricante. Estas utilidades se pueden dividir en varias categorías:

- **Utilidades de consulta de estado**: muestran el estado actual de funcionamiento del dispositivo.
- **Utilidades de comprobación de las líneas**: indican cuál es el estado de las líneas, es decir, si hay conexión o no.
- **Utilidades de monitorización**: se utilizan para comprobar el funcionamiento del dispositivo y si sus protocolos están actuando de una forma correcta.

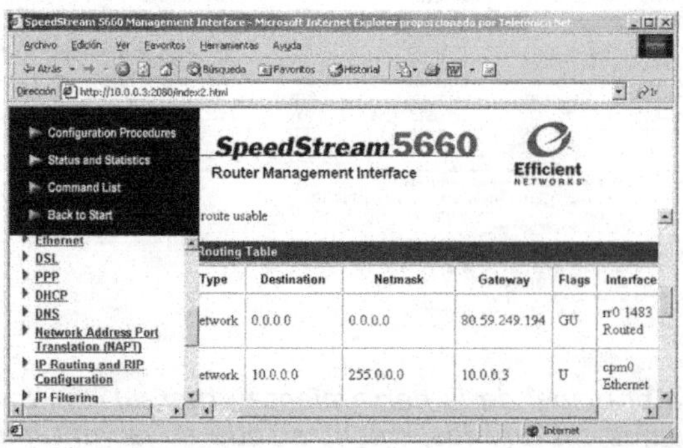

Figura 9.4. Ejemplo de ventana de configuración de un encaminador del fabricante Efficient Networks. En la opción seleccionada se puede consultar la tabla de encaminamiento que en este caso ha generado el protocolo de encaminamiento RIP-2

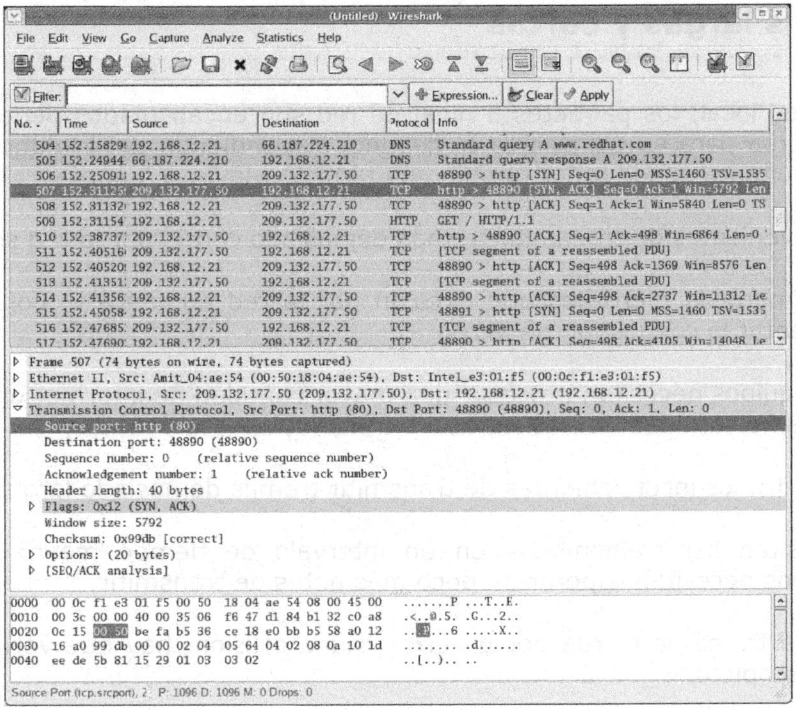

Figura 9.5. Ventana principal de la utilidad WireShark. Aquí se muestra una lista con todos los paquetes capturados

La forma de usar estas herramientas depende del fabricante y del modelo del dispositivo. Por ejemplo, en el caso de los encaminadores del fabricante Cisco Systems (véase la referencia bibliográfica), estas utilidades se plasman en comandos que se ejecutan desde un terminal remoto, como *show* (para comprobar el estado), *ping* y *traceroute* (para comprobar si hay comunicación con otro equipo), *debug* y *trace* (para monitorizar el funcionamiento del dispositivo). En otras ocasiones, estas utilidades son accesibles desde las páginas de configuración que se muestran desde un navegador de **hipertexto (html)**.

Una herramienta de monitorización del tráfico de red que es ampliamente utilizada, gracias a que se distribuye libremente bajo licencia GPL, es WireShark (véase la bibliografía recomendada). La figura 9.5 muestra la ventana principal de esta herramienta con un ejemplo de captura de tráfico.

9.2 DETECCIÓN DE PROBLEMAS

En los apartados siguientes se explican los métodos para detectar y corregir problemas comunes de los protocolos a nivel de red.

9.2.1 Tramas largas y cortas

En una red local, los paquetes a nivel de red son encapsulados dentro del campo de datos de una trama para su transporte al destino. Dependiendo del tamaño del paquete de red, la trama resultante puede tener también un tamaño mayor o menor.

Los inconvenientes de transmitir tramas demasiado cortas por la red son:

- El número de mensajes que circulan por la red aumenta y, por lo tanto, puede aumentar la congestión de la red.
- Los equipos necesitan procesar una mayor cantidad de información de control para la misma cantidad de información a transmitir.

Por su parte, los inconvenientes de transmitir tramas demasiado largas son:

- Necesitan ser transmitidas en un intervalo de tiempo mayor, por lo que los equipos necesitan esperar un poco más antes de transmitir.
- Si una trama se pierde por un error o una colisión, hay que volver a transmitirla por completo.

Por todos estos argumentos, siempre se recomienda transmitir tramas que no sean ni excesivamente cortas ni excesivamente largas. Para ello, los protocolos de nivel de red deben estar preparados para entregar al nivel de enlace paquetes con un tamaño adecuado.

9.2.2 Tráfico excesivo

La detección de excesivo tráfico en una red local se puede realizar a través de una herramienta de análisis de tráfico (véase el apartado 9.1). También se puede determinar que una red local está soportando una carga de tráfico excesiva si se producen muchas colisiones. Estas colisiones también se pueden detectar con una herramienta de análisis o verificando el tiempo que permanece encendido el indicador luminoso de colisión que incorporan algunos adaptadores de red. Se considera que el número de colisiones es elevado si se supera el 0,1% con respecto al número de mensajes enviados.

Cuando se llega a la conclusión de que el tráfico en la red local es excesivo, hay que determinar desde dónde procede ese tráfico y hacia dónde va dirigido. Definiendo un mapa del tráfico que soporta la red (este mapa lo hacen muchas herramientas de análisis de tráfico de forma automática) se pueden diseñar los cambios necesarios para distribuir el tráfico de una forma mucho más equitativa, estableciendo rutas alternativas o segmentando la red a través de la instalación de nuevos conmutadores.

9.2.3 Netware

En las redes Novell Netware es posible que nos encontremos con problemas a la hora de comunicar los equipos o acceder a los recursos compartidos. Estos problemas pueden estar ocasionados por las siguientes causas:

- La configuración de red de los equipos o del servidor no es correcta.
- Los dispositivos de interconexión de red están filtrando el tráfico NetWare y éste no está llegando a los destinatarios.
- Los permisos asignados a los recursos compartidos no son correctos.

9.2.4 TCP/IP

Los problemas más comunes en las redes locales a nivel de red suelen estar relacionados con unos parámetros incorrectos de TCP/IP, que es el protocolo de red más utilizado por la mayoría de las arquitecturas. Estos parámetros son:

- Dirección IP y máscara de red.
- Encaminamiento (direcciones de los encaminadores de destino y encaminador o pasarela por defecto).
- Direcciones de los servidores DNS para resolver las direcciones.

Si los equipos reciben su configuración de red de forma automática (por DHCP), comprobar que todos los parámetros asignados son correctos y que a los equipos se les ha asignado una dirección única. Es habitual que el servidor DHCP muestre una tabla con las direcciones IP asignadas y las direcciones MAC de los equipos a los que se las han asignado.

Para poder resolver problemas relacionados con la configuración TCP/IP de los equipos, se recomienda utilizar las herramientas que se explican en el apartado 5.1 del capítulo 5.

9.2.5 Configuración del *host*

Un administrador de red debe tener mucho cuidado a la hora de establecer la configuración de todos los equipos y los dispositivos de interconexión. Las reglas básicas que se deben seguir son:

- Establecer una dirección única para cada equipo en la red o asegurarse de que cada equipo obtiene una dirección única por DHCP.
- Evitar asignar direcciones dinámicas (por DHCP) a equipos que van a funcionar como servidores, de la misma forma que los dispositivos de interconexión de la red.
- Si los equipos reciben su configuración de red de forma automática (por DHCP), comprobar que todos los parámetros asignados son correctos.
- Establecer el mismo número de red y la misma máscara para todos los equipos que se encuentren conectados en la misma red (y no tengan un encaminador intermedio).

9.2.6 Resolución de nombres

En las redes locales donde se utiliza el servicio de resolución de nombres para acceder a los recursos disponibles (ya sea a través de DNS o WINS), es fundamental que éste funcione correctamente o de lo contrario los usuarios no van a poder usar esos recursos.

El correcto funcionamiento de los servidores DNS de la red resulta vital para los usuarios que los manejan. Aunque se trata de un servicio que se limita a resolver correspondencias entre nombres y direcciones IP, hay que tener en cuenta que los usuarios trabajan con nombres de equipos y muchos servicios de red utilizan el DNS para funcionar. Por ejemplo, el uso de un programa navegador de Internet requiere del sistema DNS porque los usuarios están acostumbrados a introducir direcciones de dominio y no saben lo que es una dirección IPv4 o IPv6.

La mejor forma de comprobar si el servidor DNS está funcionando correctamente es a través de las órdenes *nslookup* o *dig* (véase su descripción en el apéndice dedicado a explicar las órdenes más importantes en Linux). Los errores que devuelven estas órdenes pueden ser:

- *Timed out* (tiempo de espera agotado): se produce cuando el servidor no responde a una solicitud y varios reintentos en el tiempo establecido. Puede ser debido a que el servidor esté saturado, sea inaccesible o existan problemas de conectividad en la red.
- *No response from server* (no hay respuesta del servidor): se produce cuando el servidor, aunque está funcionando, no tiene activo el servicio DNS.
- *No records* (no hay registros): se devuelve este mensaje cuando no hay información en el servidor DNS para el tipo de consulta realizada.

- *Non-existent domain* (dominio no existente): se utiliza para indicar que el equipo especificado o el dominio para el que se está intentando resolver la dirección IP no existe.

- *Connection refused* (conexión rechazada): se produce cuando no se puede realizar conexión con el servidor para realizar la consulta.

- *Server failure* (fallo en el servidor): se notifica cuando el servidor encuentra una inconsistencia en su base de datos y no puede devolver una respuesta válida. Se recomienda repasar los archivos de configuración en el servidor.

- *Refused* (rechazado): se produce cuando el servidor DNS rechaza la consulta, una situación que puede producirse cuando se han limitado las consultas por cuestiones de seguridad.

- *Format error* (error de formato): esta notificación es enviada por el servidor cuando detecta que el mensaje de solicitud no tiene el formato correcto, por lo que el problema se puede encontrar en la orden *nslookup* o en la consulta realizada por el usuario.

Si se usa la resolución WINS, la mejor herramienta de comprobación de este servicio es *NET* (véase el capítulo 5 donde se explica su uso).

9.2.7 NetBIOS

En los sistemas Microsoft Windows, el acceso a los recursos compartidos (carpetas, impresoras, etc.) se lleva a cabo a través de los protocolos de la red Microsoft, que se configuran a través de los parámetros NetBIOS. Si se produce algún error en el acceso a los recursos compartidos, hay que comprobar si el nombre del equipo o del recurso son correctos o si el usuario y el equipo tienen permisos de acceso a esos recursos. También hay que comprobar la configuración correcta del nombre del equipo, el grupo de trabajo o el dominio. Hay que tener en cuenta que en las versiones Windows 2000/2003/2008 Server no se utiliza la configuración de nombre de equipo y dominio (o grupo de trabajo) cuando estos funcionan como controladores primarios de dominio.

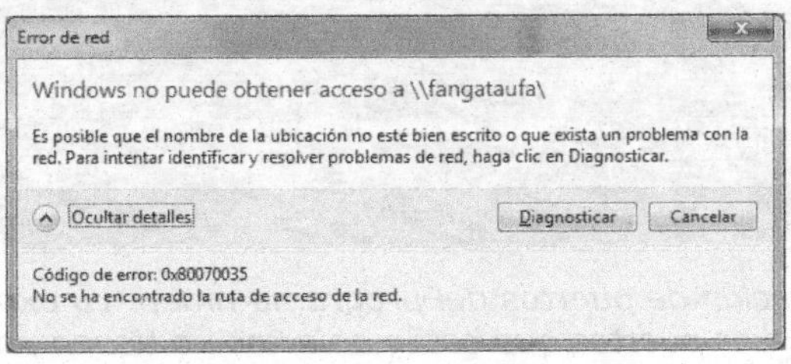

Figura 9.6. Error al intentar acceder a los recursos compartidos de otro equipo. Este error se muestra cuando no se ha especificado un nombre correcto de equipo o recurso. También puede ser debido a que el equipo local tiene problemas para acceder a la red Microsoft

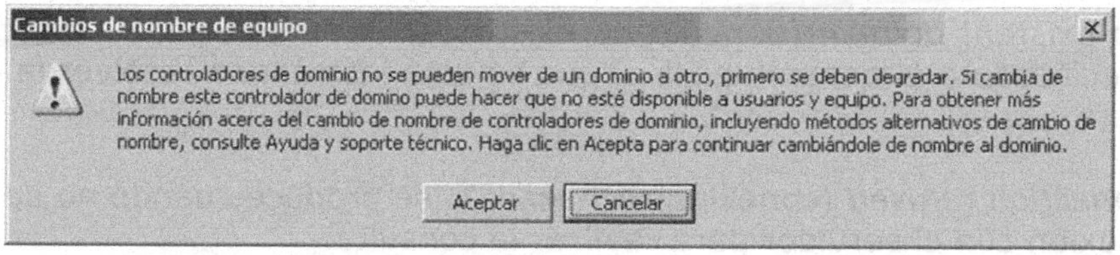

Figura 9.7. Error producido al cambiar el grupo de trabajo de un controlador de dominio en la red Microsoft. Este error aparece porque los servidores de dominio de la red Microsoft no pueden pertenecer a ningún grupo de trabajo. Para conseguir esto, primero hay que degradar el servidor, una operación que elimina el dominio definido por ese servidor

9.2.8 Conexión al servidor *http* o *proxy*

La forma de resolver problemas relacionados con el acceso a un servicio depende del servicio en sí. Por ejemplo, cuando es imposible consultar una página *html* de un servidor remoto entonces puede ocurrir que falle el encaminamiento o que el protocolo DNS no resuelva la dirección.

Todos los servicios de red que ofrece un sistema están relacionados con uno o varios puertos de transporte. Por lo tanto, el primer paso a la hora de encontrar las causas consiste en comprobar si los puertos correspondientes están abiertos. Aunque el programa que gestiona el servicio esté funcionando perfectamente en el servidor, es posible que el puerto asociado esté bloqueado por otro programa, por ejemplo, un cortafuegos o un programa antivirus. La figura 5.16 muestra un ejemplo de salida de la orden *nmap* que explora los puertos abiertos en un equipo y que está disponible en los sistemas GNU/Linux.

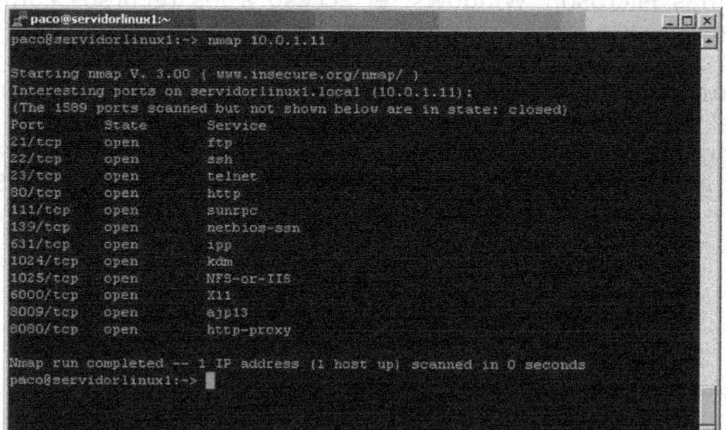

Figura 9.8. Ejemplo de exploración de puertos del programa nmap. La exploración se ha realizado en el equipo cuyo nombre es correo. Los puertos que están abiertos no tienen por qué coincidir con los puertos abiertos para la interfaz de bucle (loopback)

9.2.9 Conexión al servidor de correo

Cuando un equipo no puede acceder a los servicios de correo disponibles en un servidor, puede ser debido a varias causas:

- Existen problemas en la red que hacen que los mensajes no lleguen al servidor o no sean recibidos por la estación de trabajo.
- El servidor no funciona correctamente o no recibe los mensajes de los clientes por alguna razón (puertos bloqueados, cortafuegos, etc.).
- El programa cliente de correo no está bien configurado o los protocolos no están funcionando correctamente (habitualmente, POP3 e IMAP).
- Los parámetros especificados de la cuenta de correo no son válidos (hay que revisar el nombre de usuario y la contraseña de acceso).

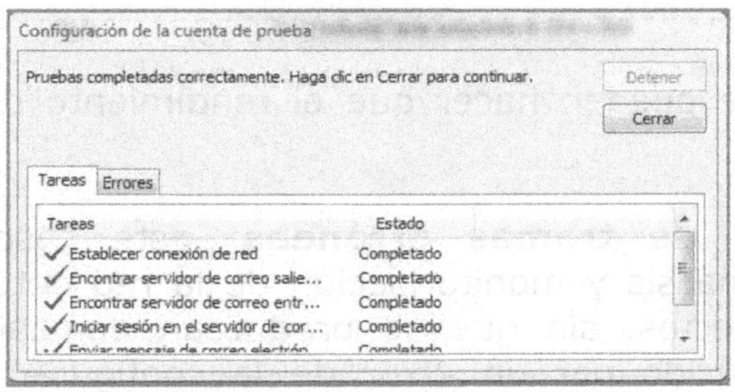

Figura 9.9. Comprobaciones que realiza Microsoft Outlook cuando se configura una nueva cuenta de correo

9.2.10 Conexión al servidor de impresión

El acceso a impresoras compartidas o de red también puede ser una fuente de problemas para los administradores. Cuando no se puede usar una impresora compartida en otro equipo puede ser debido a:

- La dirección NetBIOS de la impresora no es correcta (*equipo**impresora*).
- Hay algún problema con la conexión o configuración de red del equipo.
- Los controladores de la impresora no están instalados correctamente.
- La impresora está bloqueada debido a un problema o al atasco del papel.
- La cola de la impresora está bloqueada con algún trabajo pendiente.

Por su parte, cuando los problemas vienen de no poder utilizar una impresora de red, estos pueden ser debidos a:

- Hay algún problema con la conexión de red de la impresora.
- La configuración de red de la impresora no es correcta.
- La dirección de red de la impresora no es correcta.
- No se está enviando el trabajo a través del puerto adecuado (TCP/IP, SmartDevice, etc.).
- La impresora está bloqueada debido a un problema o al atasco del papel.
- La cola de la impresora está bloqueada con algún trabajo pendiente.

9.2.11 Otros

Otros problemas que pueden hacer que el rendimiento de la red sea pobre pueden ser:

- **Gran cantidad de tramas erróneas**: este caso se produce cuando los programas de análisis y monitorización de la red detectan una gran cantidad de mensajes incorrectos, sin que se produzcan demasiadas colisiones. Este caso puede ser producido por un error de la configuración dúplex de los puertos. También puede ser debido a una gran cantidad de ruido, en cuyo caso se recomienda comprobar:
  - Si los cables están dañados.
  - Si los cables se han instalado demasiado próximos a cables eléctricos o fuentes de ruido.
  - Si la categoría de cableado es inferior a 5 y la red trabaja a 100 Mbps.
- **Gran cantidad de colisiones**: este problema se produce cuando el número de colisiones con respecto al número de mensajes enviados supera el 0,1%. Para comprobar este valor, se pueden utilizar las herramientas de análisis de tráfico o comprobando los indicadores luminosos de las tarjetas de red de los equipos (normalmente esta última opción suele resultar más engorrosa y menos fiable para el administrador). Para solucionar este problema se pueden utilizar dispositivos conmutadores para segmentar la red.
- **Gran cantidad de mensajes duplicados**: este problema puede ser causado por una gran cantidad de colisiones, por lo que se recomienda realizar las

comprobaciones pertinentes para ese caso. Si no existen problemas de colisiones, entonces lo más probable es que los mensajes tarden demasiado tiempo en llegar a su destino por problemas de congestión de los enlaces o exista algún adaptador de red que no funcione correctamente.

- **Colisiones tardías**: se producen cuando la colisión no afecta a los primeros 64 bytes del mensaje enviado. Para detectar esta situación hay que utilizar un programa de análisis de red. En teoría, en una red bien diseñada nunca deberían producirse este tipo de colisiones, ya que las estaciones deben comprobar el medio antes de transmitir. Estas situaciones pueden ser debidas a instalaciones con cables demasiado largos o existencia de demasiados repetidores conectados en cascada. Para comprobar estas situaciones hay que consultar las especificaciones establecidas por los estándares de cableado estructurado (véase el apartado 2.8 del capítulo 2).

TEST DE CONOCIMIENTOS

1. Un NOC sirve para:

a) Comprobar el estado actual de la red.

b) Registrar los servicios disponibles en la red.

c) Guardar información estadística sobre el funcionamiento de la red.

d) Todas son ciertas.

2. La transmisión de tramas demasiado largas puede ocasionar:

a) Congestión en la red.

b) Imposibilidad de conectarse con la red.

c) Las respuestas *a* y *b* son ciertas.

d) Ninguna es cierta.

3. Para detectar tráfico excesivo en una red hace falta:

a) Un comprobador de cableado.

b) Un TDR.

c) Una herramienta de captura de tráfico.

d) Todas son ciertas.

4. Para comprobar que un equipo ha recibido una configuración correcta por DHCP hay que comprobar estos parámetros:

a) Dirección IP.

b) Nombre NetBIOS.

c) Nombre de dominio.

d) Todas son ciertas.

5. El mensaje de error "Timed out" en una consulta al DNS significa que:

a) El servidor no responde.

b) Tarda demasiado tiempo en resolver la dirección.

c) No hay suficiente información en el servidor para resolver la dirección consultada.

d) El servidor ha rechazado la consulta.

6. El mensaje de error "No records" en una consulta al DNS significa que:

a) El servidor no responde.

b) Tarda demasiado tiempo en resolver la dirección.

c) No hay suficiente información en el servidor para resolver la dirección consultada.

d) El servidor ha rechazado la consulta.

7. El problema de acceso a una carpeta compartida de otro equipo puede ser debido a:

a) La configuración de red del equipo.

b) La configuración NetBIOS del equipo.

c) El estado de la conexión o del cable.

d) Todas son ciertas.

8. Si en una red circula una gran cantidad de tramas erróneas, puede ser debido a:

a) El estado de los cables.

b) La configuración de red.

c) La configuración TCP/IP.

d) La configuración NetBIOS.

9. Las colisiones tardías se producen por:

a) Cables demasiado largos.

b) Demasiados dispositivos de interconexión conectados en cascada.

c) Las respuestas *a* y *b* son ciertas.

d) Ninguna es cierta.

10. Los programas ntop y Etherreal se usan para:

a) Capturar tráfico de la red.

b) Comprobar el estado de las conexiones.

c) Verificar el funcionamiento de los puertos de los dispositivos de interconexión.

d) Todas son ciertas.

SOLUCIONARIO DE LOS TEST DE CONOCIMIENTOS

Capítulo 1: Arquitectura de redes de área local

1. b
2. a
3. b
4. d
5. a
6. d
7. d
8. a
9. c
10. d

Capítulo 2: Elementos de una red de área local

1. c
2. d
3. c
4. d
5. a
6. d
7. d
8. d
9. b
10. c

Capítulo 3: Protocolos de una red de área local

1. d
2. b
3. a
4. b
5. c
6. c
7. d
8. d
9. d
10. b

Capítulo 4: Instalación y configuración de los nodos de la red de área local

1. d
2. a
3. b
4. b
5. b
6. a
7. b
8. b
9. a
10. d

Capítulo 5: Verificación y prueba de elementos de conectividad de redes de área local

1. d
2. c
3. a
4. a
5. d
6. c
7. c
8. d
9. a
10. d

Capítulo 6: Tipos de incidencias que se pueden producir en una red de área local

1. d
2. c
3. b
4. a
5. d
6. d
7. a
8. d
9. a
10. a

Capítulo 7: Detección y diagnóstico de incidencias en redes de área local

1. c
2. d
3. c
4. c
5. b
6. d
7. d
8. b
9. a
10. a

Capítulo 8: Comprobación de cables de par trenzado y coaxial

1. a
2. d
3. d
4. d
5. b
6. d
7. b
8. d
9. a
10. c

Capítulo 9: Comprobación y solución de incidencias a nivel de red

1. d
2. a
3. c
4. a
5. a
6. c
7. d
8. a
9. c
10. a

ÍNDICE ALFABÉTICO

A

B

C

D

E

I

L

M

N

S

T